普通高等院校社会工作专业教材
中央高校基本科研业务费专项资金资助(3072020CF1303)

U0869123

社会工作实务案例评析

主编　杨国庆　刘　辉

哈尔滨工程大学出版社
Harbin Engineering University Press

内 容 简 介

本书主要围绕哈尔滨工程大学人文社会科学学院所承接的社工服务项目进行案例选取，内容涉及老年社会工作、儿童社会工作、社区社会工作和灾害社会工作等方面，旨在为本校社会工作硕士研究生培养提供教材，为社会工作案例教学和项目开展提供参考资料。

图书在版编目(CIP)数据

社会工作实务案例评析 / 杨国庆，刘辉主编. — 哈尔滨 ：哈尔滨工程大学出版社，2019.12
ISBN 978-7-5661-2461-6

Ⅰ. ①社… Ⅱ. ①杨… ②刘… Ⅲ. ①社会工作-案例-中国 Ⅳ. ①D669

中国版本图书馆 CIP 数据核字(2019)第 213953 号

选题策划 夏飞洋
责任编辑 马佳佳
封面设计 李海波

出版发行 哈尔滨工程大学出版社
社　　址 哈尔滨市南岗区南通大街 145 号
邮政编码 150001
发行电话 0451-82519328
传　　真 0451-82519699
经　　销 新华书店
印　　刷 哈尔滨市石桥印务有限公司
开　　本 787 mm×1 092 mm 1/16
印　　张 15.5
字　　数 322 千字
版　　次 2019 年 12 月第 1 版
印　　次 2019 年 12 月第 1 次印刷
定　　价 45.00 元
http://www.hrbeupress.com
E-mail:heupress@hrbeu.edu.cn

前　言

哈尔滨工程大学于2014年获得社会工作硕士专业学位(MSW)授予权，是黑龙江省首批三个MSW授权点之一。2015年以来，在MSW授权点建设的基础上，哈尔滨工程大学人文社会科学学院牵头成立了黑龙江省社会工作学会、哈尔滨市社会工作协会和哈尔滨市心海社会工作服务中心等社会组织，组织了中美社会工作人才培养交流会、黑龙江省首届社会工作项目管理与督导人才培训班、黑龙江省社会工作实务研究高级讲习班等学术会议，搭建了省内外社会工作专业人才培养交流平台，引领了全省社会工作人才培养和科学研究方向。

哈尔滨工程大学获得MSW授权点以来，针对东北老工业基地“转方式、调结构”、黑龙江省人才和人口外流严重、老龄化人口增多、留守儿童问题增加、脱贫攻坚任务艰巨等重大现实问题，聚焦养老服务、关爱留守儿童、单位型社区营造等现实问题，逐渐发展了临床社会工作、老年社会工作、社区社会工作和企业社会工作等特色人才培养方向。为了以丰富多样的社会工作服务项目支持MSW研究生实践教学，并为黑龙江省社会治理与发展提供具有地方特色的社会工作服务，哈尔滨工程大学人文社会科学学院MSW导师及研究生依托哈尔滨市心海社会工作服务中心，承接了民政部灾害社会工作项目、国家福彩公益金特困老年人社会工作服务试点项目、黑龙江省福彩公益金特困老年人社会工作服务试点项目、哈尔滨市公益创投项目、哈尔滨市道里区妇联公益创投项目、深圳市同佳岸慈善基金会幸福社区建设项目等各类社会工作服务项目20余项，服务对象涉及特困老年人、军休干部、灾区居民、垦区知青、留守儿童、东北老工业基地职工等群体。

本书主要围绕哈尔滨工程大学人文社会科学学院所承接的社会工作服务项目进行案例选取，内容涉及老年社会工作、儿童社会工作、社区社会工作和灾害社会工作等方面，入选案例既有大型社会工作干预项目，也有针对一个较小主题的干预方案与历程，类型多样，内容具体，能够较为集中地展示与汇报哈尔滨工程大学师生在社会工作服务方面所做的努力。本书的编写旨在为哈尔滨工程大学MSW研究生培养提供社会工作实务教材，促进学校MSW实务教学工作的开展；同时，也希望为省内外社会工作专业案例教学和项目开展提供参考资料。

本书的编写工作于2018年9月启动，得到了中央高校基本科研业务费专项资金资助(3072020CF1303)。由参与过相关项目的社工督导、专职社工和研究生进行编写，编写期间多次就题目、结构、内容等进行探讨，初稿完成后，又几经交流、修改后方定稿。本书是我们对所做社会工作服务项目的梳理与总结，希望能为专业社会工作者提供帮助，并且能够吸引更多的社会公众了解社会工作、参与社会工作。

本书的编写对我们来说是一次新的尝试，不完善之处欢迎读者提出宝贵意见。本书在编写过程中借鉴了国内外相关的研究成果，在此一并表示感谢。

编　者

2019 年 8 月

目　　录

为霞尚满天

——“军休干部社会再适应项目”工作案例[①]

刘　辉　张伟伟[②]

一、项目实施背景

(一)社会背景

军队离休退休干部(以下简称军休干部)是国防和军队现代化建设的功臣,是党和国家的宝贵财产,把军休干部安置好是国家优抚安置工作的重要组成部分。中央军委、民政部曾多次强调做好军休干部安置工作,要让军休干部能够安享晚年,真正实现“老有所养、老有所医、老有所教、老有所学、老有所为、老有所乐”。做好军休干部安置工作,有利于提高军人的社会地位,鼓舞部队士气,对促进国防和军队现代化建设、维护现阶段社会改革发展与和谐稳定具有重要意义。

传统的军休干部服务管理方式注重“两个待遇”的落实,但是这并不能满足军休干部的全部心理需要。军休服务应在保证生活待遇和政治待遇的基础上,加强对军休干部内在感受的关注,不仅要掌握其生理健康情况,更要关注其心理健康状态;不仅要解决其生活困难,更要知晓其内心困境。只有这样,才能提高军休服务水平,增强军休干部的幸福感。军休中心已经开展了许多新型的服务项目,但是在军休服务创新上还有很大的拓展空间。

为了将社会工作的新理念、新方法完全引入军休干部的服务工作中,以开展专业化、个性化和人性化的服务,使军休干部能够很好地适应新的角色并融入社会,2015 年,H 军休中心与哈尔滨市心海社会工作服务中心建立合作关系,联合设计和开展了本项目。

---

① 2016 年黑龙江省福彩公益金特困老年人社会工作服务试点项目。

② 刘辉,哈尔滨工程大学人文社会科学学院副教授,哈尔滨市心海社会工作服务中心督导;张伟伟,哈尔滨工程大学人文社会科学学院 2016 级 MSW 研究生。

（二）服务单位基本情况

H 军休中心作为接收和服务军休干部的主要机构，目前已接收行政师职军休干部 100 余人。其中，年龄最大的 76 周岁，年龄最小的 56 周岁；患病卧床的 15 人，空巢军休干部 20 人，定居外地的 10 人，候鸟军休干部 40 人左右。他们退休前在部队的级别和职务较高，为国防和军队建设、保卫国家和人民安全做出了贡献，是党和国家的宝贵财富。如何使这些军休干部适应退休生活，有一个美满的晚年生活，是当前军休中心工作的重中之重。

二、分析评估

（一）需求分析

社会适应是个体与其所处环境相互作用形成协调关系的过程，以及所呈现的和谐状态。本书结合已有文献，基于军休干部特点，将军休干部的社会再适应界定为：按照退休后社会生活环境的要求，调整其自身的心理、行为方式及与外在社会环境的关系，达到内在与外在相互和谐的状态。

1. 评估方法

（1）问卷调查法

问卷调查法是用书面形式间接收集材料的调查手段。本项目针对军休干部社会再适应问题设计了相关问卷，包括基本情况、社会态度、社会网络与社会支持、个性特征、心理状况、军休中心满意度、退休生活满意度 7 个维度，利用 SPSS 对问卷进行分析。

（2）无结构式访谈法

通过与军休中心军休干部及工作人员的访谈，收集服务对象信息，了解服务对象情况，以质性研究的饱和原则为依据，对 2 名工作人员和 8 名军休干部进行访谈。

（3）参与式观察法

以社会工作者身份参与军休中心各种活动，在共同生活中对军休干部进行全面观察，以取得研究所需的第一手资料。

2. 评估结果

军休干部是一个比较特殊的社会群体，这个群体面临的最大问题就是社会生活的再适应。军休干部在几十年的军旅生涯中已经形成了相对固定的行为方式和生活模式，从岗位退下来后，意味着从过去有严格规范的军队生活转换到现在普通的日常生活，也意味着军休干部在生理、心理、行为方式和生活习惯上都要发生相应的转变。需求评估表明，H 军休中心的军休干部有以下的服务需求。

（1）相关基础性建设的需求

H 军休中心有很好的军休干部服务基础，也开展了丰富多彩的活动，但是对军休干部的心理建设服务还处于起步阶段,需要进行基础性建设。一是健全心理社会功能档案的需求。军休干部档案主要是工作履历,建立健全军休干部生理、心理、社会功能方面的档案是有针对性地开展军休干部社会再适应的前提。二是心理辅导室与咨询制度建设的需求,军休干部的社会再适应本质上是一个精神层面的问题,需要提供专业化与规范化的心理服务,对一个从未开展过相关服务的中心来说,成立心理辅导室和建立健全相关咨询制度是基本的需要。三是进行有军休干部特色的社团文化建设。军休中心为军休干部提供了很多社团组织与娱乐活动场所,但是这些社团并没有将活动与军休干部的生命历程及精神特质结合起来,需要加以提炼,体现社团活动的军休特色。

(2)自我整合与自我认同的需求

军休干部大多高学历、高职称、高收入,他们不必担忧普通老人所忧虑的医保养老等问题,追求高层次精神层面的需要才是他们晚年生活的主题。从调查结果看,军休干部的《老年人抑郁量表》得分均高于8分,无抑郁症状;《社会支持量表》的各项得分平均值也均高于军人常模,但是这并不意味着他们对当下生活全然满足。在前期的访谈与观察中,我们发现,虽然问卷中军休干部对退休后生活的满意度较高,均值为9.25,但是质性访谈表明,他们对这一生活所赋予的意义感与价值感的感受一般。军休干部退休后的再适应问题,本质上是一个由“官”“军”向“民”、由成年向老年生命历程过渡的自我认可与自我整合问题。

(3)轻松悦纳当下生活的需求

军休干部在工作期间由于纪律约束和职责所在,他们更多的是关注国家与社会,一定程度上忽略了自己的个性发展与价值追求,对退休后私人领域的日常生活与休闲活动不那么适应与认可。从个性特征的测量情况看,绝大部分军休干部都认为自己的自我管理能力较强,能够处理压力。但是在日常人际交往中,有些军休干部认为自己有时会有些拘谨,还有些人认为自己容易紧张。在军休干部离开工作岗位返回家庭和社会后,他们需要轻松地享受与家人、朋友之间的亲密沟通,享受与悦纳发展自我潜能与个性的新的生活状态是他们社会再适应水平的重要体现。

(二)服务计划

1.服务理念

军休干部退休后,物质方面并不匮乏,面临的主要是身份角色转换后的社会再适应问题。因此,对他们的服务要以尊重与关怀为主,理解他们,陪伴他们,关注与尊重他们高层次的心理需要,开展一些能让军休干部悦纳当下角色、提高军休干部自我价值与生命整合性的社会工作服务。这些服务主要包括两个层面:一是制度、档案、咨询室等基础性社会工作服务;二是充满生命关怀的个案社会工作服务。

2. 服务目标

提高军休干部的自我价值感和自我整合水平，体验并悦纳与军旅生涯不一样的日常生活及其意义，最终提高军休干部社会再适应能力。具体目标有：

(1)个案管理档案建设；

(2)旨在自我探索与整合的沙盘游戏治疗室建设；

(3)挖掘社团军休文化价值的社团制度建设；

(4)进行自我整合与接纳的缅怀往事疗法个案工作；

(5)发掘军休干部生命价值的回忆录撰写与口述史档案建设；

(6)扩大社会网络、体现军休干部自我价值的志愿者联谊活动。

3. 服务视角

从优势视角与人本主义心理学视角出发，相信人都有自我实现的倾向。只要他们被无条件地积极关注，就会更进一步接纳自己，并激发出可以实现其自身需要的力量(能力、资源与知识)。军休干部人生经验丰富，意志坚定，充满智慧，我们可以通过探寻他们的人生优势，挖掘他们的人生潜能，使其身心达到和谐与整合状态，实现其适应退休后角色与生活的服务目标。

4. 服务的理论依据

(1)马斯洛需求层次理论

马斯洛认为，人的需求有层次性，从低到高可以将其划分为生理需求、安全需求、爱和归属感、尊重和自我实现。较高层次的需求包括尊重与自我实现的需求。一个人的低层次需求得到满足后，便会追求高层次的需求。军休干部退休前知识水平和职业层级高，退休后物质生活有保障，相比于一般的老年人，更需要社工帮助他们满足更高层面的心理和精神需求。

(2)规范阶段理论

规范阶段理论的代表人物为埃里克森。他认为，人的发展取决于是否富有情感而健康地完成生命各阶段的心理任务，老年是生命的独特阶段，有着特殊的发展任务，其最重要的任务就是自我整合。这是基于一生的回忆而获得的，老年人需要评价自己的一生并加以接纳，以此获得整合，表现为获得意义感，具有超然的智慧。自我整合是军休干部社会适应的核心任务。

(3)老年人自我整合理论

在埃里克森理论的基础上，巴特勒指出，老年人回顾一生，缅怀往事，可以使他们免于陷入绝望，提升自尊，有助于他们的自我整合。经验研究证明了缅怀往事疗法在提高老年人自尊、意义感与认同感、认知能力、生活满意度方面的作用。埃里克森基于他的规范阶段理论还指出，虽然老年人身体机能开始衰退，但他们的自我整合也不仅限于对以往生活的回忆，也来自当下生活中的新刺激与挑战，除了政治生活，还包括健身计划、创造性工作，甚至是与孙辈的关系。对当下新生活的关注和参与也是老年人社会再适应的重要途径。

(4)沙盘游戏疗法的相关理论

以荣格理论为基础的沙盘游戏疗法由卡尔夫发展创立。沙盘游戏运用意象工作。沙盘游戏者在自由与保护的空间中,可以自由地将自己的内心世界投射于其中,运用沙子、水和沙具去表达他们自己的内心世界,从而为沙盘游戏者带来整合、转化、适应与心性发展的可能性。

5. 服务框架

根据需要评估结果以及相关的理论,本项目建立以下服务框架,如图1所示。

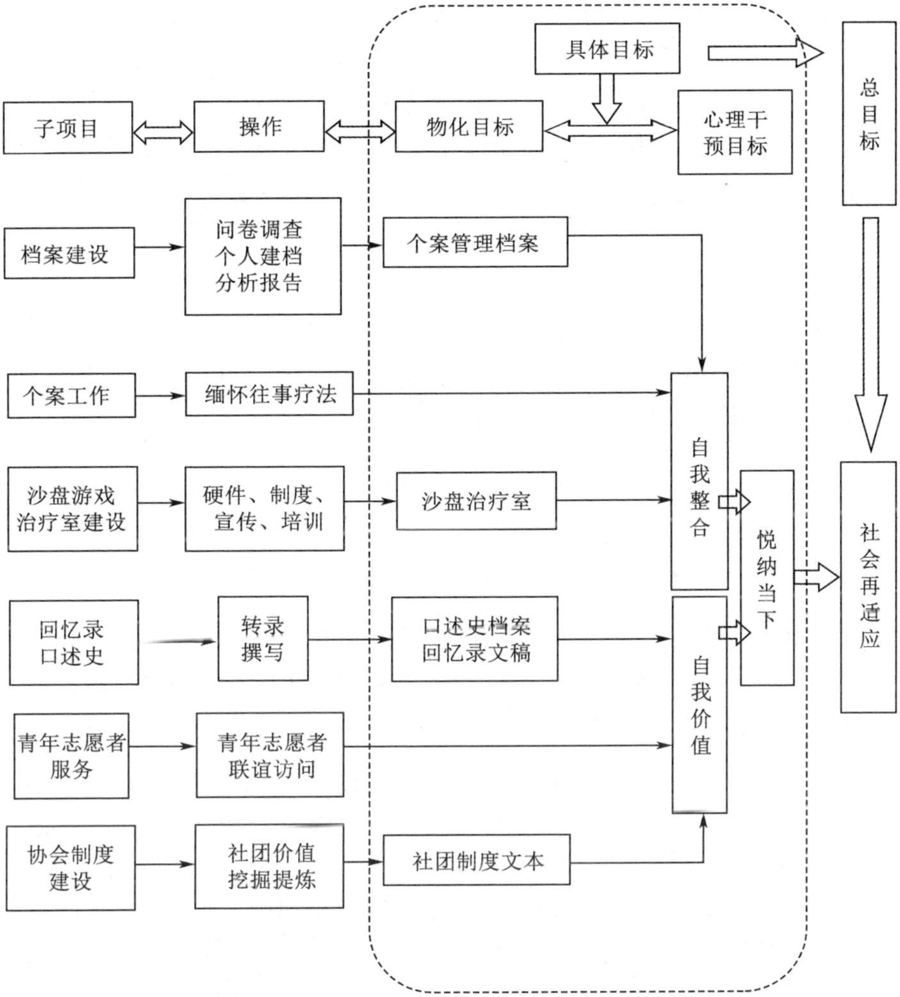

图1 服务框架

（三）服务计划实施过程

项目的实施进度见表1。

表1　项目进度表

阶段	时长	工作内容
项目筹备期	1个月	完成项目管理团队的组建和培育；对项目实施理念达成共识；与军休中心建立联系
需求评估期	1个月	确立需求评估的方法，进行评估；工作计划制订；小组分工，工作进度方案制订
项目工作期	10个月	开展个案管理档案建设、沙盘游戏治疗室建设、社团制度建设、志愿者服务、个案服务、回忆录撰写等服务
项目结束期	0.5个月	资料整理及存档，工作总结，总结服务效果，完成项目结项报告

在项目工作期，主要开展了以下一系列的活动。

1. 档案建设目标及任务

通过档案建设，提供军休干部社会再适应的个案管理基础，口述史档案建设也是发挥军休干部社会价值的尝试。具体包括：

军休干部档案建设
- 现有档案更新校对
- 现有档案电子化，建立电子档案管理系统
- 建立心理社会功能档案
- 口述史档案启动并建档
- 心理社会功能总体评估（出具《军休干部生活状态综合调查总报告》）

图2　军休干部档案建设内容一览

（1）校对现存军休干部纸质档案并加以电子化

军休中心的已有档案以纸质为主，且已建档多年，有必要更新校对，进行电子化建设与电子档案系统管理建设。档案校对内容主要分为以下4个部分：第一部分是基本信息，包括姓名、性别、民族、出生年月、籍贯、政治面貌、学历、参加工作时间、入伍时间、入党时间、退休时间、退休前职务、移交黑龙江省军队离退休干部服务中心的时间，这一部分可参照《军休干部退休报告审批表》上的信息进行整理；第二部分是军休干部的工作履历，每名军休干部的档案中会有各个时期的晋升报

告表,根据这些表格中的信息,便可整理出军休干部的工作经历;第三部分是军休干部的学习经历,每名军休干部的档案中会有相关的进修学习的结业证书,但有的只保留了部分证书,并不是特别完整,只能根据现有的资料进行整理,尽可能达到全面;第四部分是军休干部的立功、受奖情况,在军休干部的原始档案第七类材料中可找到其从军期间的获奖情况。本项目历时近三个月完成了对 98 名军休干部档案的校对与电子化录入,转换成 WORD 文档,导入电子档案管理系统,并将上述文档建成电子档案管理系统。

(2)建立军休干部心理社会功能个人档案

军休中心的军休干部档案以工作履历为主,需要增加心理健康、社会支持网络等内容,为军休干部的个案管理提供依据。通过前期对军休干部的访谈,以及与省军休中心进行多次沟通与反馈,针对军休干部群体特征确立调查的维度与测量工具,编制心理社会功能调查问卷。调查维度包括基本情况、社会态度、社会网络与社会支持、个性特征、心理状况、军休中心满意度、退休生活满意度 7 个维度。对军休干部的社会态度、社会功能与心理健康水平进行全面评估,调查结果为军休中心更好地针对每位军休干部的具体需求与特征来开展个案管理与服务工作奠定了基础。所选择的分量表大都公开发表,具有信度与效度,可保证测量的准确性。问卷的构成与计分方法如表 2 所示。

表 2　各子量表及计分方法

	子量表	计分	来源
基本情况	无	—	自编
社会态度	衣食住行态度调查	描述; 第一个维度加总	CGSS,省蓝皮书,自编
	国情态度调查		
	省情态度调查		
社会网络与社会支持	客观支持子量表	2 +6 +7	肖水源等
	社会支持主观感受子量表	1 +3 +4 +5	
	支持利用度子量表	8 +9 +10	CGSS(老年部分)
	亲子关系子量表	(12 +13 +14 +15)/4	SRHMS
	家庭和睦度	直接计算	
个性特征		描述	CGSS(老年部分)
心理状况	抑郁量表(30 项)	加总求和	Brink 等
军休中心满意度		描述	自编
退休生活满意度		直接计算	自编

根据回收的问卷，为每位提交问卷的军休干部出具了一份《心理社会功能情况报告》，建立了心理社会功能档案，每份档案后面均附上了该军休干部填写的调查问卷电子版，以便能与前面出具的心理功能状况报告进行原题对照。

根据军休干部已经提交的问卷进行统计分析，对军休干部的总体心理健康与社会功能情况进行评估，撰写《军休干部生活状态综合调查总报告》，这一建档工作对于下一步有针对性地对军休干部开展社会工作服务提供了参考依据。

(3)军休干部口述史档案建设

项目运行期间，利用缅怀事件疗法对部分军休干部进行服务，军休干部的人生经历丰富，充满正向能量，他们参与或指挥了共和国的军队建设，他们的军旅生涯见证了共和国军队发展与变革的重大事件，其个案访谈的资料弥足珍贵。在访谈中，我们发现了这一资源后，觉得有必要加以留存与保护。

出于这样的考虑，征得军休中心与被访谈军休干部的同意与认可，我们将缅怀事件疗法干预的访谈结果做了录音，并进行文字转录，形成的军休干部口述史档案是珍贵的、特别的历史文献，为军队史、军队高级人才研究以及革命宣传教育等提供素材。

项目共为四位军休干部做了口述史档案建设。累计录音 19 小时 32 分 4 秒，总字数为 155 018 字。

表 3　口述史档案建设情况

个案	录音资料时长	转录文字字数
军休干部 1	9 小时 11 分 20 秒	67 584
军休干部 2	4 小时 29 分 44 秒	36 296
军休干部 3	3 小时 7 分	29 305
军休干部 4	2 小时 44 分	21 833
总计	19 小时 32 分 4 秒	155 018

(4)提供《军休干部生活状态综合调查总报告》

总体来说，军休干部关注国情、民情、省情，主观社会支持、客观社会支持、支持利用度与社会支持的平均分均高于我国军人常模，其社会网络资源与社会支持主要来自伴侣与子女，家庭整体上亲密和睦；所有军休干部的抑郁量表总分均为 0 ~ 10 分，心理健康，无抑郁倾向；95% 的军休干部都愿意参加军休中心组织的活动，对军休中心的服务满意或非常满意，大多数的军休干部对退休生活非常满意。

2. 沙盘游戏治疗室建设

(1)沙盘游戏治疗室建立的目标与依据

个性特征的调查表明,军休干部大都认为自己想象力丰富,自我管理能力强。他们具有丰富的人生经历与生活智慧,对他们的心理干预大都不需要指导,只需要陪伴与关爱,而沙盘疗法可以给军休干部提供深入表达的机会。借助沙具,军休干部可以将心中浮现的各种场景,以及难以用语言表达的感情直观地表现出来,完成自己与内心世界的连接。在这一过程中,一些东西甚至不需要特别挑明,他们就可以自行领悟。另外,个性特征调查的结果也表明,军休干部严谨理性,自我要求严格,不易放松地享受当下,而沙盘游戏治疗法的设置能创造一种天然与放松的环境,让他们放松下来,与自己进行深入的连接。

沙盘游戏治疗室的建立可为军休干部在未来开展自我发展、整合等再适应问题的干预打好基础。

(2)沙盘游戏治疗室的任务

本项目对军休中心的沙盘游戏治疗室建设主要提供了以下服务(图3)。

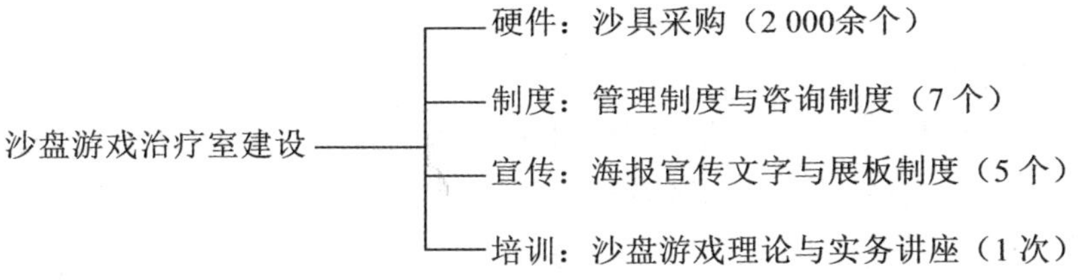

图3　沙盘游戏治疗室建设一览

(3)沙盘游戏治疗室建设及相关制度

其包括沙具购买、摆放及沙盘游戏治疗室装饰设计,所建成的沙盘游戏治疗室中共有2个陈列架和2 000余个沙具。沙盘游戏治疗室的咨询服务需要规范运行,才能为军休干部提供高质量的服务,因此需要对沙盘游戏治疗室的日常服务进行制度建设。项目组通过对其他心理咨询机构的相关制度进行调研、对相关文献进行查找与参照,并结合军休干部心理服务的特殊性,最终建立了《沙盘游戏治疗室管理制度》《实际来访登记表》《咨询初访接待表》《咨询记录》《咨询记录附页》《咨询预约登记表》《咨询预约时间记录表》等制度与表格。

(4)沙盘游戏治疗室展板宣传

为了让军休中心工作人员及军休干部了解沙盘游戏治疗室,项目组进行了《沙盘游戏治疗室管理制度》《沙盘游戏简介》《沙盘游戏操作流程》《团体沙盘游戏操作流程》及《沙盘游戏治疗室海报》的文字撰写与海报制作工作。在制作的过程中,与军休中心进行多次协商,不断修改不足之处,推敲文字,多次就文字及排版部分的内容与军休中心进行修改,力图贴近沙盘游戏治疗室的整体氛围,帮助军休干部更快地了解沙盘,提高他们参与其中的兴趣。

(5)沙盘游戏理论与实务培训

为了使军休中心能利用沙盘为军休干部服务,项目组进行了沙盘游戏理论与实务的培训讲座,培训内容包括以下几个部分:一是社会工作知识简介,二是荣格理论及荣格理论导向的沙盘游戏治疗法介绍,包括沙盘与团体沙盘的理论基础、原理、方法论、操作流程等,进行了团体沙盘体验与实操体验教学,并带领培训者共同完成了一个团体沙盘游戏,共进行 7 轮游戏,每轮结束之后,参与者都相互交流体验与感受,用心与沙盘和他人进行连接。在第 7 轮游戏后,参与者先行做了交流,之后,其他观察者也加入讨论,分享感受。此次培训为军休中心下一步开展沙盘游戏治疗服务打下了基础。

3. 利用缅怀往事疗法进行个案服务

(1)理论依据

根据埃里克森人格发展 8 阶段理论,以及他提出的老年人的规范阶段与自我整合观点,拟通过缅怀往事疗法,帮助军休干部由早年经历与军旅生涯的回顾转入退休生活的感受表达,整合其个体的生命历程。

(2)干预目标

利用缅怀往事疗法将军休干部过去的光辉岁月中的积极能量与丰富资源带入当下的退休生活中,梳理与整合他们不一样的人生,满足他们对自己生命进行回顾的诉求,进行生命角色连接,突出生命成就感,整合自我,悦纳当下。

(3)干预方法——缅怀往事疗法

缅怀往事疗法,即回忆过去的生活事件的老年人社会工作方法。适当地加以引导的往事回顾对老年人来说,有助于完成“自我整合”,老年阶段所面临的主要问题是自我绝望与整合,要做到这一点,老年人需要回顾自己的生活,得出成就感和人生意义,提升自尊水平,实现自我整合。目前缅怀往事主要有 6 种类型,本项目中的干预主要是叙事性缅怀、整合性缅怀、传递性缅怀的结合体,即帮助军休干部回忆过去生平事迹,接纳过去与现在的不同,获得对过往人生的整合性看法,并将个人不寻常的经历通过回忆传递给下一代。

常用的缅怀往事疗法包括个案缅怀和小组缅怀两种,用一对一的方式缅怀往事,能让社会工作者根据老年人个人的特定需要制订干预方案,调整工作节奏以适应老年人的个别需要和能力。个案缅怀往事疗法的一个方式是按时间顺序来安排社会工作者与老人见面,并将人生做 5 个阶段的划分,分别是儿童期、青少年期、成人期、中年期和老年期。

根据本项目的干预目的以及军休干部的心理特征,我们主要以个案缅怀方式帮助军休干部回顾以往生命历程中各阶段的成就,并对当下生活进行叙事,将过去的资源带入当下,并且通过积极建构的叙事更加悦纳当下。

（4）干预原则

人本主义心理学认为，安全的环境能让人对自己开放与接纳，并会“为个体发展至新的整合水平提供基础”。缅怀往事时能否达到自我整合的目标，与缅怀往事的环境是否安全有关。军休干部的深层缅怀与自我整合非常需要安全的环境，使他们可以无障碍地进行往事的回忆与情感的表达。在军休干部的缅怀过程中，社会工作者要坚持无条件接纳、真诚、同理的人本主义立场，以尊重、敬爱之心与军休干部建立关系，通过正向建构、陪伴共情与全然接纳，营造全然安全与值得信任的回忆环境，让军休干部感受到他们的每段心路历程都是可以毫无顾虑地加以表达，都是珍贵的，都值得关注与敬重，从而确保缅怀叙事始终能从外在进入内在。

（5）干预计划（表4）

表4　缅怀往事疗法干预计划

阶段	工作内容
准备阶段	1. 收集资料，与案主建立关系； 2. 介绍社工情况、访谈目的、具体服务流程； 3. 简单介绍缅怀往事疗法
介入阶段	1. 童年期：个别重要事件；回忆童年、家庭关系、家庭生活、兄弟姐妹、上学、劳动等重要人物和事件； 2. 青年期缅怀：个别重要事件；上学、当兵等重要社会事件； 3. 成年期缅怀：个别重要事件；军旅生涯、事业、婚姻、抚养孩子等重要社会事件； 4. 晚年缅怀：个别重要事件；退休生活、疾病、闲暇时光等重要社会事件，现在的生活，期待的生活。 （注：介入阶段社会工作者要引导案主回顾正面事件，引发积极情绪，回忆快乐正向的记忆）
结束阶段	1. 与案主一起回顾生命历程，解释关于回忆的结论与感受； 2. 将整理的回忆录与案主分享，征求意见，进行修改； 3. 与案主说再见

按主题依次与军休干部见面，每周一次，每次60到120分钟。

（6）干预过程

本项目根据需求评估结果，由军休中心发布信息，采用自愿报名参与的方式，四位高龄军休干部有强烈的回顾人生的意愿，表示愿意接受我们的缅怀往事服务。

在军休干部缅怀往事的干预中，首先，与案主建立信任关系。选择有初级社会工作师证的MSW研究生陪伴军休干部进行缅怀，在项目前期，他们都与这些军休干部有其他服务关系，建立了较好的连接，为缅怀往事疗法访谈过程的顺利进行打下了基础。访谈前，她们分别与军休干部沟通访谈主题与设置，征得军休干部同意，所有服务均进行录音并做文字转录。由研究者及两位社工对转录稿进行主题编码。

其次，在缅怀往事的访谈中始终坚持人本主义的访谈立场。以真诚、同理、尊重、陪伴、关怀之心同军休干部展开访谈，通过正向建构、陪伴共情与无条件接纳的态度，营造全然安全与值得信任的回忆环境。在访谈的设置（表5）上，考虑到军休干部的特质及本项目的干预目标，同样尊重了军休干部的身体状况与谈话偏好，将缅怀往事过程的频次、顺序、时长、地点等都做了弹性设置。有的军休干部身体不适，我们就与对方协商，将每次访谈的时间缩短，频次减少。有的军休干部很有激情，60分钟的设置觉得意犹未尽，我们就将每次访谈的时间延长至120分钟，有的军休干部因身体状况希望访谈简洁，我们就将每次访谈的时间与访谈的次数都进行压缩，尊重军休干部自然的回忆节奏与情感表达需求。

表5　访谈设置

	服务次数	每次时间	地点
军休干部1	5	约2小时	军休中心
军休干部2	4	约1小时	军休中心
军休干部3	3	约1小时	军休中心
军休干部4	2	约1小时	家中

再次，在缅怀往事中，始终关注自传性叙事下的情感性叙事表述。要以缅怀往事疗法介入自我整合，必须关注表层叙事与内在情感体验两个历程，整合是发生在内在的过程中的，与自我内在连接的叙事比表层叙事更重要，情感与认识渗透是整合的关键。对日常生活中不太善于表达情感的军休干部来说，这一点尤为重要。在社工对叙事氛围的努力营造下，军休干部缅怀往事时的情感叙事元素十分丰富。如早年的“苦”与“温暖”。军休干部的童年经历都很艰苦，但是却不乏亲人、师长之爱，使苦难转化为成长的力量。再如，军旅生涯中的“自豪”与“愧疚”。军休干部的军旅生涯回忆充满了“自豪”之情，如一位军休干部在回忆军队的教学经历时说，“对学校的感情还是很深，就感觉我这近四十年的军旅生涯中，最后在学校的这二十年时间，心里面很踏实”。但是，在谈及家人与亲人时，他们都有着愧疚之情，如“我长期在部队、在基层，家里全靠我老伴儿，我对她还是非常敬佩的，亏欠她太多”。

这些物化为口头语言、进入意识层面的情结，同样在军休干部爱与感恩的情感之流中得以化解。军休干部的爱的故事感人至深，坦荡深沉，如“雪夜深山战友接应”的战斗情谊、送君千里的退休“送别”场面、“患难与共”的夫妻感情等。军休干部缅怀往事中的感恩之情也随处可见。

最后，注意营造“退休后自我”的正向叙事空间。缅怀往事各节主题相对固定，包括入伍前、入伍、军旅生涯早期、军旅生涯中后期、退休生活几个部分，对应于儿童与青少年期、青年期、成年期与老年期。由于军休干部自我整合的心理结构是，他们更为看重“过去的自我”，而不是“现在的自我”，其自我结构在时间维度上有断裂特征。因此，在缅怀内容上增加了老年期缅怀叙事的比重，无论访谈进行几次，均至少要保留一次完整时段进行晚年叙事，给积极自我信息在退休前后转移与延伸提供叙事空间，社会工作者（社工）也要以同理之心帮助军休干部正向重构其晚年叙事，增加军休干部对当下叙事正向觉知与体验的可能性。通过谈话的正向重构，让军休干部的晚年叙事更具有正向意义，激发他们对当下生活状态的珍视。

在社工的陪伴与支持下，军休干部退休阶段的叙事与其说是缅怀，不如说是对当下生活与家人关系的内在情感体验与诉求。他们对子孙的成就感到喜悦与自豪，认可自己对于子女不可或缺的价值与意义，他们对自己与伴侣的关系也表达了情感上的深切认同与依恋，最后，他们也与自己做了和解。当军休干部进行这些叙事时，就是在珍视自己的当下，就是以退休后的海阔天空去体验与最亲近的人和谐相处的人生境界。在访谈的最后，所有军休干部均有知足、感恩等整合性情感出现。

（7）干预效果评估

黄希庭等关于自我整合时间透视的观点认为，自我整合取决于一个人是否对过去与现在的自我同样认同，是否看重现在，是否对未来有美好的期待。以这一标准可以断定，军休干部在缅怀历程的最后，都以“智慧”之心领悟了人生的完满，放下过去，肯定当下，笑对未来，达到了自我整合效果。

军休干部的服务反馈中也对社工的工作给予了肯定，所有的军休干部对社工的服务均表示满意。

4. 回忆录撰写

项目组对访谈后得到的个案访谈资料进行了文字转录，并在此基础上撰写回忆录，形成回忆录初稿。

考虑到军休干部的特点，回忆录撰写的原则是：首先，文字平实朴素。用军休干部个人的表达风格进行撰写，语言要朴素自然，尽量少用形容词，不堆砌华丽辞藻，不刻意渲染煽情，坚持平凡之处是真、平淡深处是情的写作境界。其次，在回忆录的撰写中做减法，去掉虚词、口语化表述及一些重复冗余的部分，让整个回忆录更加言之有物，明亮精练。最后，对回忆录做一些逻辑上的调整。军休干部在回忆时，有些时候会因思维的流动，存在一些时间与空间上的跳跃感，因此在撰写回忆录时，我们要将这些部分重新进行梳理，使回忆的内容条理更加清晰，便于阅读。下面为其中一位军休干部的回忆录的目录节选。

《×××回忆录》目录(节选)

第一章　我的童年——逆境中成长
　　一、追根溯源
　　二、苦难的童年
　　三、负重苦读的中学
第二章　艰难的抉择——去当兵
　　一、入伍的原因
　　二、激烈的思想斗争
　　三、伟大深沉的父爱
　　…………
第四章　光阴荏苒——学校任教二十年
　　一、称职的教员
　　二、编写教材
　　三、毕业演习改革
　　四、担任领导职务
　　五、不断革新创辉煌
　　六、尽职尽责事无巨细
　　七、梅雨季节
　　八、在蚌埠的家
　　九、对学院的留恋
第五章　平凡而伟大——我们的爱情
　　一、与妻子相识
　　二、分居十三年
　　三、她是我的贤内助
第六章　生命的新里程——退休生活
　　…………

回忆录可以作为革命传统教育的宣传资料,也为军休中心发行回忆录提供文字基础。军休干部长年的军旅生涯中有着丰富的资源,成长的经历中充满积极奋斗的品质,回忆录的撰写可以将他们这些人生经历中的珍贵资源永久留存与传播,提升他们的自我价值感,扩展他们生命经历的社会价值与教育功能,为社会贡献余热,做到老有所为。回忆录初稿字数情况见表6。

表 6　回忆录初稿字数情况一览表

姓名	总字数
军休干部 1	60 866
军休干部 2	33 630
军休干部 3	24 454
军休干部 4	13 749
总计	132 699

5. 协会制度建设

（1）目标

军休中心有很多的社团活动，但是一直停留在娱乐的层面上，没有将其与军人的特质做有意识的提炼与联结，一定程度上影响了这些活动对于军休干部社会再适应的作用发挥。军休中心也一直有军休文化建设的愿望，结合本项目的总目标，协会制度建设旨在挖掘“协会活动”的“军队文化”特质，让这些协会活动的军休文化特质有所体现，使协会社团活动对军休干部来说不仅是娱乐与休闲，还是连接过去、提升当下生活价值的有意义的生命体验，帮助军休干部进行自我角色整合，悦纳与适应当下生活。

（2）过程

军休中心现有八大协会，这些协会的活动丰富了军休干部的文化生活，发展了军休干部的兴趣爱好，让军休干部的退休生活具有了提升与挑战自我的各种可能性。为进一步规范军休中心的八大协会，使得协会能够有规可依，体现军休文化特质，彰显军休文化品质，项目组成员积极联系协会负责人，通过多次协商，最终形成《门球协会制度》《台球协会制度》《太极协会制度》《棋牌协会制度》《合唱协会制度》《钓鱼协会制度》《书画院制度》与《宣讲团制度》等相关文件。

在协会章程制定过程中，社会工作者首先查阅了相关协会已有制度，作为进行各协会制度建设的参考；其次，进行军休文化的文献调研，反思与提炼各协会军休文化的意义及内涵；最后，进行发展心理学的文献调研，寻找社团活动之于老年人人生发展的价值与意义。

在此基础上形成初稿，并将初稿与各协会会长（均为军休干部）反复沟通，听取各协会会长的意见，并进行修订，尽量做到既能与他们的过往经历有连接，又能让军休干部在活动中意识到协会活动是一种新的人生挑战与经验，激发其生命力量与潜能，愉快地接受不同于以往的新的生命体验与历程。

制度建设同时规范了协会活动的章程及管理，明确了协会成员的参与与退出机制，强调了协会负责人与协会成员的责任与义务。在遵循协会宗旨的基础上，也丰富了协会活动的内容,提升了军休干部协会活动水平,满足了军休干部的精神需求,实现了军休干部老有所乐。

最后,项目组与军休中心管理人员就修订稿内容进行多次沟通后,最终达成共识,最终定稿。协会制度建设流程见图4。

图4　协会制度建设流程

(3)结果

经历几个月的努力,共形成8个协会的制度章程。最终形成的八大协会制度的指导方针与活动宗旨的主要内容见表7。这些协会有助于军休干部连接过往,也鼓励他们在新的人生领域里发掘新的生命可能性,欣赏与悦纳自己当下的生活。

表7　八大协会制度文化建设(部分内容)

协会名称	指导方针	活动宗旨
宣讲团	拓宽军休干部社交范围,提升军休干部演讲能力,促进军休干部身心健康,实现军休干部生命价值	1. 离岗不离党、退休不褪色,继续发挥余热,耕耘播种、传播真理、解疑释惑,汇聚崇德向善的正能量,推动科学理论走进群众,凝聚社会共识。 2. 把握时代脉搏,提升公众素养,增强思想政治引领,传承革命精神和时代精神
合唱协会	丰富军休干部个人兴趣,激发军休干部参与文体活动热情,感受自身生命力量	1. 致力于军休干部健康、轻松、愉快的退休生活。在合唱活动中,培养合唱兴趣,提高声乐演唱水平和鉴赏能力。 2. 重温集体荣誉感。为军休干部提供一个能与其他合唱爱好者一起享受艺术的美和高雅的氛围,光大审美精神
钓鱼协会	加强军休干部之间的切磋与交流,陶冶人与自然和谐相处之道,满足军休干部精神需求	1. 致力于军休干部更好地享受退休生活。通过定期组织的垂钓活动,提高军休干部垂钓技巧,使他们接触自然并与自然连接,感受自身蕴藏的力量,发现生命的美好。 2. 为军休干部搭建切磋垂钓技艺的平台,研究先进的钓具和各流派的垂钓技巧和方法,在培养他们垂钓兴趣的同时,陶冶情操,修身养性

表7(续)

协会名称	指导方针	活动宗旨
太极协会	提供以武会友的交流平台,深入开展太极拳学术、实战术的研究与交流	1.丰富军休文化生活,强健军休干部体魄。通过在军休干部中推广太极运动,增强军休干部的身体素质,弘扬太极精神。 2.以提高军休干部身体素质为基础,以德正心、以武修身、以意养气、以理怡情,共同开拓和发展太极文化活动,弘扬太极精神
台球协会	陶冶情趣,促进交往,增进军休干部体能与智力,愉悦军休干部的精神生活	1.旨在增强军休干部的身体素质,发展其个人兴趣,激发其参与文体活动的热情,致力于健康、轻松、愉快的退休生活,实现老有所学、老有所乐。 2.致力于交流与沟通。旨在为军休干部提供一个能和其他台球爱好者一起交流、学习、相互切磋的平台,加深军休干部彼此之间的联系与友谊
书画院	以书陶情、以画会友,为军休干部提供一个展示自我,以及与其他书画爱好者沟通交流的平台	1.通过书画活动,使军休干部修身养性、陶冶情操、美化心灵,为他们营造健康舒适、轻松愉悦的生活方式。 2.在寄情翰墨之间,发展军休干部对书画的爱好,开拓军休干部的文化视野,体验中国传统文化,提高书画水平和审美能力
棋牌协会	增强军休干部的身体素质,发掘新的竞技沟通潜能,满足军休干部的精神需求	1.丰富军休干部的退休生活。通过形式多样的棋牌活动,提高他们的棋牌技艺,激发他们参与文体活动的热情,实现老有所学、老有所乐。 2.培养并发展军休干部的个人兴趣。为军休干部搭建切磋棋牌技艺的平台,建立有效沟通的桥梁,在培养棋牌兴趣的同时发掘自身的潜能
门球协会	为军休干部提供一个互相交流、学习、切磋的平台。丰富军休文化生活	1.共享门球知识以及健康与快乐。使军休干部致力于健康、轻松、愉快的退休生活,激发其参与户外活动的热情。 2.增进球友彼此的感情,共同进步,加深军休干部彼此之间的联系与友谊

6.青年志愿者联谊活动

(1)服务目标与内容

在创新社会管理与构建和谐社会的过程中,社工与志愿者逐渐成为主力军,但是由于原有管理体制的分离,社工与志愿者一直缺乏合作,处于资源分散的状态,在军休服务中也是如此。鉴于此，有必要在军休服务中开展"社工工作+志愿者"的社会工作服务模式。青年志愿者在军休干部社会工作项目服务中具有双重功能，一方面，他们为军休干部提供了支持与服务，另一方面，也从他们那里得到珍贵的人生指引与帮助。而军休干部在接受帮助时，同样会感受到自己对青年人的影响与自我价值的提升与实现，有助于本项目目标的实现。基于以上考虑，本项目通过链接、培训、服务等方式为军休中心打造"社工工作+志愿者"联动的军休干部社会工作服务模式，扩大军休干部交往网络，提高军休干部自我价值。主要服务内容见图5。

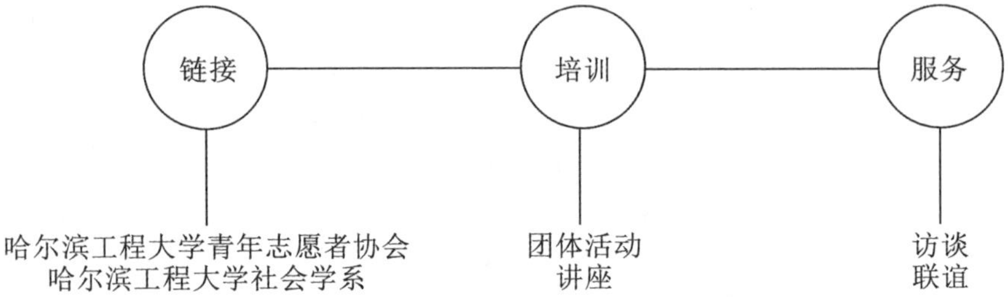

图5　青年志愿者服务内容

(2)志愿者链接与培训

项目组链接志愿者资源，为黑龙江省军队离退休干部服务中心与哈尔滨工程大学社会学系及哈尔滨工程大学青年志愿者协会搭建桥梁，并达成了哈尔滨工程大学社会学专业本科生以社会实践方式为军休中心开展志愿者服务的协议，为军休服务提供年轻的志愿者资源。

为组建专业化的志愿者服务团队，增强团队凝聚力，本项目先后进行了两次青年志愿者培训：首先是对27位社会学专业本科生志愿者进行志愿者培训，主要内容为学习访谈技巧，编写访谈提纲，讲解军休干部访谈注意事项、志愿者服务原则等。项目组还对哈尔滨工程大学青年志愿者协会的12名学生进行了团体培训，通过一系列有趣的团体体验性活动，增强志愿者团队的凝聚力，激发志愿者的服务热情，提升志愿者对服务专业技巧的觉察与体验，帮助他们在志愿服务过程中，建立专业的服务理念，构建有效的沟通渠道。

(3)社会学专业学生志愿者服务

利用哈尔滨工程大学社会学专业学生社会实践机会，组织他们到军休中心进行志愿者服务，向军队首长学习。经过与军休中心负责人多次沟通，双方最终达成一致意见，将志愿者服务的主要内容确定为访谈部分军休干部，并举行联谊活动。在服务开始前，青年志愿者搜集有关军休干部资料，在专业督导的指导下，确定访谈提纲，进行军休干部志愿者服务的相关培训。经过几次与军休中心的沟通，最终确定访谈的军休干部人选以及访谈方式。在访谈过程中，军休干部心情愉悦地在年轻人的围绕下畅谈他们的人生经历与军旅生涯，将他们的积极能量与乐观精神传递给了年轻的一代。青年志愿者也增加了对军休干部的了解，接受了一次高层次的革命传统教育。双方在沟通中均感受生命存在的价值，军休干部扩大了社会沟通网络，生命能量得以传承流动，自我价值感大幅提升。青年志愿者们在活动结束后，也均将这次志愿者服务的经历与感受写在了自己的社会实践总结中。部分本科生志愿者还与军休中心合唱团的军休干部们举行了联谊活动，他们表演了各自的节目，并在演出过程中相互交流，整个过程气氛融洽热烈，军休干部都很兴奋，老少共同表演节目，相得益彰。

哈尔滨工程大学青年志愿者协会的部分志愿者还参与了缅怀往事录音资料的转录工作，为本项目的按时完成提供了帮助。

三、项目评估与反思

(一)项目内容及成效(表8)

表8　项目内容及成效

活动内容	服务对象的受益或改变
档案建设 (1)档案校对与电子化 (2)心理社会功能档案	档案内容更新，军休中心档案管理电子化与现代化； 心理社会功能测评科学化，为军休干部的个案管理奠定数据基础
沙盘游戏治疗室建设 (1)沙具购买 (2)咨询管理制度、展板海报 (3)培训	建成沙盘游戏治疗室，提供了军休干部社会再适应干预的基础性建设； 通过开展沙盘游戏，中心工作人员的社会工作的能力得以提高
个案工作	社工共情倾听与陪伴，军休干部从早年经历、军旅生涯的回顾中一路走来，在缅怀历程的最后，军休干部用了很大的篇幅来表达对家人的深厚情感，国事天下事的宏大情怀最终归并于晚年家事中的儿女情长，生命历程由波涛骇浪归于静海深沉，人生角色获得一定程度的内在连接与整合。所服务个案情绪放松，身心愉悦，更为珍惜家人，心理幸福感与自我价值感得到提高
回忆录撰写口述史档案	1. 励志文本，军休干部生命资源社会化，体现社会再适应。 2. 军旅生涯资源得以长久留存，个人经历中的励志元素与革命精神永远以音频与文字形式被记录，自我价值得以实现

表 8(续)

活动内容	服务对象的受益或改变
协会制度建设	协会活动的军休文化特质得到一定的彰显,军休干部休闲活动体现对生命意义的挖掘,提供了社会再适应的社团文化基础
青年志愿者服务 (1)链接资源、培训青年志愿者 (2)访谈与联谊的志愿者活动 (3)转录缅怀往事录音资料	为军休服务输入了新鲜血液与年轻力量; 中心获得长期合作的青年志愿者服务资源,拓展了军休干部的社会交往群体,向年轻一代传播了其人生资源与精神,参与该项活动的军休干部普遍开心愉悦,提高了自我价值感

(二)问题与反思

本项目的执行得到了军休中心的大力支持。由于军休中心领导方向明确,社会工作服务意识强、水平高,工作态度严谨认真,对本项目非常重视,因此在所有的项目服务上均给予我们大力的支持、配合与鼓励,保证了该项目的顺利完成。回顾一年来的服务,我们对项目实施中的经验有以下几点思考。

1. 军休干部社会再适应服务层面的多元化

本项目所服务的军休中心围绕军休干部"两个待遇"的落实做了大量的工作,军休中心活动丰富,工作人员对军休干部充满关怀,工作很出色。但是他们对军休干部的心理干预方面仍需大量建设,如中心没有基本的心理档案作为干预的数据基础,没有咨询室与相关的咨询制度来保障常规的咨询服务,所开展的社团活动也没有明确的理论与观念指导,军休干部及其角色转换中的心理问题也缺乏干预的经验等。对于处于这样一个服务层面的军休中心来说,社会工作介入不仅要进行军休干部的心理干预,而且要进行相关的硬件建设和制度建设等基础性建设,同时还要开发一些专属于军休干部服务的具有军休特色的社会工作模式。为此,我们做了个案管理的档案建设、心理咨询的沙盘游戏治疗室建设、社团的制度建设等基础性建设,也做了符合军休干部特质的个案工作与志愿者联谊活动,同时提供了具有军休特色的口述史整理及回忆录撰写等服务,形成了一个多元化的社会工作运行结构网络,全方位地服务于军休干部的社会再适应建设目标。

2. 军休干部社会工作服务特色的探索(图 6)

本项目在加强军休中心社会工作服务基本建设、提升军休中心社会工作服务能力的同时,也在探索黑龙江省军休干部社会工作服务的特色模式,以增进军休干部的人生价值与福祉。

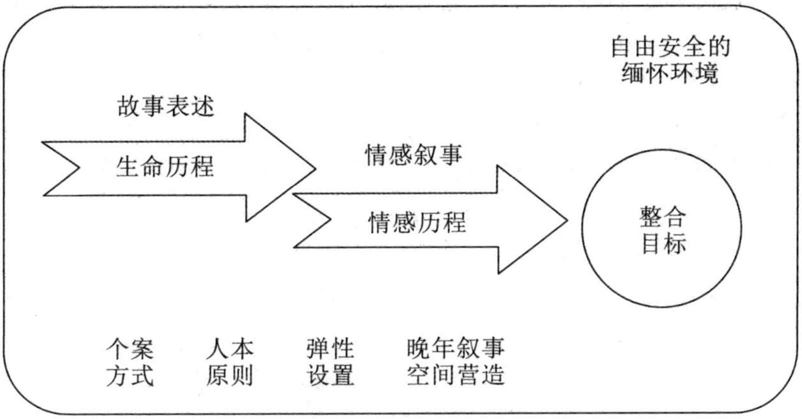

图6　军休干部自我整合的缅怀往事疗法介入模型

(1)适于军休干部的缅怀往事疗法模式的探索

本干预表明,人本主义导向的缅怀往事疗法很适于帮助军休干部进行自我整合,活在当下。军休干部如果感到被关注、被理解、被完全的接纳与允许,他们就会克服日常生活表述时的严谨克制,利用这个机会重新定义自己,开放自己,就可能去往更完整、更高级的人性发展方向。军休干部的往事缅怀及回忆录撰写均具有描述性、传递性特征,通过缅怀,自传性叙事经由表层深入到情感层面,故事穿越了表象,进入个体的内在,很多的滋养元素在那里,如爱与感恩,也有内疚与苦难的积极转化,自我价值感与生命的存在感得以提升,自我整合得以实现。

(2)心理干预、口述史档案建设与回忆录撰写联动的工作模式

在本项目中,口述史档案的启动与建立有助于地方军队历史研究、军队高级人才研究,以及革命传统的宣传教育等,扩展了军休干部生命资源的社会价值。项目在缅怀事件法的使用上也有所创新,尝试了社工心理干预、口述史档案建设与回忆录撰写联动的工作模式。军休干部的回顾包括两个重要元素:一个是励志,另一个是军队历史的经历者、参与者与重大贡献者。为尊重这两个珍贵的资源,从缅怀往事疗法的社会工作干预中发展出了口述史文字档案资料,然后初步整理为回忆录,添加了缅怀往事疗法个案工作之于军休干部的多重人生意义与社会意义,在回忆、见证与传承等独特的军休元素中,形成了具有军休干部特色的联动递进的社会工作模式。这种以缅怀往事疗法展开个案工作,并在此基础上转录与撰写回忆录的社会工作方式对军休干部来说具有亲和性,很受他们欢迎,对高龄军休干部尤为如此,模式具有很强的操作性与外部效度。

(3)适于军休干部的咨询室

在心理咨询室的建设上,军休中心在项目之初就决定建立沙盘游戏治疗室,从

心理社会功能的测评结果看，这一基础建设对军休干部具有适宜性。军休干部大都想象力丰富，部分军休干部有些拘谨于表达真实感受与轻松沟通，他们非常适于在自由与保护的气氛中进行非语言的自我表达、自我探索与自我感悟。而且放松的游戏能够帮助军休干部自然地从过去服从命令的军人生活模式转换到轻松自在的生命状态，这正是军人角色转换中社会工作者需要帮助他们重构的生活模式。

(4)“社会工作+志愿者”模式的使用

本项目在双方对接与需求评估后，确定了档案建设等3项服务内容，之后，根据项目完成工作要求，增加了个案服务等内容，后来在服务中增加了口述史档案建设与回忆录初稿撰写等服务内容。在不增加团队成员的情况下，提高了完成任务的难度。项目后期，时间紧迫，项目团队出现焦虑情绪。这时要保护好社工的心理健康，安顿好他们的情绪，才能做好项目相关的工作。为此，启动“社会工作+志愿者”模式，军休干部口述史档案建设的录音转录工作需要大量的时间与耐心，通过对接哈尔滨工程大学青年志愿者协会，一部分志愿者加入了项目的转录工作中，4位志愿者与本项目社工一道，参与了访谈录音的文字转录工作，他们共完成转录文字40 000余字，保证了项目的顺利完成。

3. 本项目服务中也存在一些问题需要我们进一步去思考

(1)项目宣传推广问题

本项目在宣传、公共媒体报道上的推广工作做得不够，社会知晓度不足。这与项目本身的特殊性有一定关系：一是本项目的个案工作服务对象具有特殊性，条幅、旗帜在服务时不适于使用，宣传图片使用也需慎重。二是本项目很多是社会工作管理的基础性服务，不直接面对服务对象，而是在后台做细致的服务，无法有明显的外显化呈现。三是很多工作是汇总性的，如心理社会功能总报告、协会制度等，它们都具有持续性特点。这些特点导致项目进行期间无法进行新闻稿的制作与宣传，需要我们重新思考与策划该类服务的宣传时机与方式。

(2)项目记录的特殊性问题

本项目完成多以个体形式进行，无人在旁边进行录像与照相；培训因进行团体沙盘，需要尊重当事人，也不适于录像。且项目中大都是文字工作，因此视频、图片记录不够充分完善。这与项目组对记录工作的重视程度不够、经验不足有关，也有必要思考如何在文字、视频、图片与音频记录方式之间灵活地替代性使用，从而提供有效佐证。

(三)军休社工服务的可能方向

通过本项目的运作，我们的一点体会是，军休特色社会工作模式中有两个值得考虑的方向：一是回溯与挖掘人生资源。通过对军休干部既往经历中资源的挖掘及其利用，扩展他们的生命价值。二是当下生活的悦纳。帮助军休干部生活在当下，欣赏与悦纳退休生活中新的机会、可能与挑战，并为他们的生命整合与成就体验提供表达与完成的条件和服务。

在具体操作上，可以对有需求、有意愿的军休干部继续开展缅怀往事、口述史档案、回忆录撰写等服务工作，添加影像、图像资料的制作与留存，建立军休干部档案馆，对社会开放，发挥其教育与研究等功能；也可以利用宣讲团、军休干部微信公众号、网站等传播军休干部正能量，让军休干部退休后仍能通过过往的人生经历而贡献社会。军休中心还可以创新和拓展更多的适于军休干部转换角色的“生产性”“社会性”及“表达性”活动，进一步挖掘现已开展的各项活动的功能与价值，帮助军休干部悦纳当下，欣赏自我。此外，利用沙盘游戏治疗室开展沙盘游戏社工干预，帮助军休干部拓展社会支持网络，如学习现代网络交流手段、运用链接资源等，开展适合军休干部的团体社会工作与家庭社会工作等。

特困老人乐享晚年 社区服务联动开展

——Y市X区特困老年人社会工作服务案例[①]

李　雪　何金潞[②]

一、项目实施背景

（一）社会背景

人口老龄化已成为我国现阶段必须要面对的严峻问题，按照联合国人口老龄化的衡量标准，若一个国家或地区60岁及以上人口达到总人口的10%，或65岁及以上人口达到总人口的7%，即进入人口老龄化社会。据国家统计局相关数据统计，我国人口老龄化程度快速上升，2016年，60岁及以上人口比例为16.7%，65岁及以上人口比例为10.8%。根据黑龙江省统计局相关数据统计，黑龙江省在2005年总人口数为3 820万人，65岁及以上人口数占全省总人口数的7.58%，即黑龙江省在2005年就已进入人口老龄化社会。近几年来，在人口低生育模式和迁移流动的叠加作用下，黑龙江省人口老龄化步伐更是明显加快，老龄化问题更加突出，养老负担加重。如何应对日益严峻的养老问题，需要我们积极思考和不断探索，而其中特困老年人群体的养老问题，更是重中之重。

（二）服务单位基本情况

黑龙江省Y市X区社会福利院成立于2012年9月，占地面积51 500平方米，使用面积5 965平方米，总床位500张，绿化面积达50%以上，是一所满足老年人需求的集休闲、养老、护理和康复为一体的现代化综合性老年公寓。目前在该福利院进行供养的特困老年人大概20人，福利院聘请专门的工作人员为其中生活不能

---

① 2016年黑龙江省福彩公益金特困老年人社会工作服务试点项目。

② 李雪，哈尔滨工程大学人文社会科学学院MSW专职实习督导，哈尔滨市心海社会工作服务中心理事长；何金潞，哈尔滨工程大学人文社会科学学院2017级MSW研究生。

自理的老年人提供基本的生活照料和护理服务，同时，社区工作人员定期开展活动，为老年人开展社会工作服务。

Y 市 X 区老年人有 200 多人，其中特困老年人多分散在六大社区（YL 社区、FM 社区、HJ 社区、XL 社区、LM 社区、XM 社区），由家庭进行供养，特困老年人家庭多因病致贫，多数老年人生活可以自理，可由家庭对其进行基本生活照料，由社区工作人员提供一定的服务。

（三）服务实施契机

2016 年，哈尔滨市心海社会工作服务中心承接黑龙江省福彩公益金特困老年人社会工作服务试点项目，服务对象主要为 Y 市 X 区社会福利院与 Y 市 X 区六大社区的特困老年人。在老龄化问题日益突出的背景之下，特困老年人作为弱势群体尤其需要社会关怀，社会工作的介入就是要运用专业的社会工作理念，系统地开展服务工作，引导和帮助特困老年人走出生活困境，获得精神慰藉。哈尔滨市心海社会服务中心在 Y 市 X 区的服务开展，可以为 Y 市 X 区获取更多专业资源，为社区引入专业的社会工作理念、知识和技巧，为特困老年人提供更加专业的服务。

二、需求分析与评估

在服务正式开展之前，哈尔滨市心海社会工作服务中心项目组（以下简称项目组）对 Y 市 X 区社会福利院的特困老年人开展评估工作；同时也对 X 区的 YL、FM、HJ、XL、LM、XM 六大社区中的部分特困老年人及其他需要关注的老年人开展需求评估工作。

（一）评估方法

1. 问卷调查法

问卷调查法是通过书面问答形式收集材料的调查方法。项目组针对 X 区特困老年人设计了一系列进行深入评估及建档的问卷，主要包括老年人基本信息、生理健康、生存质量及老年人评估。

2. 访谈法

访谈法是社会工作过程中收集资料的重要方式。项目组通过口头谈话的形式从特困老年人或者工作人员处收集相关信息，并对所收集到的信息进行分析整合，以求对特困老年人群体的现状与需求有更为系统和清晰的了解。通过与民政部门、社区工作人员的座谈，了解现有社工人才队伍建设现状与需求。

3. 参与观察法

参与观察法是指观察者根据研究目的，直接加入某一社群之中，以内部成员的角色参与各种活动，在共同生活中对服务对象进行全面观察，以取得第一手资料。在项目执行过程中，社会工作者与服务对象近距离接触，观察其日常生活的行为表现，获得更多感性的和主观的认识。

（二）评估结果

通过评估，项目组发现本项目在实施服务过程中需要满足两类需求，即 X 区特困老年人需求和 X 区社区工作人员需求。其中，特困老年人又可以分为福利院特困老年人集中养老需求（社会交往）与六大社区特困老年人分散养老需求（社会支持），社区工作人员需求又可分为为老服务能力提升需求与工作专业化需求。

1. 社会工作人才队伍建设与能力提升需求

X 区现有社区工作人员近 30 人，多为高中学历，年龄在 30～50 岁，其工作内容之一是为特困老年人提供服务。X 区现有的社区工作人员中，仅 4 人通过了全国社会工作者职业资格考试，大部分工作人员在社区为老服务中缺乏社会工作专业技巧与介入等方面的知识，服务开展缺乏理论支持。同时，X 区现有社会工作制度也不够完善，相关工作在开展过程中缺乏规范流程，需要进行系统的制度规范建设。专业知识与服务规范的缺失使得 X 区在开展特困老年人服务时面临较大压力。此外，X 区关于社区老年人的档案建设还停留在比较简单的统计状态，其档案不能反映老年人的需求，无法为养老服务的设计提供有力支持。综合来看，X 区需要加强社会工作人才队伍和制度建设，以提升其整体服务水平，更好地为服务对象服务。

2. 福利院特困老年人社会交往需求

尽管 X 区福利院为特困老年人提供了物质方面的保障，以满足老人们基本生理方面的需求，然而，老年人还有情感等多方面的精神需求无法得到满足。尤其是居住在福利院的老年人所选择的是集中养老的生活方式，由福利院统一对其生活起居进行照顾和管理，生活环境相对单调和封闭，与外界接触相对较少。这些老人普遍具有心情低落、对老年生活感到焦虑等问题，这些问题很容易让他们变得保守、固执，产生消极的心态及对生活的无奈感或焦虑感。加上子女儿孙陪伴的相对减少，老人们更容易心情压抑，对生活失去热情，久而久之会带来人际关系的疏离、社会接触的减少，并逐渐产生孤立感。

3. 六大社区特困老年人社会支持需求

X 区六大社区特困老年人面临子女外出、朋辈群体解体和邻里互助缺失等现状，在情感和经济上得不到有效支持，生活上陷入困境。同时，X 区目前已整合的为老服务资源尚不完备，便民服务及志愿者服务也相对松散，社区需要一个系统化、专业化、主动性强的社会支持网络。一方面，社区需要充分整合社区便民服务、社会志愿者、邻里互助等各类人力与物力资源；另一方面，也需要加强服务的专业性，搭建社区助老服务平台，培育助老服务小组，规范社区助老服务体系，逐渐形成固定式、常规化服务机制。

三、服务计划

(一)服务理论依据

1. 马斯洛需求理论

马斯洛需求理论把需求分成生理需求、安全需求、爱和归属感、尊重和自我实现五类,这些需求依次由较低层次向较高层次排列。

(1)生理需求属于级别最低的需求,如对食物、水、空气、健康等的需求。

(2)安全需求,同样属于低级别的需求,如对人身安全、生活稳定,以及免遭痛苦、威胁或疾病等的需求。

(3)爱和归属感,属于较高层次的需求,如对友谊、爱情及隶属关系的需求。

(4)尊重,属于较高层次的需求,如对成就、名声、地位和晋升机会等的需求。尊重需求既包括对自身成就或自我价值的个人感觉,也包括他人对自己的认可与尊重。

(5)自我实现是最高层次的需求,包括对真、善、美等至高人生境界的需求,当前面四项需求都能满足,最高层次的需求才会产生,因此它是一种衍生性需求,如自我实现,发挥潜能等。

2. 社会支持网络理论

社会支持网络指的是多个社会行动者及他们之间关系组成的集合,通过这些集合,个人得以维持社会身份并获得情绪支持、物质援助和服务、信息与新的社会接触。依据该理论,一个人所拥有的社会支持网络越强大,越能更好地应对各种来自环境的挑战。社会支持理论取向的社会工作强调,通过干预个人的社会网络来改变其在个人生活中的作用。特别对那些社会网络资源不足或者利用社会网络资源能力不足的个体,社会工作者致力于给他们必要的帮助,帮助其扩大社会网络资源,提高利用社会网络的能力。

(二)服务目标

1. 总目标

为X区为老服务工作者提供专业知识与培训,筹备建设社工人才队伍,为福利院及社区中的特困老年人提供完善的基本档案,提供专业化服务活动,促使福利院老年人与社区老年人能够在社区(福利院)友爱、邻里互助、家庭和睦的氛围中安享晚年。

2. 分目标

(1)对社区工作人员进行社会工作专业知识和实务技能培训,提升其工作能力与专业素养;建立和完善社区老人的服务档案及相应的服务制度,促成社区社会工作服务规范化。

(2)针对福利院老人开展为老服务,为其提供精神慰藉与陪伴,舒缓消极情绪,帮助他们形成积极的生活态度,更好地享受晚年生活。

(3)针对六大社区老人开展为老服务,完善社区老年人社会支持网络,鼓励老人进行社区参与,建立积极人际关系,营造互助互爱的社区氛围,丰富晚年生活。

(三)服务策略

通过将前期的需求评估结果进行整合分类,项目组将服务内容主要分为两部分:

第一部分是针对X区民政系统相关人员、福利院及六大社区相关人员开展的专业人才队伍技能提升培训,服务内容包括专题培训、专业督导,以及实务培训、相关制度规范建设和资源链接等。

第二部分是针对X区特困老年人群体开展的服务。一是针对X区福利院集中养老群体开展的为老服务,服务内容包括老人档案建设、个案工作、小组工作及主题活动,该部分服务主要由项目组带领并开展。二是针对X区六大社区分散养老群体开展的为老服务,服务内容为档案建设、个案工作、小组工作及主题活动,该部分前期的建档工作、个案工作、小组工作由项目组主导进行,后期社区的小组工作及主题活动由社区工作人员在项目组的督导下以常态化形式进行。

具体服务策略见图7。

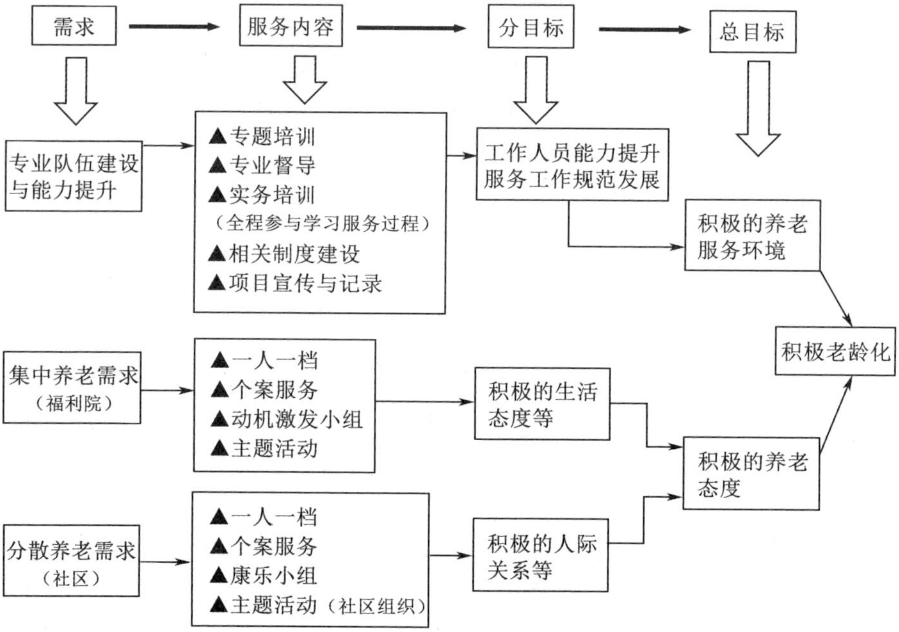

图7 服务策略

(四)服务进度安排(表9)

表9 服务进度安排

阶段	时间	内容
需求调研	2016年8月2日	项目对接
项目设计	2016年8月—2016年10月	项目分析设计、方案设计
项目实施	2016年10月—2016年12月	X区服务第一阶段: 1. 档案建立:“一人一档”规范建立老年人档案; 2. 主题活动:“情系X、爱暖重阳”重阳联欢; 3. 专题培训:“理念传递、共建X”专题培训
	2017年2月—2017年3月	X区服务第二阶段: 1. 福利院小组:“敞开心扉”动机激发小组; 2. 社区小组:“快乐夕阳”康乐小组; 3. 个案访谈:“助老为老”; 4. 主题活动:“健康相约”春季养生课程; 5. 督导+培训:专业督导进社区,提高为老服务水平
	2017年3月—2017年4月	社区规范化建设: 社工服务小组、个案、活动规范
	2017年5月—2017年6月	X区服务第三阶段: 1. 福利院小组:动机激发小组; 2. 社区小组:康乐小组; 3. 个案访谈:“助老为老”; 4. 培训+督导:服务规范; 5. 六大社区独立开展服务并接受督导。 YL社区:老年互助小组 FM社区:手脑协调小组 HJ社区:同辈支持小组 XL社区:适应学习小组 LM社区:手工剪纸小组 XM社区:老年兴趣小组
项目验收	2017年6月30日	项目完成及验收

四、服务实施过程

(一)针对特困老年群体开展的服务

1."一人一档"建档服务

(1)服务依据

在前期的评估过程中,项目组发现,工作人员虽然对老年人的情况基本了解,但只是局限于个人,并没有进行整理并加以系统化,加上社区工作人员流动大,没有形成制度化的建档,在工作开展的时候有诸多不便。另外,老年人长期生活在社区,流动性不强,社区为老服务具有长期性特点。基于此现状,为更好地服务X区特困老年人,项目组针对福利院及六大社区特困老年人,同时开展了"一人一档"的建档工作,这一工作有助于依据档案信息为老年人提供及时有效的服务。

(2)目的及意义

对社区而言,老年人档案为社区构建老年人服务的长期管理模式提供了基础,有利于社区与其他部门进行工作上的相互配合,促进社区为老服务的规范化发展,提高社区为老服务的质量和管理水平。

对福利院及社区工作人员而言,老年人档案制度化可提供系统、完整的老年人健康数据,有利于工作人员进行跟踪服务和长期管理,可以有针对性地提高服务内容与质量。

为老人建档的过程也是对老年人的身心健康进行分析、评估和干预的过程。在建档的同时,工作人员也能够将发现的老年人的心理情绪困扰进行疏散和排解,做出及时处理,有利于老年人身心健康的长远发展。

(3)完成情况

项目组经过多次讨论修改,最终形成了一套较完善的老年人档案信息表,包括老年人基本信息、生理健康、生存质量(生活质量、健康情况、日常活动感受)及老年人评估(日常生活能力评估、日常生活活动能力评估、认知能力评估)4个方面的内容。

建档的过程是一个沟通、疏导和反馈的过程,社会工作者针对访谈过程中发现的问题进行深度访谈,对于老年人当前能解决的问题及时进行帮助,排解他们的困扰,同时也建立了与老年人更进一步的专业服务关系。

项目组在六大社区与福利院进行了为期3天的示范性建档工作,每个社区至少建立10份老年人档案。建档工作初步完成后,将整理好的档案资料交由福利院或社区进行保管,为之后的老年人服务提供依据。

2.个案工作开展

(1)服务依据

特困老年人作为社会特殊群体,需要给予他们更多的社会关注和人文关怀。

需求评估结果显示，X 区特困老年人的社会支持程度低，有舒缓心理不适、扩展社会支持等方面的服务需求，需要社会工作的介入来进行改善。基于此，项目组在开展小组工作的同时，还进行了个案介入，对有需要的服务对象进行了访谈和一对一的个案帮扶，以满足特困老年人的心理需求，提供精神慰藉，帮助老年人形成正确的生活态度。

（2）目的及意义

本部分工作是在需求评估的基础上为老年人提供服务，通过一对一的个案访谈，了解老年人的内心特点与需求，让老年人的情感得以倾诉，协助老年人充分认识到自身的资源与潜能，增进其适应社会和解决困难的能力，让老年人能更好地适应晚年生活。

（3）完成情况

在需求评估的基础上，结合小组开展过程中不同成员的表现情况，项目组对福利院及社区中 10 位特困老年人进行深入访谈，访谈结束后，项目组选取了其中 5 位有较高个案服务需求的特困老年人进行了个案服务，个案基本资料见表 10。

表 10　个案基本资料

序号	性别	年龄	来源	基本情况
1	女	72	福利院	丧偶、三子、家庭主妇； 身体状况一般、无娱乐爱好； 家庭关系良好
2	女	76	社区	丧偶、独居、一子、家庭主妇； 身体状况一般、多年烟酒史、较开朗； 家庭沟通较少
3	女	82	福利院	丧偶、三女一子、曾任教师； 身体状况较好、喜打麻将； 家庭关系和睦
4	女	67	福利院	与配偶居住、四女、曾任教师； 身体状况较差、行动不便、无娱乐爱好； 家庭关系良好
5	男	72	社区	与配偶居住、五个以上子女； 身体状况一般； 家庭关系良好

简要介绍其中第一个个案的服务过程。

①服务对象基本资料

×××，女，72 岁，小学毕业，丧偶多年，身体状况一般，患有高血压、心脏病等，年前因心脏病住院，出院后居住在养老院。三个儿子中，大儿子因病去世，其余两个儿子皆在外务工，老人平日独居，生活基本可以自理，冬天的时候，老人居住在养老院，等天气转暖再回到自己的独居小院。老人平时无太多娱乐爱好，时常与自己的邻居散步。经历了老年丧子，加之另外两个儿子常年在外，不能常伴左右，老人心情受到一定影响，情绪比较低落。

②服务对象现状分析

a. 个人问题

服务对象出院后，因家中无人照顾，便居住在养老院，在养老院虽然有很多同龄的老人，但由于服务对象并非长期居住于养老院，因此并没有固定的社会支持网络，服务对象出现无聊、烦闷的情绪，因而加剧了生理上和心理上的问题。

b. 家庭问题

因配偶去世较早，三个儿子中大儿子也因病去世，另两个儿子在外打工，不能常常回家，交流较少，因缺少儿女的关爱，服务对象感觉备受冷漠，十分孤独。

c. 社会问题

社会环境对服务对象会造成一定的影响。社会的快速发展让服务对象在社会化过程中落后于他人，现有社会政策也多是注重为老年人提供身体物质保障，并没有满足其心理需求，社会对老年人的心理关注远远不够。服务对象熟悉与接受的是天伦之乐、儿孙绕膝的传统文化，而当代中国社会的变迁使得服务对象的家庭结构变得以核心家庭为基础，子女儿孙都不与老人住在一起，老人的文化诉求和心理需求同社会现状及其家庭情况有很大出入。他们期盼的晚年理想落空，生理上的老化加上心理上的孤独，久而久之会加重老年人生理及心理上的状况恶化。

③服务频次

个案咨询服务共 5 次，每次 1 个小时。

④个案工作介入原则和方法

在对服务对象进行辅导时，遵循以下基本原则。第一，根据尊重和信任原则，社会工作者首先要从观念上接纳并尊重老人，相信他们有能力改变自己的生活而非冥顽不化，有信心通过帮助来改变老年人的生存环境，提高他们的生活质量。第二，根据相互信任的原则，我们应当真心地去关注服务对象，了解他们的真实感受，并对他们的感受做出积极反应。服务对象从这种回应中得到安慰，使他们感到自己不再孤单。第三，根据积极倾听的原则，要求我们有耐心，认真倾听服务对象的问题，不随意打断服务对象的谈话。第四，增强自信的原则。除了耐心以外，我们还需多鼓励服务对象，对其取得的任何一点改变都应及时地给予称赞，以促进他们自信心的建立。但切忌奉承地、过分地夸奖，不要让老人感到不真诚。第五，自我选择原则。提出问题后，要让服务对象自我选择、自我决定。我们不仅要相信老年人有能力做出决定，而且应积极鼓励服务对象参与计划的制订和策略的选择。让服务对象参与决定的过程，能使其在实施决定的过程中更具积极性。第六，个别化原则。人们总是很容易用某种固定的类型和范畴去理解老人，认为老人大多残弱、贫穷、固执，而老人的实际状况比人们预想的要好很多。社会工作者应该认识到，尽管老年人由于年龄增长会带来生理的变化，但这些变化并不是千篇一律、按同一模式发生在每个老年人身上，每个老年人都是独特的个体，都有他们自身的个性和特点，而非局限于某种固定的模式。

可利用的老年人个案工作辅导方法有：第一，怀旧。怀旧即让老人回顾他们生活中最重要、最难忘的事件，从回顾中让老人重新体验快乐、成就、尊严等各种有利身心健康的情绪，帮助老人找回自尊和荣耀。第二，生命回顾。生命回顾即通过生动缅怀过去一生成功和失败的经历，让老人重建完整的自我。鼓励老人将整个人生的经历尽可能详尽地倾诉出来，以达到内省的目的，重塑自我，找回生命的意义。

⑤个案工作介入策略

a. 鼓励服务对象积极参加小组活动，通过参与小组活动体验交流的乐趣，接触到更多有共同兴趣的同龄人，增强服务对象的支持系统，减轻其孤独感。

b. 向社区申请义工或者联系福利院相关工作人员提供定期或者不定期探望、陪聊、散步等服务，积极寻求社会支持系统。

c. 和服务对象的子女们取得联系，跟他们说明服务对象现在的身体状况和精神状况。鼓励他们多与服务对象交流，多看望和陪伴，使服务对象心情舒畅，重新找到自己的情感寄托。

⑥个案工作总结

通过访谈与个案工作，项目组了解到老年人不仅需要经济上的保障，对老年人的情感关怀也是很重要的，老年人渴望被接纳、被理解，我们应当对老年人有信心、有耐心，并且与老年人有很好的沟通，以帮助其解决面临的困难。最终，本次的服务达到了预期的效果，服务对象的性格开朗了很多，愿意参与小组活动、跟周围的人交往。小组活动参与也由开始的被动，到最后的积极参与，愿意在活动中积极表达自己的观点和想法，分享自己的生活。整个服务结束时，我们能清晰地感受到在服务对象身上发生的良好的改变。

3. 小组工作开展

(1)服务依据

老年期处于人生最后一个阶段——收缩期，这个时期的很多老年人会觉得生活失意，失去生活的重心，好像因此失去了价值一样，长期缺少社会接触会让老年人的交往能力受损，老年人会变得木然甚至了无生气。因此，社会工作者面临的最为困难的任务之一就是如何通过沟通和交流使老年人参与个人和群体活动。

对老年人而言,小组活动的形式可提高老年人的参与热情、融入集体生活和感受到快乐。社会工作者在老年人活动过程中进行积极引导与鼓励,给予老年人自我表现机会,老年人可以因此提升自尊感与价值感,同时集体活动的形式也会加强老年人内部凝聚力的形成和增强,丰富其晚年生活。对于福利院和社区的工作人员而言,通过小组工作的形式,可以改变其日常生活中与老年人的相处模式,转变其服务理念,进而可以提升其服务质量。同时,社区工作人员也可在该过程中获得自我实现。

基于此,项目组在服务设计中针对福利院和X区六大社区的特困老年人分别建立了“动机激发小组”和“康乐小组”,两个小组同时进行社会工作服务,进行社区间的联动服务。

(2)服务过程

①动机激发小组(X区福利院)

a.服务基本信息(表11)

表11　动机激发小组服务基本信息表

小组形式	治疗性小组
小组日期	2017年2月24日—2017年6月14日
小组时间	8:00—10:00
小组地点	Y市X区福利院
招募对象	缺乏交往动力的特困老年人
招募方式	福利院进行宣传、推荐、访谈
小组人数	10～15人

b.理论依据

埃里克森将人格发展分为8个时期,每个时期都有其独特发展任务。若外在环境有利于个体顺利实现其所处时期的发展任务,则个体人格可以得到健康发展,反之则会形成不良人格。老年期的发展任务是对一生的回顾有满意之感,这一时期的老年人心态很不稳定,大多数有消极思想且对生活失去信心。而社会交往则可以使他们获得支持,在一定程度上缓解其消极心态。

马斯洛认为,人的需要由低到高分不同层次,若个体生理和安全的需要得到了满足,就会出现感情、友谊和归属的需要,想要获得认同并成为所在集体中的一员,老年人也不例外。小组工作的开展,就是希望通过组员间的信任支持和相互学习,使得他们重获发展潜能与契机,恢复社交能力,满足他们的社交需要和尊重需要。

活跃理论认为，老年人的生理、心理和社会需求不会因为身心的改变而改变，他们仍然希望积极参与社会活动，保持中年生活状态，维持原有角色功能以证明自己并未衰老。小组活动给予了老人一个可以积极参与的环境和氛围，老人们可以在轻松活跃的环境下进行认识与交流，同时可以建立一个良好的社交支持网络。

c. 小组目标

总目标：通过愉悦的小组活动帮助特困老年人重新激发生活热情，建立积极的人际关系，改善老人们在福利院里的孤单感受，满足社会交往等高级心理需要。

分目标：

· 认识人际交往的重要性，提升老人社会交往能力；

· 鼓励老人进行积极人际交往，并在此过程中学习、反思和成长；

· 为福利院老人建立一个健康的互助支持交往网络。

d. 服务内容（表12）

表12 动机激发小组服务内容

节数	主题	目标	具体内容
第一节（15人次）	走进你我	破冰、建立关系； 相互认识与了解	1. 通过“击鼓传花”游戏让组员间相互介绍； 2. 社会工作者就小组内容、目的、流程与注意事项进行介绍和答疑； 3. 通过“大风吹”游戏让组员进一步相互认识并产生互动，制造轻松氛围； 4. 邀请组员分享本次活动感受，社会工作者进行总结
第二节（15人次）	敞开心扉	培养组员默契精神和合作精神； 建立组员间良好的人际关系	1. 回顾上节内容，引领组员进入小组氛围； 2. 通过“猜猜猜”游戏、“知识竞赛”游戏引导组员进行组合、合作、沟通，发挥共同智慧，获得成功体验，建立积极人际关系； 3. 邀请组员分享本次活动感受
第三节（15人次）	助人自助	促进组员间分享交流； 扩大组员社会支持，建立积极社会关系； 处理离别情绪	1. 邀请组员进行之前两次的活动分享，唤起组员们的积极感受； 2. 通过“手儿碰碰”活动让组员之间产生肢体接触，拉近距离，并分享各自在生活中遇到的大小事情及应对方法； 3. 邀请组员对大家分享的事情进行回馈并提出建议，形成积极互助的人际关系； 4. 总结回顾活动开展情况，分享体会与经验，提出意见与建议，互赠礼物，合影留念

e. 服务总结

本次动机激发小组共三节内容，主题分别为走进你我、敞开心扉与助人自助，时间为 2017 年 2 月 24 日到 2017 年 6 月 14 日。小组主要通过击鼓传花、大风吹、知识竞赛、手儿碰碰等项目，激发服务对象的参与热情，形成小组氛围。参与小组的老年人由初期的沉默变为后期的积极配合，并期待社会工作者的到来，前后的态度有了明显的变化。通过访谈等形式了解到，老人们对本次小组的服务很满意。本次小组服务结束后，老人们的社交能力有所提升，人际支持网络初步形成，小组目标基本达成。社会工作者在小组中起着引导者、教育者和带领者的角色，同时也是活动的参与者。本次小组各工作人员之间分工明晰，配合良好。小组中的志愿者为福利院及 YL 社区工作人员，在协助小组顺利开展工作的过程中进行学习观摩。

②康乐小组（X 区 XL 社区）

a. 服务基本信息（表 13）

表 13　康乐小组服务基本信息表

小组形式	治疗性小组
小组日期	2017 年 2 月 24 日—2017 年 6 月 13 日
小组时间	14:00—15:00
小组地点	Y 市 X 区 XL 社区活动室
招募对象	X 区六大社区的特困老年人
招募方式	海报宣传、社区通知、社区推荐
小组人数	10～15 人

b. 理论依据

活动理论认为，活动水平高的老年人比活动水平低的老年人更容易感到生活满意、更能适应社会，主张老年人应通过积极全新的社会参与来改善角色中断引发的情绪失落，从而将自身与社会的距离缩小到最低限度。小组的良性互动及小组成员的健康交往，能够满足特困老年人的心理调适、信息沟通等不同层次的需求。利用小组活动，以回忆童年为主板块的小组设计，还可以勾起老年人童年时的快乐记忆，帮助特困老年人预防心理疾病。

c. 小组目标

总目标：通过愉快轻松的小组活动，改善老年人晚年的孤寂感受，促进在面对疾病时老年人相互间的心理支持和互助互爱的人际关系，扩大社交领域，丰富晚年生活。

分目标：

·提升老年人人际交往能力，建立新的人际关系，扩大社交领域；

·鼓励老年人积极主动进行分享沟通，并在此过程中互帮互助，共同学习成长；

·增进老年人间的心理支持和互助互爱，建立积极健康的社会支持网络。

d. 服务内容（表 14）

表 14　康乐小组服务内容

节数	主题	目标	具体内容
第一节（10 人次）	为了共同目标，我们走在一起	破冰，相互认识了解；初步建立组员间的归属感	1. 通过“击鼓传花”游戏让组员之间相互认识；2. 社会工作者就小组相关信息进行介绍并答疑；3. 教授组员手指操，并告知组员在平时也可通过手指操进行锻炼；4. 邀请组员分享参与本次活动的感受，社工进行最后总结
第二节（15 人次）	忆童趣，共欢乐	培养组员间的合作与默契精神；促进组员间的人际沟通和分享	1. 对上一次活动进行回顾，重温手指操；2. 通过“夹豆子”“你比我猜”“猜歌名”“趣味保龄球”等游戏促进组员间趣味沟通分享，锻炼身体协调能力，增进组员间的人际交往；3. 邀请组员进行活动分析，社会工作者进行活动总结
第三节（10 人次）	你我结伴同行，相约快乐夕阳	发现组员间可利用资源，建立积极健康的社会支持网络	1. 邀请组员分享参与前两次活动的感受与组内可利用资源；2. 组员推选出代表，由其带领大家重温手指操、学习身体操，发现可学习榜样；3. 通过“传递纸杯”“叠纸牌”等游戏锻炼组员的身心协调能力，促进组员间沟通；4. 总结回顾小组活动开展情况，分享活动中的体会与经验，提出建议与想法，合影留念

e. 服务总结

本次康乐小组有三节内容，时间为 2017 年 2 月 24 日到 2017 年 6 月 13 日。小组主要通过击鼓传花、夹豆子、趣味保龄球等娱乐活动和手指操、身体操等健身项目来促成老年人间相互了解和帮助的效果。老年人由开始阶段参与度不高、比较沉默，逐渐转变为后期较为积极主动地配合小组活动的开展，组员在前后的态度上也有了明显的积极的变化。通过访谈和观察了解到，组员们对本次小组服务持满意态度，小组目标基本完成。

社会工作者在小组过程中扮演者引导者、教育者和带领者角色，同时为了活跃小组气氛，社会工作者也是小组活动的参与者。本次小组服务由两位社会工作者合作带领，其他社会工作者协作完成，成员之间分工明晰、配合默契。小组中的志愿者为社区工作人员，在协助小组顺利开展工作的过程中学习观摩。

4. 主题活动开展

主题活动的开展面向的人群范围更广，可供选择的主题内容也更多，参与的人数相对小组活动也更多。考虑到服务对象需求的强烈程度和主题服务开展的效果，项目组决定主要针对X区福利院的老人开展主题活动。主题活动包括重阳节敬老活动和老年人健康知识宣传讲座。

(1)主题活动一：情系X，爱暖重阳(110人次)

为了丰富福利院老年人文化生活，提高老年人社会交往能力，提供老年人自我展示平台，营造互助和谐的福利院氛围，项目组与X区民政局、YL社区共同合作，一起组织了老年人重阳节敬老爱老同乐会，与福利院老人共度重阳节。

活动首先是老人们歌舞文艺表演，文艺表演为老年人提供了很好的自我展示平台，同时也赢得了现场观众的阵阵掌声。随后项目组组织了重阳趣味运动会，通过抛绣球、夹豆子、击鼓传花等运动项目，激发了现场老年人的活动积极性，老年人将积极向上和团结协作的精神表现得淋漓尽致，运动项目减轻了老年人的孤独感、无助感，使他们在竞争互助的过程中找到了自己的价值，也获得了更多正向支持。在游戏环节之后，项目组对福利院老年人进行了个别化访谈，同时还慰问了个别行动不便、无法参与活动的老年人。本次重阳节主题活动让项目组与老年人、社区建立了初步联系，得到了老年人和社区的认可。

(2)主题活动二：快乐X，健康相约(40人次)

为了增强老年人的疾病预防意识，加强老年人对自身健康的重视程度，项目组于2017年2月25日下午在X区社会福利院开展了以“快乐X，健康相约”为主题的健康知识宣传活动，向福利院老年人宣传一些春季防病养生的健康小知识，以帮助老年人在之后的生活中注意健康养生。

宣传活动开始前，社工带领现场老年人做了简单的健身手腕操，帮助老年人活动手腕。随后又进行了“团体游戏”，帮助老年人继续活动身体的同时也考验了老年人的反应能力。在简单帮助老年人进行了肢体的活动与放松后，本次的健康小讲堂——“老年人春季防病养生小知识”的健康宣讲开始了。本次主题活动在项目组与老年人的歌声中圆满结束，老人们表示，通过本次健康小讲堂活动，他们对春季养生有了更深了了解，并会付诸实践，有助于自己的身心保持健康状态。

（二）社区社会工作人才队伍能力提升

1. 专题知识培训：传递理念，共建X（60人次）

为了提高社区工作人员素质和职业技能，帮助提升社区工作人员为老服务水平，项目组于2016年10月8—9日为Y市X区民政系统和六大社区工作人员提供了社会工作与心理支持培训。

本次培训的主要内容包括社会工作政策解读专题培训、社会工作基础知识与老年社会工作专题讲座、心理咨询知识专题培训等。本次培训活动旨在进行社会工作理念与经验的传递，帮助社区工作人员进行政策分析与解读，促进社区工作人员为老服务方法的掌握和运用，同时培养社区工作人员骨干，以发动更多社区志愿者进入社区。

（1）专题培训：社会工作与政策解读

首先，项目组督导就社会工作内涵和服务领域进行介绍，并与大家进行案例分享互动，让大家明确社会工作者与志愿者、社会工作者与心理咨询师之间的区别。

其次，在政策解读环节，项目组督导就《关于加快推进社区社会工作服务的意见》《老年人权益保障法》等相关政策法规进行了分析解读，随后对黑龙江省为老服务相关政策、志愿服务平台进行了介绍。本环节较为全面系统地呈现了当前社会工作的发展现状与相关政策，使社区工作人员对自己所服务领域有了较清晰的认识和定位。

最后，项目组督导就省特困老年人社会工作服务项目背景、全国社区治理十大创新成果进行了介绍与分享。

（2）专题培训：社会工作基础知识与老年社会工作专题讲座

本次培训以社会工作基础知识与老年社会工作讲解为主要内容。老年社会工作专题围绕老年人的主要问题和需求特征、专业服务目标、功能和社会工作者角色、专业理念和伦理要求、为老服务原则和流程、个人和团体社区社会工作的运用技巧等方面展开。

在老年群体面临的问题部分，项目组督导强调为老服务人员应着重从老年人生理特征、心理特征和社会特征三个方面进行分析评估。在专业服务目标、功能及角色部分，为老服务人员应明确解决老年人面对的问题、满足老年人需要、促进老年人发展的工作目标，注重实现老年社会工作的恢复功能、预防功能和发展功能，同时老年社会工作者需明确自身服务提供者、支持者、引导者、政策解读者、关系协调者及管理者的角色定位。在为老服务原则和流程部分，督导结合案例着重讲解了为老服务的通用过程模式，即接案、预估、计划、介入、评估和结案。此外，在针对个人、团体和社区的运用技巧部分，督导向现场工作人员介绍了会谈技巧、服务计划制订技巧、小组工作技巧和社区工作技巧。

本次培训为X区全体社区工作人员梳理了为老服务的清晰框架与脉络，并通过现场反馈了解到，本次培训加深了大家对老年社会工作的认识，其自身的专业素养也得到了提升。

(3)专题培训：心理咨询知识

本次培训就心理学及心理咨询相关议题对X区社区社会工作人员进行讲解。项目组督导在开场时，用热身游戏拉近与大家的距离，之后通过深入浅出的讲解和愉快的互动，使参与培训的社区工作人员对心理学的基本概念、心理咨询的任务、心理咨询的参与性技术等有了更多了解，让大家在一定程度上掌握了与老年人沟通的技巧。

系列专题培训旨在传递社会工作理念与经验，以达到X区社会工作人才队伍建设与能力提升的目标，最终实现X区为老服务规范化与专业化。通过为社区工作人员进行政策分析解读与为老服务知识的讲解，提升了X区现有人才的专业素养，有助于X社区建立社区社会工作专业人才队伍，帮助社区工作人员为X区特殊困难老人提供更为优质的服务。同时，本次培训也提高了社区工作人员对老年人心理工作方法的掌握和运用，加深了大家对于"为老服务"的理解。在X区民政局的支持下，系列专题培训在一定程度上形成了辐射带动效果，发动了更多的积极力量进入为老服务的领域之中。

2. 社会工作督导培训，提升服务质量(55人次)

(1)督导服务：专业督导进社区，提高为老服务水平(30人次)

为增强X区老年人社会工作服务的规范性和科学性，提高社区为老服务的质量和水平，项目组于2017年2月24日对X区六大社区工作人员进行了专业的社会工作督导。

项目组其中一位督导围绕社区工作人员在工作中遇到的困境进行了专业指导，主要针对特困老年人档案中存在的问题、社区工作人员在个案和小组工作中遇到的困惑等进行了解答。另一位督导主要从社区工作人员进行心理疏导、引导老年人正确地进行情绪宣泄等方面提出了专业的督导意见。

在X区民政局的支持下，本次督导服务在了解X区各社区为老服务的实际情况及需求的基础上，协助社区工作人员解决了在实务工作过程中遇到的疑惑和困难，并为社区工作人员进行了2017年社会工作者职业资格考试复习指导。接下来的督导将以提升社区工作人员的专业能力及支持性督导为重点，满足社区工作人员对为老服务能力提升的渴求。

(2)督导服务：为老服务规范化，提升专业工作能力(25人次)

为帮助社区工作人员将社会工作专业知识灵活运用到为社区老年人服务中去，2017年6月13日，项目组在Y市X区HJ社区活动中心，针对"为老服务"开展了个案和小组表格规范化使用督导与培训。

本次督导内容为个案和小组表格的规范填写，主要包括：个案工作相关表格及服务指引、命名规范;小组工作相关表格及服务指引、命名规范。项目组督导通过实例分享等形式详细地对表格的含义及使用方式进行了解释,对社区工作人员在为老服务过程中取得的进步做出了肯定,此次督导进一步加强了项目组与X区社区工作者之间的沟通与交流,在一定程度上提升了X区社区工作人员的专业工作能力。

3. 实务实践教学

项目组从进入X区各社区及福利院开展评估工作开始,就积极邀请各大社区及福利院工作人员参与到相关服务工作中来。X区民政局与各大社区也积极配合,并派相关工作人员对项目组的全部服务过程进行观摩学习。

从一人一档服务开展到福利院与社区的小组工作开展,从个案访谈到主题活动的相应协助,X区社区工作人员一直以积极的学习和参与态度协助项目组设计、实施和总结相关的服务工作。项目组也一直以积极邀请、耐心鼓励的实务教学方式对X区福利院及社区工作人员进行参与式的实践教学和督导,同时还针对X区社区工作人员开展了一系列的专题培训,以便X区社区工作人员能独立开展服务,并对此有更清晰的工作思路和规划,专业工作能力和水平逐渐提升。

4. 制度规范建设(表15)

合理的制度是有效开展工作的保证,对于处理工作中的突发事件可以产生实际的指导作用。项目组针对X区六大社区实际工作中存在制度不完善的问题进行了有针对性的整理,可以在一定程度上使X区的为老服务更为规范合理,提升实务的可操作性,使社区工作人员服务水平也得到相应的保障。

表15　相关制度规范建设(部分)

制度名称	制度必要性	制度主要内容
《个案工作制度》	建立健全服务对象个案档案是开展专业服务活动的基础,让老年人需求与工作者服务可动态对接	1. 基本信息情况; 2. 生理健康状况; 3. 社会功能; 4. 心理健康状态; 5. 日常生活能力情况; 6. 对服务对象进行评估与需求分析
《社会工作者工作制度》	推进社区社会工作日常开展规范化、职业化、专业化,准确考核社工的工作绩效	1. 上下班制度; 2. 请假流程; 3. 值班安排; 4. 工作档案记录; 5. 工作总结报告; 6. 信息保密制度; 7. 环境卫生制度; 8. 考核制度

表 15(续)

制度名称	制度必要性	制度主要内容
《社会工作保密制度》	由于社会工作可能涉及社区居民的个人隐私,根据社会工作守则中的相关规定,社会工作者在工作过程中需要进行资料保密	1. 保密规定; 2. 讨论权限规定; 3. 档案保管规定; 4. 档案存放规定; 5. 档案使用规定
《社会工作专业伦理守则》	对社会工作者提出的行为和制度要求,是社会工作者专业行为的服务指南	1. 对当事人的伦理守则; 2. 对同事的伦理守则; 3. 对服务机构的伦理守则; 4. 对专业的伦理守则; 5. 对社会的伦理守则

5. 项目宣传与记录

为了使 X 区社会工作服务得到更为规范和持久的发展,为 X 区之后的社会工作服务提供可参考的框架,项目组制作了为老服务宣传板,宣传板简要介绍了社会工作服务项目、社会工作服务流程及项目服务风采等,宣传板分别置放于 X 区社会福利院及六大社区示范点 XL 社区。同时,项目组还制作了项目宣传图册、服务图册等相关宣传资料,对项目服务进行宣传,并留下了项目组与 X 区社区工作人员服务开展过程中的视频资料。

在项目开展的社会影响上,Y 市 X 区电视台对本项目进行了活动报道和社会工作知识宣传。《晨报》对本次为老服务项目进行了题为《满足了一个个心愿,看到了一张张笑脸——深入社区,体现社工价值》的专题报道。"东北网"针对此项目对项目负责人进行了专访,"社工传媒""中国社会工作者"等官方微信公众号分别对专访进行了转载,在很大程度上宣传了项目的正能量。

五、案例评估

(一)项目完成情况(表 16)

表 16　项目完成情况

项目活动计划	实际实施情况
需求评估	完成针对 X 区民政部门与社区工作人员、福利院及社区特困老年人的需求评估
档案完善	完成 X 区福利院及六大社区特困老年人档案建立
个案工作	完成福利院及社区老年人个案工作

表 16(续)

项目活动计划	实际实施情况
小组活动(福利院)	完成福利院老年人小组工作:动机激发小组
小组活动(社区)	完成社区老年人小组工作:康乐小组
主题活动 1	完成主题活动:共庆重阳
主题活动 2	完成主题活动:健康讲座
社会工作专题培训	完成 X 区为老服务工作人员社会工作与心理学知识培训
社会工作服务督导	完成 X 区为老服务工作人员专项督导
实务实践教学	完成 X 区为老服务工作人员的项目参与式学习
制度规范建设	完成为老服务工作人员工作规范设计
项目宣传与记录	完成 X 区电视台与各媒体宣传

(二)项目成效

项目受益人群与人次参见表 17,服务对象的受益与改变参见表 18。

表 17　项目受益人群与人次

活动内容	受益人群	受益人次
档案完善	X 区福利院及六大社区特困老年人	70
个案工作	X 区福利院及六大社区特困老年人	5
动机激发小组	X 区福利院特困老年人	45
康乐小组	X 区六大社区特困老年人	35
重阳节主题活动	X 区福利院特困老年人	110
健康讲座主题活动	X 区福利院特困老年人	40
社工培训及督导	X 区福利院及六大社区工作人员	115
制度设计与完善	X 区福利院及六大社区工作人员	60
合计		480

表 18　服务对象的受益与改变

活动内容	服务对象的受益与改变
档案完善	1. 共为 70 位老人建立了个人服务档案,完善了福利院与社区老年人的档案资料。 2. 福利院与社区工作人员在开展服务时将更加具有针对性。 3. 规范了福利院与社区工作人员今后的工作流程

表 18(续)

活动内容	服务对象的受益与改变
个案工作	1. 共开展 5 个个案服务，舒缓了福利院与六大社区个别老年人面临的精神压力，改善了老年人与家人的关系，一定程度上提升了老年人晚年生活质量。 2. X 区为老服务工作人员在服务开展后学习了个案服务的过程，并在后期尝试独立开展相关服务
动机激发小组	1. 通过 3 节小组活动，共服务 45 人次，帮助福利院老年人重新激发了生活热情，建立了人际关系，改善了老人们在福利院里孤单的感受。 2. 为福利院之后的服务开展提供了示范与思路
康乐小组	1. 通过 3 节小组活动，共服务 35 人次，帮助社区老年人更好地适应生活环境，处理好人际关系，初步建立了老年人在面对疾病等相关问题时的心理支持。 2. 为各社区之后的服务开展提供了示范与思路
重阳节主题活动	1. 共服务 X 区福利院老年人 110 人，活跃了福利院的服务气氛，福利院老年人通过该活动得以认识更多朋友，舒缓了苦闷的心情。 2. 链接了志愿者资源，为今后志愿者在福利院的志愿服务提供了可能。 3. 为福利院之后的主题活动服务提供了示范与思路
健康讲座主题活动	1. 共服务社区老人 40 人，增强了六大社区老年人对于相关疾病的认识，老年人也学会了如何预防与应对相关疾病的知识并建立了关注自身健康的意识。 2. 链接了社区志愿者资源，为今后社区志愿者在社区的志愿服务提供了可能。 3. 为各社区在今后开展主题活动服务提供了示范与思路
社工培训与督导	1. 共为 110 人次工作人员提供了培训服务，提升了 X 区民政系统工作人员、福利院工作人员、六大社区工作人员及社区志愿者对社会工作的认识。 2. 为老服务工作人员对社会工作相关服务政策有了一定了解，并系统学习了社会工作理论、社会工作实务与心理学相关内容。 3. 通过系统培训与督导，X 区为老服务工作人员得以独立开展服务。六大社区分别开展小组活动，效果较好，具体为 YL 社区“老年互助小组”、FM 社区“手脑协调小组”、HJ 社区“同辈支持小组”、XL 社区“适应学习小组”、LM 社区“手工剪纸小组”、XM 社区“老年兴趣小组”

表 18(续)

活动内容	服务对象的受益与改变
制度设计与完善	1. 完善了 X 区福利院与六大社区关于社会工作服务开展与运行的相关制度。 2. 使 X 区福利院与六大社区在今后的服务开展过程中流程更加规范,服务方法更具专业性,服务开展更具指引性

六、服务反思

(一)存在的问题

1. 需求评估覆盖面不足

需求评估时由于福利院个别特困老年人身体原因,如长期瘫痪在床、不能说话或听力障碍等,所以项目组没有对这部分老年人进行全面的需求评估,整体需求评估结果覆盖面略显不足。另外,因部分老年人的需求处于动态变化过程,而项目组主要依据最初需求评估结果进行项目设计,所以个别老年人需求的满足缺乏有效性和及时性。为解决此问题,项目组每次前往试点进行服务时,都会再次确认老年人的需求,确保下一阶段的服务设计更加完善。

2. 活动主体缺乏主动参与性

项目组每次活动都进行了充分的准备,也得到了相关工作人员的大力支持,但大部分的计划都是由项目组社会工作者完成的,福利院老人们参与较少。老年人作为活动主体仅是参与活动,并没有主导活动以及策划活动,其积极性仍需继续调动。每次活动后,项目组都会进行内部工作总结和分享,以期社会工作者能更好地提供接下来的服务。实际上,项目组以后可以尝试在为老服务结束后,和老年人一起开座谈会或者茶话会,分享活动中的感受以及未来服务的方向和思路,以此来解决老年人参与性差的问题。

3. 项目周期较短

由于服务试点单位地理位置远,并且需要协调两位督导、5 位社会工作者的时间,所以每次的服务都是选择一个时间段集中开展。这一情况导致了项目组不能够很好地跟进老年人的日常状态,有时刚刚建立起来的亲密感在一段时间后又会慢慢地淡化下去,在下次活动开始的时候又要重新进行破冰活动。由于时间的限制,小组工作的完整性也受到影响,有很多有益的活动没有来得及开展,留有遗憾。

（二）专业反思

1. 老年社会工作的独立和可持续开展离不开专业队伍的建设

目前，X区老年社会工作服务开展处于起步阶段，服务基础薄弱，社会工作专业化和职业化水平也不高，尤其存在专业岗位不规范、专业人员数量少等现实问题。尽管项目组在服务期间针对X区民政系统和社区工作人员进行了专业培训，但这对于X区社会工作人才队伍建设长远发展而言还是不够的。针对这一问题，一方面，X区应坚持以专业化为引领，可以利用已经接触到的资源加强与高校的联系，由高校为其提供社会工作人才培训、业务咨询和理论指导等服务；另一方面，X区应以社会工作者职业资格考试为抓手，快速提升社会工作专业人才的数量，激励相关人员积极参加社会工作者职业资格考试，获取职业水平证书；同时，X区还应注重本土社区社会工作骨干力量的培育和发展，可以选取现有社区中优秀工作人员参与社会工作相关培训与学习班，加强不同社区、不同系统间的交流，提升其社会工作理论水平和实务能力，为当地老年社会工作的独立开展和长远发展奠定良好基础。

2. 制度建设是社会工作规范化的前提和基础

社会工作制度化建设是社会工作专业化、职业化和本土化的前提保证，是专业社会工作运行和发展的重要基础。X区社会工作想要获得长远发展，首先就应建立健全社会工作的相关制度，规范和完善已有的社会工作相关制度，并以制度为前提和框架，有序地开展相关社会工作服务。规范的社会工作制度一方面可以保证社会工作人才的稳定，另一方面也可以使得社会工作的服务质量得到一定的保证。制度建设越规范和体系化，社会工作服务开展的质量也就越有保证。

3. 跨领域、跨专业的合作是社会工作服务的重要保证

在为期一年的社会工作服务过程中，我们发现，为老服务工作的开展离不开各个部门的相互协调，老年人社会工作的开展也离不开不同学科领域的共同协作。项目组在服务开展过程中就积极链接心理学、社会学等高校专业学科资源，在理论层面为社会工作专业队伍建设和制度建设提供了有力支持，在实务层面为服务工作的有序和完整开展提供了专业指导，极好地保证了服务效果和服务目标的达成。同时，各社区在为老服务工作的开展过程中，也在积极与不同部门进行沟通，这些都使得我们的服务开展得以顺利完成。社会工作在具体服务开展中涉及多个领域，社会工作想要顺利开展，需要链接不同的资源，需要不同领域和不同专业的通力合作，构建多元化的专业社会工作服务支持网络。

4. 立体式服务满足不同群体需求

对于一个之前没有开展过相关专业社会工作服务的社区而言，大到社区专业制度建设，小到服务对象个体需求的满足，都需要进行多方面立体式的考虑。项目组在本次项目服务过程中所开展的立体式服务，在多个层面上满足了社区不同群

体的需求。从宏观层面和社区角度而言,社区社会工作专业制度的建立健全为社区之后的专业服务和独立发展奠定了一定的专业基础;从中观层面和社区工作人员角度而言,项目组为他们提供的专业督导和知识技能培训,在很大程度上增强了社区工作人员的职业素养和技能,提高了社区工作人员对社会工作基本方法的掌握和运用,加强了工作人员服务的规范性和科学性;从微观层面和服务对象角度而言,老年人是档案建立、个案工作、小组工作及主题活动服务开展的最直接受益者,服务对象接受了有针对性的服务,能更好地审视自我与周围环境的关系,学会正确处理和宣泄情绪的方式,建立积极互助的人际关系和社交支持网络,对社会工作服务也有了一定的了解。

5. 社会工作服务的开展需要更多张力

本次项目服务开展以 X 区福利院为主,以六大社区为辅。全程的服务工作开展都有各个社区工作人员前来观摩学习,并有高校教师对其进行专业督导与工作培训。同时,在服务过程中,项目组充分链接了政府资源和相应社会资源,发挥不同领域的积极性,专业服务开展以点带面,服务范围从福利院辐射到六大社区。各社区一边观摩学习,一边实地实践,各自策划,形成了共同谋划、实施与进步的为老服务态势。

作为一个服务范围较广、人力服务资源有限的项目组,充分发挥各社区的自主性和积极性,强调各社区为老服务的独特性,将社区为老服务扩散到不同社区,并使其在各社区获得了长久性和持续性的发展,使得社区为老服务常态化,这是充分发挥社会工作张力的体现,值得我们在之后的项目服务中借鉴与思考。

老年精神疾病患者社会支持系统的建构①

吴　际　杨子俊男②

一、背景介绍

(一)社会背景

近年来,人们的精神健康问题已经成为重大的公共卫生问题和较突出的社会问题。据世界卫生组织2009年提供的数据显示,我国各类精神疾病患者人数已超过1亿人,在我国疾病总负担中排名首位,而老年人群是各类精神疾病患病的高危人群。进入老年期,人体各器官系统逐渐出现衰老变化。另外,还面临着由忙碌状态转入休闲状态、家庭关系不和、独居、疾病缠身、丧偶或亲朋好友离世等问题,以上问题都会对老年人的晚年生活、身心健康产生影响。在我国,农村的生活水平不如城市,老年精神疾病患者在经济供养、生活照料、人际交往等问题上面临着巨大的压力,再加上养老、社会歧视等问题,社会支持显得尤为重要。社会工作者应帮助服务对象加强他们的支持网络、稳固现存的支持网络、拓展潜在的支持网络,使服务对象生活在舒适、和谐的环境中,有一个更加幸福的晚年。同时,社会工作者对于减轻患者及家庭各方面压力、提高服务对象晚年生活的幸福感具有重要的作用。

(二)服务农村社区与服务人群基本情况

X镇隶属H省H市S区管辖。位于区境西北部,与Z县隔江相望。镇政府驻地距市区40公里。X镇全境地处江南岸,地势较高,大部分为平川地、平岗地。友

---

① 2016年福彩公益金黑龙江省农村留守人员社会工作服务试点项目。

② 吴际,哈尔滨工程大学人文社会科学学院副教授,哈尔滨市心海社会工作服务中心督导;杨子俊男,哈尔滨工业大学人文社科与法学学院2018级MSW研究生。

谊渠自西南入境绕向东北，流经金山、永富、双青、顺利等 8 个村，可大面积灌溉农田，是全市交售商品粮较多的乡镇之一，耕地面积 12.6 万亩，粮食作物有玉米、大豆、谷子、高粱、小麦、水稻等；经济作物有亚麻、甜菜、白瓜子等。全镇共辖杏山、双山、双合、树庆、迎新、致富、强胜、顺利、仁和、临江、双青、江南、永富、胜富、金山、兴隆 16 个村。常住人口 25 422 人，其中满族等少数民族人口约占 4%。

项目的服务对象生活在 X 镇的两个行政村。由于本项目是以服务弱势群体为主要目标，因此仅选择两个村庄中同时满足精神残疾与低保的服务对象。通过多次与 H 市精神防治办公室沟通，由村医接洽，项目共确定 6 名老年精神疾病患者及其家庭作为服务对象，服务对象的基本情况如表 19 所示。6 名患者均符合享受低保、精神残疾与“686 项目①”免费服药名录三个条件，并且患者年龄在 60 周岁以上。两个村庄满足上述 4 项条件的服务对象仅有 8 户，有 2 户不愿参与项目。

表 19　项目服务对象基本情况

服务对象	性别	年龄	婚姻状况	子女个数	文化程度	工作	疾病类型	发病年龄	入院次数	是否服药
P1	女	60	已婚	5	小学	务农	焦虑症	56	2	是
P2	女	61	未婚	0	初中	无	间歇性精神病	19	1	否
P3	女	75	丧偶	3	小学	无	精神分裂症	24	1	否
P4	男	64	已婚	2	初中	务农	精神分裂症	41	3	是
P5	女	69	丧偶	4	文盲	务农	情感精神分裂	22	2	否
P6	男	70	已婚	3	小学	务农	精神分裂症	35	1	是

这里需要说明的是，服务对象所服药物都在国家“686 项目”的免费药物列表中，村医会定期将药物发放给服务对象。由于服务对象都属于民政部门的低保对象，可以直接加入国家免费服药的关怀项目中，因此项目中的服务对象服用药物不用承担经济成本。

二、分析预估

（一）评估方法

服务对象大多处于“医院治疗－居家康复”的模式之下，由于在我国农村，家

① “中央补助地方卫生经费重性精神疾病管理治疗项目”（686 项目），是受原卫生部疾病控制司委托，由中国疾病控制中心 CDC 精神卫生中心承担的为了解我国的精神卫生情况而设立的一个项目。其目的是为了完善社区对重性精神疾病的防治和管理能力，降低精神疾病患者肇事肇祸的社会和经济影响，提高医务人员对重性疾病规范化治疗能力，中央财政安排专项资金，用于加强和完善精神疾病防治队伍建设。

属、邻里、社区对精神疾病患者的接纳性不高,因此社会支持对于服务对象的康复起着至关重要的作用。为了更好地确定案主的需求,我们采用了观察法、访谈法与问卷法相结合的综合方法进行评估。

1. 非参与式观察法

非参与式观察法是指调查者带有特定目的,凭借自己的感觉器官以及辅助工具,直接从被调查对象的社会生活中收集材料的调查分析方法。本项目使用非参与式观察法进行评估,主要做法是,对服务对象的所有非语言信息进行观察,如研究对象的生活环境、家庭成员之间的交流,以及与邻居、村医的互动等。

在村医定期“入户”案主之时,陪同村医一起访视案主家属,观察村医与案主家属、案主家属与邻里的互动。在村医不在场的情况下再访视一次,观察案主家属成员的互动,案主与邻里的互动。通过对案主及案主家属、案主邻居、村医的观察获取相关的信息,旨在为案主社会支持网络的评估打基础。

2. 深度访谈法

在前期调研中,项目组对6位农村老年精神疾病患者,以及其长期照顾者进行了深入访谈。访谈采用半结构式方法,在访谈前设计好访谈提纲,访谈时用录音笔记录下整个过程,访谈结束后整理文字稿。同时,为了保障评估的客观性,并考虑到服务对象病情的特殊性,项目组还对上述6位服务对象的老邻居,以及2位负责上述服务对象的村医进行了日常访谈。2位村医的基本情况见表20。

表20　2位村医的基本情况

受访者	性别	年龄	文化程度	工作	从事村医工作时长	负责精神疾病防治工作时长	与患者认识时长
D1	男	51	中专	村医	28年	10年	40年以上
D2	男	59	中专	村医	41年	10年	40年以上

3. 问卷评估法

为了进一步确定项目服务的效果,对所有服务对象的社会支持情况做问卷调查,采用《社会支持评定量表》(见本案例附录)做基线调查,同时作为最后项目服务实施效果的评估方法之一。

(二)需求评估结果

1. 社会支持评定的基线调查结果

为了更好地了解案主需求和评估服务成效,以建构老年精神疾病患者社会支持系统为目标,基线测评时,在访谈之外使用了《社会支持评定量表》,并在项目结束时使用相同的量表进行成效比较。基线测评的结果如表21所示。服务对象的主观支持维度,即主观感受到自己被尊重、支持、理解的情感体验和满意程度;客观支持维度,即认为自己实际得到的支持,包括直接援助和社会关系两方面;对支持利用维度,即对社会支持的利用程度。上述三个方面的得分都比较低,而且均值也较低。另外,由于所有的老年服务对象都没有同事,因此问卷第 4 题不作答,均为 0 分。

表 21　社会支持评定的基线测评结果

服务对象	P1	P2	P3	P4	P5	P6	平均分
主观支持维度	12	9	17	15	12	9	12
客观支持维度	7	4	6	6	8	4	6
对支持利用维度	6	4	6	9	12	3	7
总分	25	17	29	30	32	16	25

问卷的最后部分,即对支持利用维度得分除了服务对象 P5 均未超过 10 分。基线测评的结果显示,服务对象对支持利用维度的得分非常不理想,这是后面工作中社工需要重点关注的地方。

第 2 题所有的服务对象都得 4 分,因为他们都和自己的家人生活在一起。然而第 1 题和第 3 题关于朋友和邻居的部分,有几位服务对象的得分中等,其余服务对象的得分比较低,朋友与邻居的部分是社工需要有效跟进的。值得一提的是,无论得分多与少,第 6 题、第 7 题没有人两题都得 0 分,也就是说在紧急的状况下,服务对象还是能够寻求到有效帮助的。

2. 服务对象的精神健康情况说明

在项目组与 H 市精神防治办公室初步沟通的过程中,就服务对象是否处于稳定期、如何评估患者的状态等问题交换了意见。所有服务对象的精神健康情况由村医统一评估与管理,评估数据由全国“686 项目”数据库统一管理。由于村医居家访视的频率为一周一次,比项目组的服务频繁,因此项目组每次服务都会提前几天和村医联系确定具体时间。

3. 服务对象的优势

在当今社会中,人的支持需要是社会性的,它不仅依赖于政府、单位、机构等提供的制度化保障来满足,还需要得到亲属、朋友、邻里等初级群体提供的非正式支持才能实现。

农村社区的老年患者与城市社区的老年患者相比,经济与医疗资源方面存在很多的欠缺,然而这让项目组不得不进一步探究为什么有几个服务对象还可以在患病这么多年,甚至不服药,几乎很少去医院的情况下保持较好的状态,一直以一般居民的身份生活在村子里。

家庭与邻居的支持成为服务对象能够相对自由生活的主要力量，然而这部分力量并没有得到服务对象的重视，家属和邻里也没有意识到自己起到了作用，村医也并没有积极主动做这方面的工作，这就引出了项目组的服务主旨内容与目标。

4. 依据服务对象优势提炼的首要需求——社会支持网络的建构

从需求评估的访谈与问卷的基线调查中发现，部分服务对象的社会支持有待提高与完善，同时社会支持网络恰恰是农村老年精神疾病患者在资源缺乏的环境下过上较高质量生活的关键。

(1)家庭为中心的家属支持活动

农村服务对象一般与老伴一起生活或由子女照顾，生活中的面面俱到使照顾者将自己的角色定位为“护工”，这既是患者生活上的保障，也是患者情感上的依赖。在老年服务对象生活与康复过程中，家属需要付出很多时间与精力来照顾患者。除此之外，还需要处理服务对象在社区内产生的一系列“麻烦”。但是家属有时会忽视与服务对象的沟通，缺乏情感表达，否定服务对象具有做事的能力，不允许他们去做一切力所能及的事情，而且因为农村生活较为封闭，存在着服务对象生活较为单调的问题。家属多年照顾服务对象，也需要更多的活动来舒缓情绪、放松心情。

(2)以关系重建为中心的邻里支持活动

在农村社区环境中，存在着这样一种关系，在服务对象患病之后，由于他们在心理和行为等方面的独具特点，加之服务对象的某些行为成为社会不稳定因素，可能会对邻里产生言语重伤或行为困扰。再加上服务对象身上存在的污名化和标签化，他们与邻里之间的关系慢慢地会变得疏远，邻里甚至会躲避他们，这会对服务对象及家属的心理产生巨大伤害，这种异样的眼光以及躲避的行为也可能会加重服务对象对邻里的言语和行为伤害。因此，社会工作者帮助服务对象构建新的邻里关系，促进他们彼此之间的多元互动关系，可以丰富老年精神疾病患者的生活，同时对老年精神疾病患者提供不同的帮助与支持，激发邻里支持的新活力。

5. 康复知识与康复政策的宣传与对接

服务对象作为国家重点保障人群之一，可以享受到诸多服务和政策，涉及人力资源和社会保障、卫生、计生、民政、残联等部门(组织)。自 2013 年 5 月 1 日起，《中华人民共和国精神卫生法》(以下简称《精神卫生法》)实施以来，我国精神卫生工作正式走上了法治化管理轨道，法律对政府责任、精神疾病预防、治疗、康复和保障等内容都做了规定。精神障碍的诊断、治疗、住院、出院等都有了严格的法定程序。患者的人格尊严、人身和财产安全等合法权益受法律保护。

在与服务对象家属的谈话过程中，社会工作者发现多数服务对象家属对于制度政策了解很少。因此，为了更好地建构服务对象的支持网络，需要为服务对象及其家属进行这方面的宣传与分享。在服务过程中加入对于农村精神障碍患者政策方面的一些宣传,帮助服务对象详细了解相关国家政策,为案主链接资源,陪伴案主过上更有质量的生活。因为农村地理位置较为封闭,服务对象文化水平有限,农村对于精神卫生相关治疗以及对精神障碍患者的照顾还有诸多问题,因此,社会工作者需要举办一些宣传活动,如邀请专家举办关于精神卫生知识的专题讲座,以加强群众对精神卫生的关注和熟悉,积极预防和控制精神卫生疾病,也能让老年精神疾病患者感受到社会大家庭的温暖和关爱,感受人与人之间的尊重、友善、理解与宽容,鼓励他们做到自强、自尊、自爱。

三、服务计划

(一)服务目标

本项目的目标是,为精神障碍者提供专业的社会工作服务,为老年精神疾病患者提供有利于提高其生活质量和社会适应能力的社会支持系统,以便他们能更好地面对自己,做好外出工作与回归社会的准备。

期望通过本项目达成以下几点成效:

(1)通过家属支持活动,为精神障碍者家庭提供精神支持与人文关怀,试图让家属多年来的工作与照顾得到肯定,让家属的力量与经验得以发现和分享,进而在分享与沟通中被更多的社会支持力量所关注。

(2)将农村邻里关系作为老年精神疾病患者康复的重要关系网络,提升邻里对于精神障碍康复者与家庭的接受度,营造更具接纳性的农村环境,使康复者的融入成为可能,为他们更好地融入社区打基础。

(3)在可能的情况下,让村医加入前面两项工作中来。村医是有效连接服务对象家庭与各种医疗机构的主体,事实上他们承担了部分社会工作者角色,在项目组离开后,村医是已经建构的社会支持网络的合适维护者。

(4)配合村内干部及相关机关做好精神卫生宣传活动,普及精神疾病相关知识,让更多的精神障碍者感受到社会大家庭的温暖和关爱。

(二)理论依据

1. 认知行为理论

认知行为理论通过改变思维或信念、行为的方法来改变不良认知,它是认知理论和行为理论的整合,是对认知和行为理论所存在缺陷的一种批评和发展,而不是二者简单相加或者拼凑。具有代表性的有艾利斯的合理情绪行为疗法,贝克和梅肯鲍姆的认知行为矫正技术等。认知行为强调认知活动在心理或行为问题中发生作用,在社会工作的实务中既采用各种认知矫正技术,又采用行为治疗技术。

2. 人际需要理论

社会心理学家舒茨提出人际需要的三维理论,认为每一个个体在人际互动过程中，都有3种基本的需要，即包容需要、支配需要和情感需要。这3种基本的人际需要决定了个体在人际交往中所采用的行为，以及如何描述、解释和预测他人行为。三种基本需要的形成与个体的早期成长经验密切相关。

3. 埃里克森人格发展理论

埃里克森是美国著名精神病医师，新精神分析派的代表人物。他认为，人的自我意识发展持续一生，他把自我意识的形成和发展过程划分为8个阶段，这8个阶段的顺序是由遗传决定的，但是每一阶段能否顺利度过却是由环境决定的，所以，这个理论可称为"心理社会"阶段理论。每一个阶段都是不可忽视的。埃里克森的人格终生发展论，为不同年龄段的教育提供了理论依据和教育内容，任何年龄段的教育失误，都会给一个人的终生发展造成障碍。

4. 社会损害理论和社会重建理论

社会损害理论着重讨论的是，有时老年人一些正常的情绪反应会被他人视为病兆而做出过分的反应，从而对老年人的自我认知带来损害。社会重建理论旨在改变老年人生存的客观环境，以帮助老年人重建自信心。社会重建理论的基本模式是：第一阶段，让老年人了解到社会上现存的对老年人的偏见和错误观念；第二阶段，改善老年人的客观环境，通过提倡政府资助来解决老年人的住房、医疗、贫困等问题；第三阶段，鼓励老年人的自我计划、自我决定，增强老年人自我解决问题的能力。

本项目基于这些理论，通过认知行为治疗等专业社会工作方法，结合个案和社区服务，为服务对象提供精神支持与人文关怀，使服务对象家庭深切感受到温暖，让服务对象在社会的关怀下得到持续性、高水平的康复服务。社会工作者帮助服务对象及家属整合资源，使服务对象得到更多的社会支持，帮助服务对象家庭了解更多关于精神障碍患者的政策与精神病专业知识，加强其家庭凝聚力，减轻服务对象家属的压力。

（三）服务流程（表22）

表22　服务流程表

准备期	2016年9月—2016年10月	1. 收集资料和家庭访视，与案主初步建立联系； 2. 项目理念传达； 3. 志愿者培训
预估期	2016年10月—2016年12月	1. 访谈问卷调查与非参与式观察； 2. 形成评估报告； 3. 项目计划制订

表22(续)

实施期	2017年1月—2017年5月	1. 个案工作开展; 2. 小组工作开展; 3. 宣传和外展工作; 4. 康复资源链接
收尾期	2017年6月	1. 开展社区活动及结束准备; 2. 项目反思及服务效果评估

(四)服务内容

1. 同时关注患者与家属的家庭社会工作

家庭支持服务是项目的重要组成部分,目的是给家庭更多的精神与资源支持,提高其互助与沟通的能力,让家属了解自己的力量,发展自己的力量,能更好地为服务对象康复提供家庭支持。

家庭是患者社会支持网最基础的一环,特别是我国的大社会文化下,家庭是社会支持网的根本,如果没有稳固的家庭支持,患者基本很难在社会资源相对不够完善的农村社区有较好的康复与生活。为实现服务目标,我们将服务内容分为以下几个部分:

(1)家属的经验被看见

家属在劳作与辛苦中度过生活中的每一天,务农的同时还要照顾患者,几十年的经验积累下来,每一位家属都已经在康复、护理、陪伴方面小有心得,仅仅针对自家的患者来说,家属比医生、护士、社工还要专业。社工需要帮助家属提炼与梳理自己的经验,分享自己的经验,让家属的经验被看见、被听见,提升家属的自信心。

(2)让患者对家属表达感情

患者家属几十年如一日的辛苦和焦虑,心里充满了很多情绪,在为家属疏导情绪的基础上,需要引导患者对家属表达感谢,家属的家庭价值才会提升,也会激发更多的照顾与陪伴的动力。

(3)家庭内部的情感交流

在农村社区环境中,儿子一般会与父母一同生活,女儿大多也是嫁到同村或邻村,因此子女在经济供养、生活照料,以及精神慰藉等方面均起着重要的作用。但是由于农村保守的文化特征,子女与父母之间不善于情感表达,导致子女对服务对象的爱没有传递到他们那里。

鼓励子女主动勇敢地表达爱,帮助家庭成员看到机会和希望,使他们相信通过行动和努力就会创造不同的结果。不能忽视孙子女这个角色,“隔代亲”在中国人的思想中已经根深蒂固,服务对象对孙子女的爱不会因为疾病的存在而减少。鼓励子女多让孩子与父母接触,他们之间的关系是积蓄了几十年纯真亲情的自然迸发,是血浓于水的脉脉亲情的真实使然。

(4)亲缘关系的支持

兄弟姐妹日常的联络与问候也对服务对象的情绪产生着影响,血缘关系存在一种特殊的意义与作用,且不可替代。但由于兄弟姐妹均已拥有自己的家庭,每个人都在为自己的家庭所奔波,长此以往就会疏于联络。此时,社会工作者要让照顾者意识到兄弟姐妹之间的情感交流对服务对象情绪及精神康复的重要性,鼓励照顾者主动联系亲属,通过"唠嗑"等一系列娱乐活动维持彼此之间的亲密关系,将如今疏离的状态拉回到曾经熟悉的、温馨的时光。

2. 农村邻里社会工作

社会工作者在介入的过程中发现,"语言"是服务对象与邻里之间最常运用的互动方式,语言不仅能表达患者与邻里内心真实的想法,也作为一种直接的方式对服务对象及家庭给予情感支持。但语言一般情况不会单独出现,它往往伴随着一系列行为产生作用。

北方农村社区比较普遍的沟通方式就是唠嗑,唠嗑的语言力量对于情感的回应与支持是较为有效的。邀请邻里邻居都到患者家里来,有串门意愿的邻居是社工为服务对象建构邻里支持的主要意向群体。通过一次案主家属和邻居一对一的对话,促成后面患者或者家属与邻居更多更好地沟通。

3. 宣传与外展的工作

宣传与外展的工作比较多元化,除了有效完成建构家庭与邻里社会支持的目标外,还要兼顾社区的部分。宣传和外展的工作主要分为以下两个主要组成部分。

(1)康复与护理知识的宣传与讲解

家属作为与服务对象接触最为密切的人,不仅要照顾其日常起居,还要时刻关注其精神状态,但是大多数家属对于精神疾病也只是了解其表面,往往忽视了服务对象语言、行为、情绪的变化,即使意识到变化,也不会对服务对象有进一步的询问与关注,若面对情绪特别失控的情况,也是用服药的方式试图稳定服务对象的情绪。为家属提供优质的康复与护理讲座,能够在症状期与日常服药等实务上给予其更多的建议与助力。

同时,联系村医为服务对象家属进行培训,使其了解精神疾病、了解药物、了解疾病复发的初步迹象,了解患者危险行为的防范、疾病复发的危害等内容,指导其如何有效地处理突发状况,如何更专业地帮助患者康复。

(2)精神健康的宣传与各项活动试图拉近社区与案主家属的距离

社会工作者联系精神专科医生与心理专科医生对村民开展宣传工作,让村民对精神疾病有一个全面的了解,对精神疾病患者群体有一个正确的道德认知。社会工作者还与村委会一同组织活动,鼓励服务对象群体与村民一同参与,促进双方的积极互动,使村民在这个开放、安全的环境下对服务对象有重新的认识,鼓励村民理解并接纳服务对象,从而为服务对象及家属营造出关爱、尊重、和谐的生活环境。

4. 康复资源的链接

首先,社会工作者与村医根据现实情况帮助服务对象申请低保、困难补助、残疾人证、免费用药等经济上的资助,满足日常生活所需,以提高其生活质量。

其次,社会工作者与村医还联系了 H 市精防部门、地方疾控中心、镇卫生院等部门针对服务对象进行健康教育、康复指导,针对家属进行精神疾病、药物、复发、危险行为防范等相关培训,指导家属有效处理突发状况,更专业地帮助服务对象康复。

社会工作者要重视村医这个角色,村医作为与服务对象及其家庭接触最为密切的"专业人士",能将服务对象家庭与相关福利部门连接起来,帮助相关福利部门更好地落实福利政策,同时高效及时地帮助服务对象的家庭争取一切福利支持。

除此之外,社会工作者、村医与村委会一同组织活动,联合相关社会组织机构针对服务对象群体进行服务,整合各种可能的资源,为患者建构一个更加全面、完善、能够发挥功能的社会支持网等。

(五)困难预估与应急策略

(1)因为服务对象具有一定的特殊性,所以鉴于可能会发生的交流障碍,方案设计要符合服务对象基本认知,不能脱离实际。项目组每次服务都会有服务对象家属陪同,偶尔会有村医在场,而且村医在服务之前也会确定患者的精神状况,整体的风险性不大。

(2)在服务结束之时,要注意离别情绪的控制,如果有个别案主情绪较为激动,可以适当地延长陪伴时间。寻找替代项目发挥功能的主体非常重要,社会支持网的建构是一个方面,维护和有效运行也要关注。

(3)由于在访谈过程中可能会触及访谈对象及其家属的敏感话题,所以在访谈过程中要注意语言的表达形式,注意观察访谈对象及家属的情绪变化。

(4)由于案主为重度精神障碍康复者,可能会出现不合作、不接受的情况。要想赢得案主对社会工作者的接受和认同,必须先接纳服务对象的态度和行为,在其没有办法完全集中注意力配合的情况下,先休息一会儿,或者转而和家属一起工作。

四、项目实施

(一)项目准备期工作内容

1. 收集资料和家庭访谈,与案主初步建立联系

项目社会工作者通过阅读文献和案例来收集资料,研究表明:社会地位较高的人,经常提供一些重大的支持,而社会地位较低者则提供一些小的支持;年龄较大的人提供的是情感支持和社交支持,而年轻人更多地提供实际支持。也有研究表明,不同的居住背景对老年人的社会支持的影响也不同,在感情支持维度上,家庭居住的老年人显著高于机构居住的老年人。

项目小组在前期对农村老年精神障碍患者家庭进行了入户访视,与受访者建立了初步的连接。

2. 传递项目理念

我国农村老年精神疾病患者基本处于"医院治疗－居家康复(生活)"的状态,家属、邻里、社区(工作人员)作为与其接触最为密切的群体,给予的帮助和支持对老年患者的生活及康复产生着积极的作用,同时帮助老年患者整个家庭共渡难关,在前期访视时,社工对这些项目理念进行了渗透与宣传。

3. 志愿者的培训

此次活动是采取"社会工作＋志愿者"联动的模式,而作为社会工作者的能力也是有限的,要动员志愿者积极参与活动。开始服务之前,需要对校园内招募的志愿者进行相关的培训,让志愿者了解整个项目,了解服务的主要内容,掌握如何与人沟通的技巧,明白配合社工服务的关键之处。只有这样,才能更好地让志愿者参与到项目中来。志愿者也要熟悉一下社会工作伦理:①自愿参与;②知情同意;③匿名与保密;④避免伤害。

(二)项目预估期工作内容

入户深度访谈和社会支持问卷基线调查在预估部分已经有说明,此处不再赘述。

项目计划制订:根据项目组指定的主要目标和项目组已经规划好的四项服务内容,在需求评估报告完成以后,根据需求评估报告来制订服务计划如何具体执行。依据上述社会工作理论,决定开展个案工作、小组工作与社区工作,而社区工作的部分,主要是以外展和宣传工作为主。每一个工作内容的执行都不是孤立的,工作内容在不同的工作方法中均有涉及。

(三)项目实施期工作内容

项目实施期的工作内容分为四个主要部分开展,分别为个案工作、小组工作、外展宣传工作与康复资源的链接。项目组共开展了 6 次个案工作、3 次小组工作与 4 次外展宣传工作,具体工作如下。

1. 个案工作(表23)

表23　个案服务工作内容

个案服务次数/名称	参与者	服务目标	具体内容
建立关系	患者,患者家属,村医	与患者、患者家属初步建立专业关系	全面了解患者、患者家属(第一照顾者); 让患者和照顾者分别诉说对于疾病、康复的理解,谈一下过去被亲属、朋友与邻里帮助过的经验或未求助、未得到帮助的经验
家里的"护工"	患者,患者家属	让家属的经验被看见和分享	让家属"打开话匣子",吐一吐多年来照顾的辛苦,社工从专业角度将家属日常的照顾经验提炼出来,与家属沟通后整理成文本,日后分享
"护工"也需要关怀	患者,患者家属,村医	和服务对象一起感恩家属	在患者看见家属的辛苦后,给患者留行为治疗作业,让老人们从语言上多关怀家属。例如,吃饭时给家属夹菜,家属扫地帮忙拿撮子等
来家里坐坐	患者,患者家属,村医,邻居	重构与邻居的关系	逐个邀请曾经有过互动沟通的邻居到家里坐坐,案主家属每个时间段仅仅和一位邻居聊天,社工和家属一起发现有接纳案主意愿的邻居; 给患者留作业,让他们多邀请有意愿串门聊天的邻居过来坐坐,或者在院墙边与人聊天
家里唠唠嗑儿	患者,患者家属,亲戚	重构与亲属的关系	探寻其他亲属关系建构的可能性,愿意过来参与小聚会的亲属是存在沟通与关心意愿的,社工参与到患者、家属和亲属的沟通中来,想办法建立起长期互动的意愿与能动性
协调关系	患者,患者家属,村医	建立患者、家属、村医与其他支持的稳定互动	交流与分享家属与患者、案主家属与邻居、案主家属与亲属之间的沟通经验,协商一个多方共识的主动沟通频率,激发患者与家属的能动性,主动与别人多沟通、勤沟通; 给案主家属留作业,逐步实践更广泛的沟通话题,更多元的沟通方式; 请村医以后每次"入户"访视的时候多询问与督促互动的议题

2. 小组工作

由于两个村的地理位置有一定的距离,交通不便,因此小组活动是以村为单位进行的，因此每一次活动都在两个村各开展一次，每一次小组是围绕着三个患者家庭的。小组工作是在与个案服务相互配合的基础上发挥服务功能的（见表24）。

表24　小组服务工作内容

小组服务次数/名称	参与者	服务目标	具体内容
“相互拉一把”	三位患者及其家属	构建家属之间的沟通，初步建立家属小组	患者之间的关系如果能建立是最好的，就目前的经验来看，患者之间的互动并不频繁，家属之间建立长期联系，日后逐步形成互助小组是社工的主要任务； 分享前期个案整理的照顾经验文本，家属之间对其他人的照顾经验进行多元回应，提升家属的自我价值感与自信心
“你不说，我也懂”	患者，患者家属	让患者家属代替社工开展后续工作	患者通过肢体语言让本人家属与其他患者家属竞赛猜词语，一方面确认家属对患者的了解，一方面增加了家属之间的互动； 留作业，让家属们轮流负责组织以后的小组聚会
“我的心意，你的手艺”	患者，患者家属，邻居	让邻居看到患者疾病以外的角色	患者家庭及邻里一起参与到“我的心意，你的手艺”旧物翻新大赛当中，每家都拿出自己的旧物进行翻新，彼此交换成果，互相认识不一样的邻里

3. 外展宣传工作

外展宣传工作大多是社区层面的工作，不过其中第一次的工作对象主要是针对家属的，旨在能够获取更有针对性与实践性的建议，希望其康复与护理的能力有一定的提升。外展宣传服务内容见表25。

表25　外展宣传服务内容

外展/宣传次数/名称	参与者	服务目标	具体内容
康复的照顾与护理	患者家属	护理精神障碍患者的经验分享，提高家属护理与应对能力	老年精神障碍由各种原因引起，表现为认知、情感、意志、行为的改变，病因有遗传因素、社会环境、心理因素、理化生物性因素； 做到爱护、尊重、理解病人，使病人产生信赖、安全感，积极配合治疗，促进早日康复，心理护理中要给予患者安全感和良好的康复环境，生活护理分为个人卫生、饮食、睡眠及药物，预防并发症

表 25(续)

外展/宣传次数/名称	参与者	服务目标	具体内容
精神卫生宣传活动	农村社区	提升家属对于疾病治疗与特殊情况的处置能力	专家为村民普及精神障碍疾病的预防以及治疗方法,为村民答疑解惑; 专业的指导是咨询的基础; 咨询内容包括:药物的依从性、睡眠问题、随诊的频率、日常保健的注意事项、急症期的处置等
“俏丽乡村,幸福广场”	农村社区	让精神障碍患者融入乡村生活	通过前期外展活动的铺垫,试图摘掉精神障碍患者污名化的帽子,为后续更全面的社会支持康复做准备; 开展乡村广场舞、露天电影院等活动,动员家属、邻里积极参与,丰富精神障碍患者家属的村内文化生活
“关注精神卫生,享受幸福生活”	农村社区	让社区重新接纳患者	人人关注精神卫生,家家享受幸福生活; 项目组为精神障碍患者的家庭邻里义诊、修理小家电、分发精神卫生科普书籍等; 以热热闹闹的活动作为项目的收尾工作

4. 康复资源链接

积极联系社会志愿者与公益组织,在村里开展给精神障碍患者家庭免费理发、免费小家电修理、免费配钥匙、免费义诊等助残活动。医院、基层医疗卫生机构、社区、家庭彼此不熟悉,资源无法联动,专业社工要做的就是链接资源。社会工作者熟悉各种社会组织和政府的帮扶项目、联络方式,可以根据患者的不同情况告之患者本人及其家属,可以联系哪些机构、获得怎样的帮助。

综合上述四项服务内容,在现有患者社会支持网络的基础上,项目组基本建构或完善了服务对象的微观与中观社会支持,并将后续的维持与完善工作分别以行为治疗作业的方式交给了患者和家属,以提升“入户”技巧与管理绩效的方式交给了村医。

五、总结评估

(一)目标完成情况的自评

1. 家属与亲属的支持建构

项目通过个案与小组的方法将家属的经验进行了梳理与分享,为家属建立了家属支持小组,一方面,促进了村里患者家庭之间的沟通与互动;另一方面,为家属的情绪提供了倾诉的良好方式。让患者学习表达感情,让家属感受到了家庭价值与社会价值。

小家庭以外的亲缘支持建构是一次比较特殊的尝试，令人惊喜的是，每一个患者家庭都存在有意愿过来串门的亲属，社工和案主家属都备感欣慰，他们清楚地感受到，亲人并没有刻意地疏远他们。可以说，在分享与沟通中衍生出更多的社会支持力量。

2. 邻里与社区的支持构建

与邻居关系的处理比较谨慎，为了不让案主家属感受到不良的情绪与关系，社工设定让邻居一户一户地与患者家庭沟通，进一步增加了沟通的私密性，提升了沟通的品质。他们与案主家属都是多年的老邻居，相互交流比较顺利，打开了话匣子以后，邻里关系迅速回温，亲切、友好。

小组活动与社区的宣传活动也从不同侧面增进了患者的邻里社会支持，提升了整个社区对于患者及患者家庭的接纳，部分居民开始愿意和案主家属沟通，他们慢慢明白疾病与人是分开来看的，知道案主家属与普通人家并无不同，只是多了一个病人需要照顾。提升了邻里对于精神障碍患者与家庭的接受度，营造了更具包容性的农村环境，为患者更好地融入社区打下了基础。

3. 村医的社会支持维护角色

在我国精神防治项目的支持下，城市社区的每一个社区医院都有一位精防医生，然而农村社区的医疗资源相对比较匮乏，只能根据现实的情况将精防医生的职责委托给村医。村医没有受过精神专科、心理专科或者相关专业训练，他们的优势就是与村民的关系。项目服务过程中，村医加入前面两项关系构建的工作中来，有效地链接了服务对象家庭与各种医疗资源。村医也慢慢接受了自己还可在这方面做得更多的观点，两位村医已经逐渐成长为社会支持网络的合适维护者。

4. 康复知识宣传与资源链接

通过多次的外展与宣传活动，项目组对于精神卫生及精神疾病的康复做了多方面的普及工作。一方面，家属得到了较好的知识资源与信息，掌握了更多关于如何康复与护理的知识与方法；另一方面，随着社区对于精神卫生知识的了解，也淡化了对精神疾病患者及其家庭的标签，愿意和他们沟通，建立联系。让更多的精神障碍患者感受到社会大家庭的温暖和关爱，感受到人与人之间的尊重、友善、理解与宽容。

（二）患者社会支持情况的比较评估

与项目执行前的基线测评的结果（表 21）相比，项目结束后 6 位患者的社会支持评定的评估结果如表 26 所示。服务对象的主观支持维度、客观支持维度及对支持利用维度等三个方面的得分都比基线的结果要高，而且均值也都不同程度地提高了。为了更好地比较接受服务前后的变化，我们将前后的得分进行了汇总，如图 8 至图 10 所示。

表 26　社会支持评定的后期评估结果

服务对象	P1	P2	P3	P4	P5	P6	平均分
主观支持维度	15	11	19	15	17	16	16
客观支持维度	10	8	11	6	9	8	9
对支持利用维度	9	7	9	11	12	9	9
总分	34	26	39	32	38	33	32

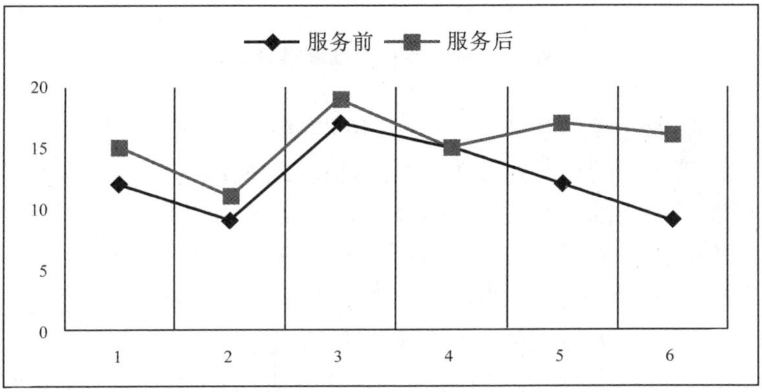

图 8　主观支持维度得分比较

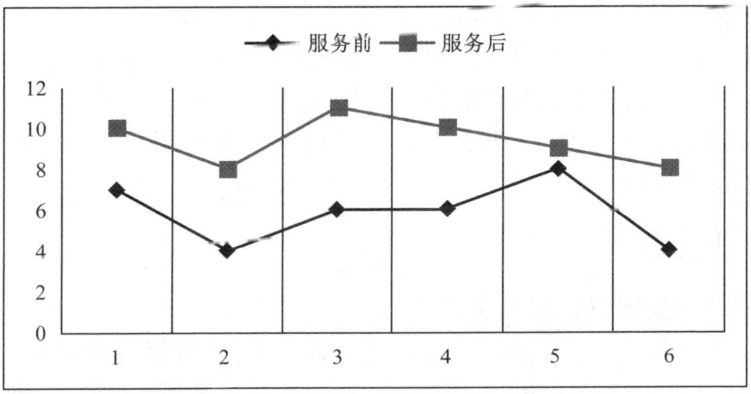

图 9　客观支持维度得分比较

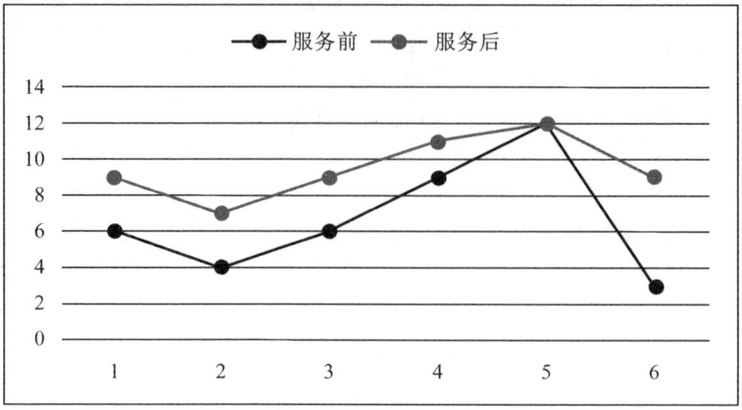

图 10　对支持利用维度得分比较

主观支持的得分,6 位患者中也有 5 位得到不同程度的提高,除了这位患者外,所有案主的第 3 题的得分都提高了,也就是说,他们与邻居的关系都更进一步了,邻里方面有了更好的社会支持。不仅如此,大部分患者还结交了新朋友,他们大都是村里的居民,然而不仅仅限于邻居,也就是说,社区层面的支持也有一定程度的提高。部分患者第 5 题的得分也得到了提高,这从侧面说明亲属方面的社会支持构建有了效果,家人方面的支持得到了提升。

第 2 题的得分没有变化,因为患者一直和家人居住在一起。分数的提高均来自第 6 题和第 7 题,也就是在关键的危急时刻,患者可以求助的人更多了。他们可以得到更多的经济支持,也可以得到更多的情感支持,这是社会网络支持建构的综合结果。

问卷的最后部分,即对支持利用维度得分的满分为 12 分,案主 P5 基线测评的时候就是 12 分,其他所有接受项目服务的案主都有不同程度的提高。这部分内容说明案主本身的能动性得到显著提高,他们比起接受服务前都更愿意求助,更愿意倾诉,更愿意参加社会团体的活动。经过项目服务,案主更容易获得社会支持,也更有可能维持现有的社会支持。

六、专业反思

(一)对待"精神疾病"保持客观的态度

社会工作者在介入服务对象及其家庭的过程中,尽量保持客观的态度进行交流,避免与服务对象及家属谈及病情本身,以免使其产生不愉快的心理,影响专业关系的建立。社会工作者要记住,精神疾病只是对疾病的分类,而不是对人的分类。

(二)倾听患者与家属的诉说,思考其背后真实的想法

倾听是社会工作者在开展服务过程中非常重要的环节,服务对象及照顾者的心理尤其脆弱,他们内心深藏已久的想法与情绪渴望被倾听,这也是压力释放与情绪宣泄的主要途径。因此,社会工作者要扮演好倾听者的角色,在倾听过程中随时给予积极回应的同时,还要体会服务对象及家属话语背后真实的想法。

(三)用真实的自己去接纳服务对象及家庭

社会工作者要对服务对象及家属复杂、矛盾的心情和问题给予心理支持,并无条件接纳服务对象的一切问题,只有这样,才能使服务对象保持放松的心态,真实地吐露心声。同时,社会工作者要对服务对象合理地表达自己的感受,将真实的自己展现在大家面前。

(四)用平实的语言激发康复的希望

由于受文化因素的影响,农村服务对象及家属文化水平普遍较低,再加上对于"精神疾病"缺乏专业了解,因此社会工作者在与服务对象沟通过程中语言要通俗易懂,使其易于理解,这不仅可以提高服务效率,也表达了对服务对象的尊重。同时,社会工作者在开展服务过程中,要鼓励服务对象及家属主动进行交流,努力激发服务对象康复的希望。

附录：

社会支持评定量表

姓名：________性别：________年龄：________文化程度：________职业：________
婚姻状况：______住址或工作单位：____________填表日期：____年____月____日

指导语：下面的问题用于反映您在社会中所获得的支持，请按各个问题的基本要求，根据您的实际情况填写。

1. 您有多少关系密切，可以得到支持和帮助的朋友？（只选一项）
(1)1 个也没有　(2)1 ~2 个　(3)3 ~5 个　(4)6 个或 6 个以上
2. 近一年来，您：（只选一项）
(1)远离家人，且独居一室
(2)住处经常变动，多数时间和陌生人住在一起
(3)和同学、同事或朋友住在一起
(4)和家人住在一起
3. 您与邻居：（只选一项）
(1)相互之间从不关心，只是点头之交　(2)遇到困难可能稍微关心
(3)有些邻居很关心您　(4)大多数邻居都很关心您
4. 您与同事：（只选一项）
(1)相互之间从不关心，只是点头之交　(2)遇到困难可能稍微关心
(3)有些同事很关心您　(4)大多数同事都很关心您
5. 从家庭成员处得到的支持和照顾（在合适的框内打“√”）

	无	极少	一般	全力支持
夫妻（恋人）				
父母				
儿女				
兄弟姊妹				
其他家庭成员				

6. 过去，在您遇到困难情况时，曾经得到的经济支持和解决实际问题的帮助的来源有：

(1)无任何来源。

(2)下列来源:(可选多项)

A. 配偶　B. 其他家人　C. 朋友　D. 亲戚　E. 同事　F. 工作单位

G. 党团工会等官方或半官方组织　H. 宗教、社会团体等非官方组织

I. 其他(请列出)

7. 过去,在您遇到困难情况时,曾经得到的安慰和关心的来源有:

(1)无任何来源。

(2)下列来源:(可选多项)

A. 配偶　B. 其他家人　C. 朋友　D. 亲戚　E. 同事　F、工作单位

G. 党团工会等官方或半官方组织　H. 宗教、社会团体等非官方组织

I. 其他(请列出)

8. 您遇到烦恼时的倾诉方式:(只选一项)

(1)从不向任何人诉述　(2)只向关系极为密切的 1 ~2 个人诉述

(3)如果朋友主动询问您会说出来

(4)主动叙述自己的烦恼,以获得支持和理解

9. 您遇到烦恼时的求助方式:(只选一项)

(1)只靠自己,不接受别人的帮助　(2)很少请求别人帮助

(3)有时请求别人帮助

(4)有困难时经常向家人、亲友、组织求援

10. 对于团体(如党团组织、宗教组织、工会、学生会等)组织活动,您:(只选一项)

(1)从不参加　(2)偶尔参加

(3)经常参加　(4)主动参加并积极活动

总分:______

特殊老人整合性行为健康服务的新尝试[①]

唐国建　吴　赛　王　炼[②]

一、项目实施背景

（一）社会背景

在我国国力快速发展的同时，老龄化成为当今社会不可忽视的问题。根据第六次全国人口普查（2011）的数据显示，74.83岁为我国人均预期寿命，其中65岁及以上人口为118 831 709人，占8.87%。根据联合国新标准规定，一个地区65岁以上的人口比率超过总人口的7%，就可以被称为“老龄化社会”，而超过14%就被称为“老龄社会”。由此可见，中国已经是“老龄化社会”了。根据黑龙江省2016年人口年鉴显示，2015年黑龙江省总人口为3 812万人，其中，65岁及以上的人口为415.5万人，占总人口比例的10.9%。黑龙江省的人口结构压力大于全国。

人口老龄化会为我国经济社会发展带来全面、深刻、持久的影响，成为影响国计民生、民族兴衰和国家长治久安的重大战略问题。随着老龄化程度的加重，养老问题也越发突出。谁来为老人提供养老服务，可以提供哪些养老服务，这些问题引起了各方人士的普遍关注与重视，并大力推动了本地的养老服务发展。但是随着物质生活水平的提高，老人生活质量的改善已经不局限于物质服务的提供，而是转向整合式、多种多样化的需求。面对供需不平衡的养老服务，发展供需平衡的养老服务显得尤为重要。

（二）服务单位基本情况

为了缓解养老问题，黑龙江省出台了相应政策来推动养老服务的发展，哈尔滨

---

① 2018年哈尔滨市公益创投项目。

② 唐国建，哈尔滨工程大学人文社会科学学院副教授，哈尔滨市心海社会工作服务中心督导；吴赛、王炼，哈尔滨工程大学人文社会科学学院2017级MSW研究生。

市民政局通过公益创投项目为为老服务提供了资助平台。本项目为哈尔滨公益创投项目，服务地点为 H 市 C 社区，C 社区面积 0.22 平方千米，共有 14 栋楼，总人口约 2 887 户、6 311 人。C 社区属于 H 市老城区，社区建筑和设施比较陈旧，居民多为小摊小贩、下岗老职工等，经济条件一般。此外，社区内老年人较多，60 岁以上的老人有 823 人，高龄、半自理、空巢、失独等特殊服务对象相对其他社区偏多，社区内 80 岁以上的老人近 150 人，残疾人有 235 人，失独家庭 17 户、空巢老人 17 人。C 社区对社工服务需求比较强烈，同时，在 C 社区开展特殊老人整合性行为健康服务项目也具有明显的试点作用，有助于后续深入服务的开展。

二、需求评估分析

行为健康是指日常生活中的身体健康、心理健康，以及包括社会活动在内的行为举止、思想、心理活动的文明和健康。而整合性行为健康是一种以推动生理、心理和社会整合而外化的积极的行为健康状态的模式。结合已有研究文献，基于特殊老人的特点，将特殊老人的行为健康积极状态界定为其拥有生理、心理、社会三者整合而外化出的积极生活状态。

关于特殊老人，引用马贵侠、陈群（2014）的界定，依据老年人生活状况困难度、社会支持体系弱化度及老年人养老服务需求等多项综合指标，可以将特殊老人分为六类：①高龄，指 70 周岁及以上的老人；②空巢，指夫妻一方或双方的年龄在 60 周岁及以上，夫妻二人一起居住，不随子女同住；③独居，指 60 周岁及以上独自居住的老人；④失独，指 60 周岁及以上失去独生子女的老人；⑤低保，指年龄在 60 周岁及以上，享受一类低保的老人；⑥半自理或失能，指 60 周岁及以上身体半自理或失能的老人。本项目中的特殊老人，指的是具备高龄、独居、空巢、低保、残疾等特征的老年人。

本项目即是从特殊老人的行为健康角度开展需求评估分析。

（一）评估方法

1. 问卷调查法

本次需求评估采用问卷调查的方法进行，主要依托老人服务建档表，采用半结构式访谈法收集信息。依据特殊老人的行为健康的构成，设计了涵盖基本情况、家庭情况（家居情况）、心理与社会、生理、社工预估五方面的特殊老人建档表。在建档表的基础上编制了数据编码手册，以此将部分质性材料量化，以便后期进行数据分析。

本次调查主要是针对 C 社区内符合高龄、独居、空巢、低保、残疾等条件的特殊老人，采用整群抽样的方法，在 C 社区内 14 个单元楼中随机抽取 5 个单元楼，被选中的单元楼内所有的符合条件的特殊老人均为样本。排除不同时间段敲门三次尚未开门的住户外，共收集有效样本 70 份。

2. 无结构式访谈法

通过与社区工作人员尤其是社区老人事务服务专员的访谈，收集社区内关于社区服务、老人服务的资料，以及社区内服务对象的基本信息，了解服务对象情况（表27）。本次访谈采用小组访谈的形式，邀请3名社区工作人员进行。

表27　访谈情况

性别	年龄	身份	基本情况
女	40	社区居委会主任	长期从事社区基层服务，在C社区工作10年以上
女	27	社区居委会专职副书记	应聘专职，本科毕业，在社区工作2年以上
女	24	社区老人事务服务专员	本科毕业，在社区工作2年

3. 参与式观察法

以社工公开身份参与社区各种活动，在共同生活中对特殊老人进行全面观察，以取得研究所需的第一手资料。

（二）评估结果

1. C社区服务对象基本情况

本项目服务对象为C社区居民，直接服务对象为社区内的高龄、空巢、独居、半自理、低保等特殊老人；间接服务群体包括老人家属、社区内其他老人。我们主要对社区的直接服务对象进行评估。

在需求调研中我们发现，第一，C社区的特殊老人的类别构成多元，具有年龄偏大、女性成员较多的特点；第二，这些老人大多数同配偶或其他家人居住，退休前工作以工人/职工为主，有退休金，兴趣爱好广泛；第三，C社区的特殊老人属于H市的常见类型，虽有退休金，但金额少，经济基础较差，同时其文化程度普遍偏低，退休前工作以工人为主，大部分社会地位偏低；第四，C社区的特殊老人普遍患有老年疾病，部分有心脏病等内脏器官的疾病，整体身体素质一般，部分较差；第五，C社区的特殊老人整体家居环境不良，地处老旧社区，家居环境水平中等偏下；第六，C社区老人由于普遍年龄偏大，以及身体素质等原因，社交意识不强烈，在社会交往方面整体情况不理想。

2. C社区服务对象存在的问题

从上述分析可以发现，C社区特殊老人的问题主要在于：第一，整体身体健康水平低下，大部分老人患病，医疗负担重，在健康管理上存在问题，即自身不懂得如何护理、用药安全等，从而面对突发事件不知如何及时反应；第二，大部分家居环境存在拥挤、杂乱、家居设施不适老化，以及光线不好等现象，家居环境不友好；第三，大部分老人的社交对象较少，只集中于家人与朋友/邻居，且有部分处于孤身一人的状态，因而他们有着社会交往范围不广、社会支持程度不高的问题，尤其是独居、空巢、高龄等老人,可能会存在孤独、失落、自我认可度不高等问题。

3. C社区服务对象的需求

根据上文的分析,C社区的特殊老人目前面临着生理、心理、社会三个层面的问题,因而在“整合性行为健康”的理念与服务模式的指导下,我们认为C社区的特殊老人的需求与回应方式主要集中于以下三点:

第一,从生理层面来说,主要是身体健康水平提升的需求,可以通过健康管理、医疗知识、医药知识的学习进行提升,以便做好日常预防和应对突发事件;

第二,从心理层面来说,主要是精神慰藉的需求,针对高龄、空巢、独居等可能具有孤独感的老人进行干预,提升他们的心理健康水平;

第三,从社会层面来说,主要是环境友好/适老化的需求与社会支持水平提升的需求,针对家居环境不友好的老人家庭,可以适当进行适老化改造,从而改善问题。同时针对社会支持水平不足、支持范围不广的老人可以通过小组活动、社区活动带动他们的社会交往,从而提升其社会支持水平。

三、服务计划

(一)服务理念

在已有的关于老人的服务项目中,较多的项目仍偏向于从生理、心理等单一视角去回应老人的需求,缺乏以全方位、系统性的视角去回应老人在生理、心理、社会层面的多重需求。

从已有服务项目内容来看,生理物质类服务内容主要集中在生活照料、康复训练、物资提供、送餐服务等;心理社会类服务内容主要包括精神慰藉、心理疏导、建立互助体系等方面,并且多针对空巢、独居、失独、残疾等老人。生理物质类与心理社会类的养老服务只有当老人有相关需求且仅有该类需求时才能呈现比较好的效果,但是从老人的现实条件来看,老人的养老需求绝不仅限于一种,因而,最好的养老服务是整合型的。因此,本项目认为,应该进行整合型养老服务,兼顾生理、心理与社会等多个服务内容,全面回应老人的需求。

(二)服务目标

通过改造社区的硬件设施和软件环境来解决社区特殊老人的户内外活动障碍,以实现社区特殊老人生理的健康保健和精神的心理疏导相互协调的整合性行为健康(integrated behavioral health)。具体目标有:

(1)对社区内高龄、独居、空巢、留守、低保等特殊老人居家和社区活动环境的改造,包括增加扶手、防滑垫,简化空间,固定线路等方式,使得居家环境得到改善。

(2)通过建立个人档案、归档探访、组建健康知识学习小组等服务增强社区老人健康意识,提升居家安全用药及基本护理能力。

(3)通过朋辈小组、集体生日会等活动丰富老人日常生活,促进社区老人社会交往和互动,增加同辈支持。

(4)通过项目服务,提升社区环境适老化程度和友好度,提高社会认知。

(三)服务的理论依据

1. 马斯洛需求层次理论

马斯洛需求层次理论认为人的需求是有层次的,从低到高依次划分为生理需求、安全需求、爱和归属感、尊重和自我实现。当一个人的低层次的需求得到满足后,另一层次的需求才会出现。生理的需求、安全的需求和归属与爱的需求在马斯洛看来都属于低一级的需求,需要通过外部条件的改善来满足。C社区的老人们从社会经济地位来看大多属于较低阶层,受教育程度偏低、收入较少,大部分依靠不多的退休金来满足日常生活开支和医疗的花费。同时,C社区老人数量多,老龄化比率高,但破旧的社区基础设施并不能满足老人日常生活和休闲娱乐的需要,老人的生理和安全需求较为迫切。

2. 原居安老理论

原居安老理论认为,老年人乐于待在自己熟悉的环境里,并在当地的社区获得家庭照顾、健康护理及其他专业护理等服务。居家养老对老人来说是一种主流的养老形式,也更有利于老人安度晚年。

同时,人的需求也不是一成不变,是有进化规律的,概括起来有5条需求进化定律:需求理想化、需求动态化、需求协调化、需求集成化、需求专门化。其中,需求动态化指人的需求要适应特定的环境、地点和地区,即特定的人群要适应特定的时间、地点及生活环境。很显然,C社区目前的基础设施、建筑布局、家居功能等都不能满足老人现阶段的需求,因此有必要在原有居住环境的基础上,根据老人现阶段的特征进行一定的适老化改造,以便更好地满足老人居家养老的需求,降低居家养老的风险。

3. 整合性行为健康理论

(1)整合性行为健康

整合性行为健康(integrated behavioral health,IBH)理论是指基于团队的护理模式,即在初级护理环境中,医疗和心理健康提供者进行合作,促进精神疾病的检测、治疗和随访。其指导原则包括但不限于:消除个人的心理健康问题,增加获得服务的机会,整合服务以解决健康问题的社会决定因素,利用循证实践和评估,促进专业间的实践,并参与文化响应社区的交叉需求。整合性行为健康在初级护理中的模型由初级护理系统相互互动而形成,这个初级护理系统由病人、心理咨询员、社区心理健康中心,以及初级护理人员、护理管理者、行为健康临床医师共同组成。总的来说,整合性行为健康即是一种以推动生理、心理和社会整合而外化的、积极的行为健康状态模式。

(2)整合性行为健康项目实践

IBH提供了一个实践框架,有三个主要组成部分。每个部分都需要:第一,能够通过共同管理或协调转介来识别和满足患者的行为健康需求;第二,使用标准化评估措施,循证治疗,患者和家庭要参与策略制定,包括共同决策,并根据需要进行适当的后续和治疗调整;第三,衡量 IBH 的影响,并根据需要进行调整以改善结果。这表明,IBH 的服务理念是运用整合性的思维与管理手段进行的,通过标准的测评工具进行衡量与监控,是一个动态的变化过程。

综上所述,整合性是服务过程中实际干预的理念或视角,提出看待患者的问题应该是整合性的,而非单一化。而从实际操作层面来看,整合性本身就是服务模式,它明确地规定了该模式下在初级保健护理中的模型,即人员组成与功能,能够清晰地指导服务的操作,从整合性的角度回应老人的问题与需求,从而在真正意义上解决问题。

(四)服务框架(图 11)

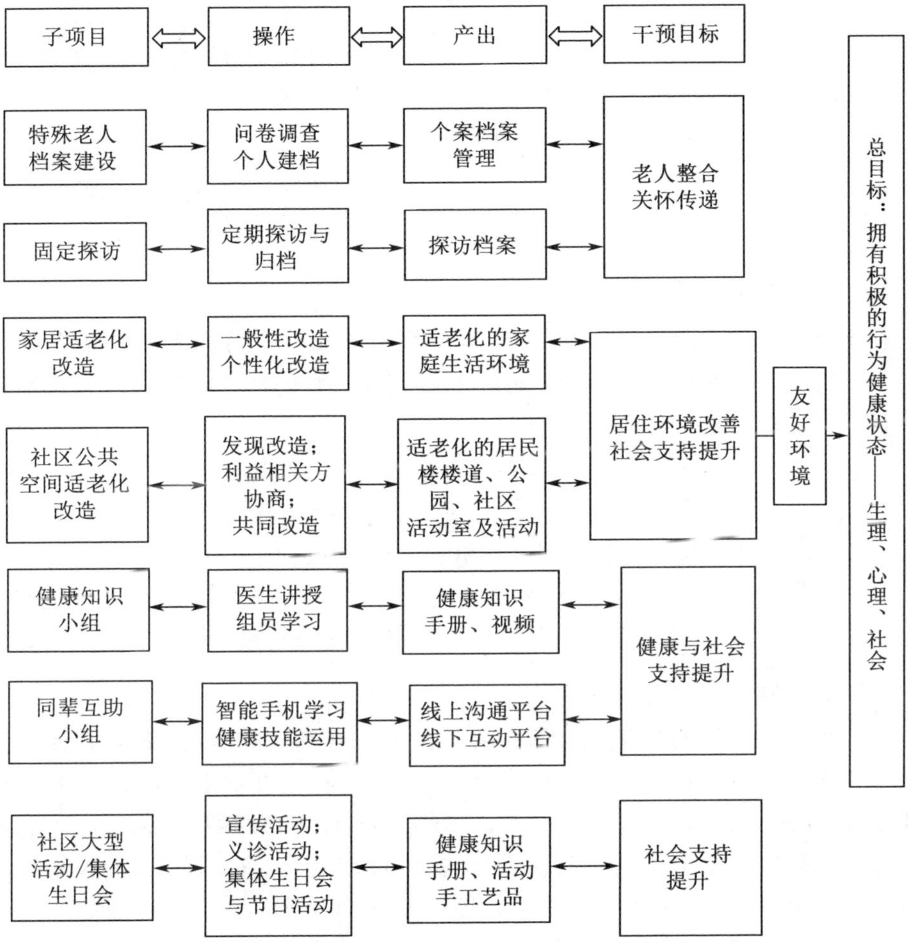

图 11 服务框架

四、服务计划实施过程

项目的实施进度如表28所示。

表28　项目进度表

阶段	时长	工作内容
项目筹备期	1个月	完成项目管理团队的组建和培育；对项目实施理念达成共识；与街道、居委会等建立联系。
需求评估期	2个月	确立需求评估的方法，进行评估；工作计划制订；小组分工，工作进度方案制订、入户调查。
项目工作期	8个月	开展特殊老人管理档案建设、固定探访、健康知识小组、同辈互助小组、家居适老化改造、社区公共空间适老化改造、社区大型活动、集体生日会、志愿者链接等服务。
项目结束期	1个月	资料整理及存档，工作总结，总结服务效果，完成项目结项报告。

（一）老人档案建设

在本项目落地之前，C社区没有老人档案管理。建立特殊老人档案有利于了解老年人行为健康水平，提供明确具体的服务方向，和向社区内的老人有效地宣传本项目。具体内容如下：

- 老人档案建设
  - 构建档案表
  - 入户建档（项目启动初期完成）
  - 不定期建档（晚于入户建档时间）
  - 档案管理
  - 宣传项目内容（建档过程中）

1. 设计特殊老人档案表

基于项目启动初期需要大范围了解社区内特殊老人的情况，因此设计一份通用的建档表有其重要意义。结合现有文献资料的梳理，发现老人所面临的问题主要集中在：生理上的功能、疾病性问题；心理上的精神慰藉问题；社会层面的互动交往问题等。团队基于上述内容编制了“C社区特殊老人建档表”，旨在收集社区内特殊老人的基本信息、家庭情况（家居环境）、生理情况、心理与社会情况四个部分，以便评估C社区老人的行为健康水平。具体内容包括以下五方面：

（1）老人基本情况：包括特殊老人类别、性别、年龄、婚姻、工作状态等；

（2）家庭情况：包括居住情况、与子女交往情况、家居情况等；

(3)心理与社会情况:包括与朋友、邻居等社会交往和社会支持情况;

(4)身体情况:自理情况、患病情况等;

(5)社工预估:社工对调查对象基本情况和需求进行初步判断,发现需要特别关注的要点。

2.建立特殊老人档案

在档案表构建完成后,团队在社区居委会工作人员的带领下进行入户建档工作。在入户建档过程中,首先需要识别被访者是否属于特殊老人类别,然后对属于特殊老人的人员进行建档。建档方法主要分为以下三种:

(1)以半结构式访谈为主

建档表内的基本信息、家庭情况(除家居情况外)、心理与社会交往、生理功能等均通过社工与老人聊天交流来获取,并予以快速记录。

(2)以观察为辅

建档表内的家居情况、生理情况可通过观察完成。在家居情况方面,社工通过观察老人的客厅、卧室、厨房、厕所等,去发现房间内的物品家具陈设、拥挤程度、光线光源情况、地板防滑度、安全设施(扶手、药箱等)、楼梯高矮等情况对特殊老人的友好程度,判断其家居适老化水平。在生理情况方面,除了通过访谈获得信息,社工也通过观察去发现老人在行走、弯腰或向上取物等方面的便利程度,以此补充老人对自身身体情况的描述。

(3)社工总结与评估

依据上述两种方法,为期一个月的建档服务总共建立档案70份,为后续服务提供了大量样本基础。在对老人的整体情况有详细了解后,社工依据专业知识与项目内容对其进行总结与评估,并给出专业性服务建议。

3.不定期建档

由于在建档过程中,会遇到被访者不在家的情况,因而建档服务一直随着项目服务的推进存在。在服务过程中,要为尚未建档的特殊老人建立档案。本项目在推进过程中共建档15份,扩大了项目服务群体。

4.特殊老人档案管理

社区尚未有专门的档案系统对老人档案数据进行管理,因此,项目采用机构保管的形式进行档案管理。在服务推进过程中产生的服务档案,如固定探访档案、家居改造服务档案、小组档案等,将一并与其建档表归入档案,形成一人一档案的完整服务资料。

5.宣传项目服务内容

服务人员第一次进入社区,在社区工作人员的带领下入户的同时,有必要向老人宣传和讲解项目的服务内容,让其接纳项目。社工带着制作的项目宣传折页、机构折页与工作人员一起入户,详细地向老人们介绍服务内容。

(二)固定探访

固定探访是为了定期了解特殊老人生活状况、拉近社工与老人关系、传达社工人文关怀的一种陪伴方式。社区内的特殊老人普遍交友范围小,尤其是高龄、行动不便的特殊老人,久居家中不常有朋友来往,来自社工的陪伴就显得尤为重要。

- 固定探访
  - 物资选取
  - 探访过程:筛选、预约、入户、归档

1. 初次探访物资选取

固定探访是一种陪伴老人的关怀方式。中国社会是一个充满人情味儿的地方,在初次探访中为老人带去一样适宜的探访礼物会显得较为亲切,更易拉近彼此的关系。初次探访礼物的选择上不宜费用过高,一般以毛巾、纸巾、香/肥皂等生活类的物品为主。

2. 探访过程

在本项目中,探访过程主要包括以下步骤:

(1)探访名单筛选:筛选出年龄偏高、行动不便的老人,因为此类老人相较于其他低龄且行动方便的老人来说,他们更需要入户探访,获得服务。

(2)电话预约:社工在确定名单后,通过电话的方式与老人预约探访服务,确定合适的探访时间,并予以记录备案。

(3)入户探访:社工们提前准备好探访记录表并前往老人家中,通常两位社工一起入户探访,以确保自身安全。在入户探访的过程中,社工们与老人以聊天的方法了解其最近的生活状况,并从中观察发现服务需求,并进行详细记录。

(4)探访资料归档:社工在入户过后,整理当天探访的材料,并录入电子探访表中,以便后续筛查。

本项目在整个服务过程中,共计探访50余次。通过这一系列的固定探访,老人们对项目、对社工信任感增强,有的老人还表示希望社工们能常常去他们家里玩。

(三)居住环境适老化改造

- 居住环境适老化改造
  - 居住环境改造背景
  - 社会工作介入改造空间
  - 家居环境改造过程
  - 社区公共空间改造过程

1. 居住环境改造背景

在本项目中,居住环境主要包括家居环境与社区公共空间环境。根据社区工作人员的表述,C社区建于1990—2003年,居民楼已有20余年的历史,建筑设施比较陈旧,且很多地方并不符合生活和居住要求,是比较破旧的老城区。在此居住的老人们大多数是原住居民,见证了居民楼由新至旧的过程。同时,建档表数据也显示,老人的房间中大多数存在光线暗、屋内设施摆放拥挤与杂乱、夜间照明不方便、安全设施缺乏等问题。而老人随着年龄的增长,身体机能退化严重,抵御风险的能力下降,易遭受风险。因此,这样的居住条件无法为老人提供一个安全、舒适的生活环境,使其不能达到积极的行为健康状态,而进行居住环境适老化改造有助于提升老人居住环境友好程度,为其行为健康保驾护航。

2. 居住环境可改造之处

(1)从家居环境来说,家庭空间主要分为入户门厅、卧室、客厅、厨房、卫生间、阳台六个部分。它们的功能分别对应着人的日常需求,具有重要意义。除六大空间功能外,有些老人需要一些家庭小物件来满足其特殊需求。因此,根据这六部分与家庭小物件,可以改造的地方有16处,如表29所示。

表29　家居环境可改造参考表

家居改造	功能	需求	可改造之处
入户门厅	1. 进出室内通道 2. 换鞋、更衣	1. 顺利进出门 2. 安全换鞋、更衣	1. 入户门槛 2. 换鞋座椅的高度
卧室	1. 睡眠的空间 2. 休息的空间	1. 舒适的睡眠环境 2. 夜间照明	1. 安装小夜灯 2. 采用大按键开关
客厅	1. 家庭会客 2. 看电视、听音乐 3. 家人聚谈	1. 良好的光线 2. 合适高度的桌椅 3. 平滑的家具棱角	1. 线路改造 2. 家具棱角防撞设计 3. 盆栽、绿植
厨房	1. 做饭 2. 储备食品 3. 放置餐具	1. 安全使用厨房各种工具、电器 2. 均衡膳食搭配	1. 张贴安全标志 2. 配备合理膳食搭配表 3. 合理规划厨房空间
卫生间	1. 洗漱 2. 排便 3. 沐浴	1. 合适高度的洗漱台、马桶 2. 地面防滑	1. 安装防滑垫 2. 安装马桶扶手
阳台	1. 清洗、晾晒衣物 2. 堆放杂物	1. 方便晾晒衣物 2. 合理利用阳台空间	晾衣架的升降方式
家庭小物件	老人特殊需求	1. 夜间照明 2. 居家常用药 3. 观察小物件	1. 配备小夜灯 2. 居家药箱 3. 放大镜

(2)从社区公共空间环境来说,社区公共空间主要包括人行道、公共绿地、安全标志、公共服务设施四个部分。它们分别满足了人在公共空间中的健康出行与社会交往等需求。因此,根据它们的功能与人的需求对应,在公共空间改造中可以改造的有11处,如表30所示。

表30　社区公共空间可改造参考表

社区环境改造	功能	需求	可改造之处
人行道	通行带	1. 行走安全 2. 路面平坦 3. 方便出行	1. 平整、防滑 2. 坡面改造 3. 无障碍通道
公共绿地	1. 美化 2. 卫生 3. 防护	1. 干净整洁 2. 朋友聚谈空间 3. 合理规划	1. 安装休息座椅 2. 安装扶手 3. 规划种植园
安全标志	提醒、警示	安全提示	张贴安全标志(出入口、车位、厕所、公共楼梯等)
公共服务设施	1. 休闲、娱乐 2. 服务居民	1. 安全 2. 方便	1. 轮椅坡道 2. 低位服务台 3. 无障碍休息区、卫生间 4. 社区内室内功能性开放场所:如居民图书馆、放映室、活动室等

3."科学加减·从家居开始"之家居环境改造过程

由于老人的家居情况有其特殊性与一般性,因而根据表29,家居改造适老化服务分为一般性服务与个性化服务。具体服务内容如下:

家居改造
- 家居环境评估
- 制订改造方案(一般性、个性化)
- 签订服务协议
- 实施改造方案
- 档案归档与定期反馈

(1)家居环境适老化改造评估

①评估工具

家居环境适老化改造的第一步是评估老人的家居环境。根据表29,我们设计了老人自评与社工评估相结合的评估表(表31),以此评估可改造的地方。

表 31　家居适老化改造评估表

家居改造项目	入户门厅	客厅	厨房	卧室	卫生间	家庭小物件
服务对象自评	□门槛	□手扶架 □棱角防撞	□膳食搭配表 □安全标志	□小夜灯 □墙纸	□防滑垫 □马桶扶手 □马桶助力架	□放大镜 □居家药箱 □“痒痒挠”
社工评估	□门槛	□手扶架 □棱角防撞	□膳食搭配表 □安全标志	□小夜灯 □墙纸	□防滑垫 □马桶扶手 □马桶助力架	□放大镜 □居家药箱 □“痒痒挠”
备注						

②评估方法与过程：观察法、访谈法、服务对象自评法

评估家居环境改造的内容主要有三种：一是社工观察屋内的各项设施、陈设等，并将评估结果体现在评估表中；二是通过多与老人进行交谈，循序渐进地在谈话内容中去发现他们提及却又不自知或明确提及的需求，并将其记录下来；三是社工需要请老人们为自己的家居环境进行评估，当改造内容未在表中的，可以在备注中进行填写。

(2)为老人制订改造方案

通过与老人及其家属进行方案协商，制订改造方案并记录在评估表中。

①一般性共性服务

根据老人的身体情况，设计了以下改造项目为一般性共性服务，即所有的参与居家改造的老人均可享受的服务，包括居家药箱、防滑垫、小夜灯。

居家药箱。居家药箱具备分类储存药物、防止药物受潮、防止儿童误食、防止药物随意存放而发生忘食或药物过期等功能。当老人年龄越大，老年人患病概率和风险提高，居家药箱对于老人来说，是必不可少的。而在项目前期的入户走访中，发现C社区几乎没有老人备用药箱，但是需要经常吃药、吃大量药物的老人却很多。因此，居家药箱成为一般性服务内容之一，旨在提升用药安全度，为健康保驾护航。

防滑垫。防滑垫主要放在厕所与厨房使用，防止老人在此滑倒。厨房与厕所是用水的重要区域，承担着生活的重要功能。这两块地方也是家庭中不可不接触的地方，因此，提升厨房和厕所的安全性有着非常重要的意义。现在社区老人厨房与厕所内所铺设的瓷砖虽然具有一定的防滑性，但是在积水的情况下安全性便不能保证了，因此，防滑垫是非常有必要为老人提供的。

小夜灯。小夜灯主要放在卧室使用，方便老人起夜。在我们前期的走访过程中发现，老人家里的照明开关通常放在进门处，而床是不靠近进门口的，因此在起夜过程中，老人很容易因为光线不足而产生磕碰、摔倒等情况。为避免这一情况发生，打造安全的居家环境，小夜灯也成为参与家居改造的必改选项。

②个性化服务

个性化服务，顾名思义是为单个老人量身定制的改造工程，是共性内容外为其改造的其他服务内容，包括但不限于评估表（表31）中的内容。每个老人的情况不一样，如果想真正做到家居环境适老化，个性化服务非常必要。

(3)签订服务协议

家居环境的改造牵涉机构、社工、老人、老人的家人等多个群体，因此需要签订一份有效的服务协议来保障服务的顺利进行。服务协议签订时间一般不宜过早，评估前签订协议易产生变化从而可能终止，在需要评估结束并与其协商确认好方案后签订方能顺利。

服务协议主要包括四个部分：特殊老人家居改造服务知情同意书、特殊老人家居改造服务评估表、特殊老人服务对象受益确认书（资助方要求）、服务意见反馈表。上述文件中，前两者需在改造前签字确认，后两者需在改造完成后签字确认。

(4)实施改造方案

①购买改造物资。社工将改造的物资列成清单后，前往家居材料城购买（或在网上商城购买）。在选择物品的同时，社工们对各个商铺的物品进行了性价比对比，从而挑选出最合适的物资。有部分商品在家居材料城中不能购买，社工们便去网上商城为其挑选。

②提前两天与服务对象预约入户改造时间。在预约过程中，考虑到机构项目安排与商家安装时间，社工们通常会提议某个时间安装，再与老人协商，直至协商完成。

③如期入户为其提供改造服务。在约定时间内，社工带着物资前往老人的家中，将药箱、防滑垫、小夜灯等送给老人，并教会老人如何使用。而需要安装的部分，如扶手、护栏，社工们则与老人一起协助安装师傅完成，以便让老人对安装过程放心。全部改造完毕后，社工告知老人使用的注意事项，并请老人的家属定期检查安装的扶手、护栏等物品的稳固性，确保老人安全。

④服务对象填写意见反馈表并签字确认，改造完成。

(5)档案归档与定期反馈

社工将老人的改造档案整理好放入机构中存档管理，并做好老人服务记录，以便后续服务反馈时能快速查找。而后定期与老人沟通，了解使用后的体验感，以便掌握物品的安全性、改造内容的适宜性等。

(6)服务效果与反馈

通过本项目提供的改造服务,C 社区内共有 40 户受益。项目共计为社区老年人提供了 40 个药箱、30 个防滑垫、30 个小夜灯、10 份膳食搭配表、10 个防撞棱角条、4 根安全扶手、2 套安全护栏、1 户墙壁防污壁纸、1 个吸管水杯。

根据服务对象意见反馈表的结果,我们发现,受益的老人对本项目的家居改造服务感到非常满意,他们认为,项目为其提供了许多生活便利,解决了困扰很久的烦恼。家居改造服务的提供,使其家居环境变得更加友好,改善了老人在生理上的不便与心理上的消极情绪,使其能更放心地融入社会进行交往,提升了他们的社会支持水平。

案例 1,毕大爷,80 岁,瘫痪在家,与老伴儿一起居住。

毕大爷是一位已经瘫痪在床多年的老人,已经丧失自理能力及部分思维能力、言语能力。毕大爷家住二楼,常年卧床,由老伴儿照顾,已经很久没有出过家门。为了防止毕大爷从床上摔下这类意外的发生,毕大爷的老伴儿将一根 15 cm 宽的木条挡在床边,并用板凳挡住木条。据其老伴儿回忆说:“这样的日子过了很久,偶尔木条滑下来了还会打到自己,感觉挺不安全的,一直挺羡慕医院的病床上有护栏,不知道哪里可以买到。”听闻这一信息后,我们便答应立即为其寻找。同时,社工观察到毕大爷喝水时使用的是一次性可吸式矿泉水瓶,长期重复使用会滋生细菌,不利于身体健康。当大娘听到我们可以提供吸管水杯的时候,显得很惊喜,感受到了社工的细心与量身定制的心意。协商好护栏改造内容后,我们便与老人签订了服务协议,并在找齐物资后为其安装好。看到既能升起又能缩降的护栏安装在床上,毕大爷的老伴儿感叹道:“我真的非常开心,终于解决了困扰了好久的事,真是感谢你们啊,上次和我女儿说了之后,她说想写封感谢信感谢你们对她父亲的关心!”对这样的评价,我们也感觉备受肯定。

4. 社区公共空间改造过程

对于 C 社区这一老旧社区来讲,社区公共空间适老化改造显得尤为重要,其能为老人提供一个安全出行与聚集的环境,推动老人参与社会交往,融入社区公共生活,对于提升老人的社会支持是非常有益的。但是社区公共空间的改造不是社工一方的力量可以完成的,需要社区居委会、社区居民,以及社区物业公司等多方主体的参与、协助。因此,我们首先需要收集社区居民意见,评估改造的可行性,然后在征得社区居委会和物业公司同意的基础上发动社区居民参与进来,由居民主导完成,才能将社区公共空间改造成社区居民的理想乐园。

具体内容与过程包括以下几个方面,如图 12 所示。

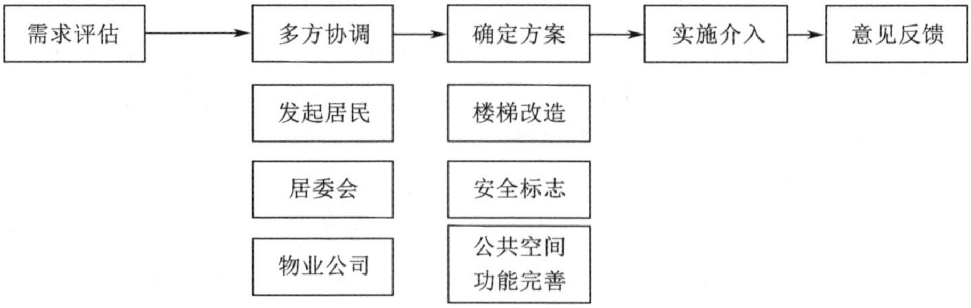

图12　社区公共空间改造过程

(1)需求评估

在前期家居改造和固定探访过程中,社工就注重收集居民对社区公共空间方面的需求,并进行汇总整理。居民反映比较集中的包括:社区内不少楼道比较破旧,上下楼梯比较费劲,且容易出现意外;社区内一些出行通道、公园缺乏相应的安全标志提示牌,居民出行存在安全风险。同时,随着C社区居委会新的办公室投入使用,街道办事处和社区居委会希望能够充分利用已落成的社区公共空间,希望社工提供专业建议。

(2)多方协调

实施介入前需要多方协调并获得同意。首先,社工与社区居委会取得联系,将需要改造的位置、情况等信息进行说明,希望获得社区居委会的认可。其次,社工与发起居民一同前往物业公司进行情况说明和协调,获得同意。再次,社工将改造通知书张贴在该单元门前公示三天,一是告知,提醒本单元社区居民,解答他们的疑问等,二是希望本单元的居民能够参与,一起完成。即使是一个小小的楼梯改造仍需要多方协调,征得同意,这主要是由于社区公共空间涉及多个利益主体,作为社区外部的社工服务项目要充分尊重本社区的实际情况。

(3)确定方案

在充分考虑目前社区公共空间改造需求以及项目资源的情况下,社区公共空间适老化改造确定为三个方面:第一,居民楼道楼梯改造。以杨阿姨家所在楼道改造为示范,号召其他楼道的居民能够关注自己所在楼道并采取行动;第二,社区安全隐患处安全标志改造。在社区重要出行通道、楼道、公园等位置张贴安全提示;第三,社区室内公共空间功能开放。完善社区公共空间功能布局,争取建成社区公共活动室。

(4)实施介入

①楼道楼梯改造

首先,购买施工材料并确定改造时间。社工们去市场购买了水泥、黄沙、铁锹、抹子等物品后,并挑选了天气适宜施工的一天,同时与杨阿姨提前沟通好。

接下来,社工与居民一起施工。社工到达之后,杨阿姨和她的老伴儿已经准备好了砖头和水桶等,两位老人也张罗着要给社工帮忙。社工们先清理了台阶周围的灰尘垃圾,然后开始混合水泥和黄沙。后来单元楼里有两位叔叔闻讯下来帮忙,这两位叔叔曾有过做建筑活儿的经验,在他们的帮助下施工进度加快了很多。两位叔叔打趣道:“没想到现在的孩子还有会干瓦匠活儿的”,还向社工们传授了瓦匠活儿的技巧,在欢乐的氛围中,社工们和几位叔叔阿姨一起合作完成了这次的改造。社工和居民都对最后成果很满意,杨阿姨表示:“这样就舒服多了,再也不用费劲地上台阶,我们单元的台阶成了整栋最大气的了。”

最后,由居民进行台阶养护。社工离开后,新建的台阶在晾干的过程中需要浇水防止干裂,这项工作是由本栋楼的居民完成的。

总的来说,社区公共空间改造是由社区居民提出、社工组织、居民和社工一同动手完成的。通过本项目提供的机会,单元楼里的居民们得以共同行动,完成单元出行便利化的工作,这体现了社工注重服务对象自身资源发掘、组织居民共同行动、助人自助的价值追求。与此同时,与居民共同完成、解决一件与他们切身利益相关的“心事”,也为获取居民信任、扩展项目知名度和影响力提供莫大的助力,有利于后续项目服务的开展。

②社区居委会室内功能性开放场所适老化改造

首先与C社区居委会进行协商。居委会新场地共三层楼,一楼是社区办公用地,二楼与三楼分别是各功能室用地。社工提议将社区居委会一个房间用作社区活动室。考虑到老人上下楼不便,社工向居委会提议将二楼楼梯口的房间改造为社区活动室,并允许由本项目组进行活动室管理。

在取得居委会同意后,社工用以往活动的照片、宣传活动时居民绘制的彩色灯笼将活动室布置得很温馨,让居民感受到社工在C社区与他们相处过的点滴。同时,在活动室里还悬挂了本项目的宣传横幅,让更多人知晓本项目。

新建成的社区公共活动室在项目执行期发挥了重要的功能。它主要被用作社工为居民开设小组、进行手工学习、举办日常活动等。在本项目开展期间,在社区活动室开展过10次小组活动,举办过一次手工学习活动,组织过两次生日会。社区活动室的改造,为居民提供了除室外公园外的另一聚集场所,让他们在秋冬到来后,能有一个温暖的地方可以畅谈生活,便于交流,提升社会支持水平,让生活变得愉悦起来。

③安全隐患处标语改造

首先,与社区居委会、物业公司协商,并在活动中征求了社区居民的意见,制作了“注意上下楼梯”“雪天路滑”等警示标志。

其次,张贴标志。社工与居民在社区公园、上下楼梯通道、车库等位置张贴安全标志15份,提高了社区隐患处的安全程度及居民出行安全保障性。

(四)小组服务

在老人建档表的数据分析中,我们还发现,老人们身体情况一般,患病者居多,这反映出他们需要健康服务的支持,以便更好地修养身心;其次是社会交往不多也不频繁。基于此,本项目的小组活动主要分为两个部分,一是开设健康知识小组,提升老人的健康知识水平,增强其健康管理意识;二是在健康知识小组的基础上开设同辈互助小组,促成同辈群体的构建,达成同辈互助的网络。由于要达成同辈互助网络,需要一系列的过程,因此,本项目希望依托家居改造、社区公共空间改造、健康知识小组等慢慢推动同辈群体的构建。

1. 小组成员的招募

小组成员的招募是在建档表的基础上,通过在固定探访中向其介绍项目服务内容,吸引老人报名。共招募组员 10 人。

2. 小组成员的心理(孤独感)前测

针对已经报名的老人,我们进行了孤独感测量。孤独感测量旨在发现老人在社交少的情况下,是否会产生孤独感,并以此检验同辈群体的构建是否能减轻孤独感。本项目采用的是《UCLA 孤独量表》,其首版于 1978 年,由 Russell 等人编制,于 1980 年和 1988 年进行了两次修订,分别为第二版和第三版。该量表为自评量表,主要评价社会交往渴望与实际水平差距而产生的孤独感。全量表共有 20 个条目,每个条目有 4 级频度评分:4 = 一直有此感觉:3 = 有时有此感觉;2 = 很少有此感觉;1 = 从未有此感觉。其中有 9 个条目反序记分,分数越高,表示孤独程度越高。为了排除相关影响因素,本次测量在本项目所有服务内容开展前进行,主要是针对报名的小组成员进行测量。共需测量 10 位,实际测量 10 位。

3. 健康知识小组

健康知识小组是为了提升老人在某些方面的健康知识水平,增强健康管理意识与防范意识,因此,社工希望由老人来决定学习哪些知识,然后社工去邀请医生或老师来进行讲解,以便充分发挥老人的主观能动性,达到开设小组的目的。

(1)健康知识小组性质

半开放式的互动小组。

(2)小组目标

①总目标:提升老人的健康知识水平,增强其健康管理意识。

②具体目标:明白两种及以上疾病的产生、症状、控制等;至少学会一种控制/预防疾病的实用小技能。

(3)小组对象

小组共有 10 位成员,均来自 C 社区。其中女性居多,他们均是高龄、独居、空巢等特殊老人。在身体方面,一是老人们以血压病为主,高血压者居多,少量老人有低血压症状;二是以颈椎、腰椎等关节性病痛为主。

(4)活动时间

2018 年 9 月—2018 年 11 月。

(5)小组活动过程(表 32)

表 32　健康知识小组活动过程

活动节数	地点	活动目标	具体内容
第一次	C 社区居委会	破冰、建立关系,确定具体健康知识内容	通过"击鼓传花"的互动游戏让老人介绍自己,使组员相互认识,建立其一定的关系;通过组内分享自己的身体疾病,梳理小组成员所患最多的疾病有哪些,并以此确定小组活动内容、活动时间,以及小组规范
第二次	C 社区居委会	学习高血压知识,增进健康知识的同时促进组员间的了解	通过"手指操"进行简单热身后,由心内科的医生为组员讲解高血压的由来、症状,以及预防与控制,让组员能更好地控制自己的血压,同时组员间进行经验分享,促进彼此互动,增进了解
第三次	C 社区居委会	学习颈椎按摩,增强身体保健意识,加强组员间的沟通	通过"手指操"进行简单热身后,由医生讲解颈椎疾病的相关知识,了解基本原理后,学习颈椎按摩,以便组员在家中也能为自己或家人进行简单按摩,增强其身体保健意识。同时,相互的按摩学习过程加强了组员的沟通
第四次	C 社区居委会	学习腰椎按摩,增强身体保健意识,巩固组员之间的联系	通过"手指操"进行简单热身后,由医生为组员讲解腰椎的相关知识,并教授大家腰椎按摩的方法。组员在学习的过程中,既可以增强自身的保健意识,又可以推动组员之间的互动,巩固彼此的关系
第五次	C 社区居委会	处理离别情绪,分享经验与体会	总结回顾小组活动的开展情况,组员分享在小组过程中的体会与经验,并提出对本小组的想法及建议,由社工进行评估与反馈,合影留念

(6)小组成效及反馈

老年人普遍患有高血压,同时伴有颈椎、腰椎、关节疼痛的疾病,而健康知识学习小组主要针对高血压知识以及中医推拿知识展开,符合老人的需求。通过小组的学习形式,使老人既从专业医生处学到了健康知识,又能够与其他老人交流健康方面的经验和感受。

4. 同辈互助小组

同辈互助小组基于项目的其他服务内容，旨在为老人提供一个搭建互助网络的活动空间，提供一个相互了解、充分互动的平台，让他们在此平台上建立友谊、信任、互助的良好社会关系。老人们在之前健康小组、家居改造等活动的推动中，有机会与有兴趣和同龄的老人有了更多的往来。

（1）小组性质

半开放式的互动小组。

（2）小组目标

①总目标：促成同辈群体构建，达成同辈互助网络。

②具体目标：搭建同辈群体线上沟通平台；增加同辈群体线下沟通的机会。

（3）小组对象

互助小组成员与健康知识小组成员基本一致。小组共有 10 位成员，其中女性老人居多，他们均来自 C 社区，为高龄、独居、空巢等特殊老人。在心理与社会交往方面，他们经常因为自身的生理、家庭原因，很少与自己的同龄人往来，朋友很少；同时，由于不熟悉智能手机的使用，因而他们处于线下互动少、远程沟通零的局面，孤独感较强。

（4）活动时间

2018 年 9 月—2018 年 11 月。

（5）小组活动过程（表 33）

表 33　同辈互助小组活动过程

活动节数	地点	活动目标	具体内容
第一次	C 社区居委会	破冰、建立关系，确定活动内容	简单的热身活动后，社工向组员讲解健康知识小组与同辈互助小组之间的关系与安排，获得组员的认可后，了解组员对本小组的期待与希望获得的内容，并以此确定小组活动内容、活动时间，以及小组规范
第二次	C 社区居委会	学习智能手机的基本知识，为搭建线上沟通平台做准备，增进组内的“线下沟通”	简单的热身活动后，社工带领组员学习智能手机的基本知识——接听电话、查看未接与回拨电话、存储号码、数据流量与 WI-FI 的连接等，指导老人如何使用上述功能，鼓励组员间相互帮助，增进组员的沟通

表 33(续)

活动节数	地点	活动目标	具体内容
第三次	C 社区居委会	学习智能手机的社交功能,搭建线上沟通平台,促进组内的线下沟通	回顾存储手机号的功能,鼓励组员之间相互存手机号。带领组员安装微信 APP,注册微信账号,然后为组员建立微信交流群,教授大家如何使用语音聊天、视频聊天等,为大家搭建好"线上沟通平台",推动大家在组内"线下沟通"外,经常能利用"线上沟通"增强互动,巩固互助关系
第四次	C 社区居委会	回顾健康知识小组的实用技能,增进组员间"线下互动"	回顾健康知识小组在前两节的内容,简单回忆后让组员能相互按摩,用按摩促进组员的互动,巩固组员间的感情
第五次	C 社区居委会	处理离别情绪,分享经验与体会	总结回顾小组活动的开展情况,组员分享在小组过程中的体会与经验,并提出对本小组的想法及建议,由社工进行评估与反馈,合影留念

(6)服务成效及反馈

项目组根据社区老人的实际情况以及类似项目的经验,设计了热身活动、智能手机的使用学习,以及推拿技巧的学习和练习 3 项小组内容,其中智能手机的使用学习和推拿技巧的学习受到组员们的一致好评。通过智能手机的学习得以搭建微信交流平台,线上交流一些关于健康护理、日常生活的信息,扩展了老人们的社交范围和空间,达到了相互陪伴、相互支持的目的。

(五)社区大型活动与老人集体生日会

根据居委会反馈,C 社区由于经费有限,社区内开展的集体活动很少,一般是开展政策性的讲座活动。同时,项目刚进社区之初,社区内的居民对于社工尚不熟悉,因而社工在开展各项工作时均有一定的阻碍。因此,我们决定开展系列大型活动与老人集体生日会,其目的一是为了丰富社区内居民,尤其是老人的日常生活,营造友爱、和谐的良好社区氛围;二是为了拉近社工、社区、居民的距离,将本项目的内容传递到居民心中;三是持续宣传本项目,吸引更多的老人参与进来。

在开展此方面的服务时,主要按照时间与熟悉程度进行推进,首先是开展社区游园会,利用轻松的游戏打破社工与居民之间的隔阂;其次是开展健康义诊活动,惠及社区居民,获得居民信任;同时利用中秋节、重阳节开展手工体验、文艺演出暨集体生日会活动来提升社区参与程度,丰富日常生活,增进社工、社区、居民三者的关系。

1. 项目进社区之大型宣传活动——C 社区游园会

(1)活动背景

C 社区特殊老人服务已启动两月有余,一方面,部分老人及家庭在社工入户过程中知晓了本项目,但是,部分社区居民尚未知晓;另一方面,在入户探访中,社工与老人及其家庭尚未建立稳定的信任关系,需要进行社区宣传。

(2)活动目标

让社区居民熟悉与了解项目,增加对社工及社工服务的认知。

(3)活动对象

C 社区全体居民。

(4)活动时间/地点

2018 年 5 月 30 日,C 社区公园。

(5)活动流程(表 34)

表 34　C 社区游园会活动流程

阶段	活动具体安排	所需物资
活动前准备工作	1. 悬挂横幅; 2. 准备桌子、展架、海报、游戏摊位等物资	1. 宣传类物资:横幅、海报、展架(机构、项目)、宣传单页(机构、项目)、音响。 2. 游戏摊位物资:各个游戏道具、规则说明。 3. 辅助工具:桌子、椅子、胶带、剪刀、丝带、绳子。 4. 奖品区物资:奖品(须分类)、兑奖券、印章、奖品领取表。 5. 其他物资:矿泉水
活动中	1. 宣传区摊位:主要负责向居民发放游戏宣传单和奖券	宣传单页、展架
	2. 掷圈 在 5×5 的物品矩阵里分别摆放小物件,每人共有 1 次掷圈机会,掷中物品者视为闯关成功,物品归其所有,未中者则视为完成关卡	价值 2 元的小物件 25 个(备用 25 个);套圈 5 个

表 34(续)

阶段	活动具体安排	所需物资
活动中	3. 乒乓任你行 在桌子上摆放 5 只碗,碗里盛放适量清水,由参加活动的居民将一个乒乓球从第一只碗开始向最后一个碗中吹,中途不能使乒乓球从碗中掉出。每人只有 1 次机会,能将乒乓球吹至最后一个碗内者闯关成功	5 只碗; 清水适量; 2 个乒乓球
	4. 保龄球大作战 在一定的距离内用球将所有的瓶子推倒即可闯关成功,每人 2 次机会	球 1 个; 易拉罐 10 个
	5. 投壶 每人共有 2 次投壶机会,投中 1 次即视为闯关成功	投壶套装 1 个
	6. 夹弹珠 每人 1 次机会,需要将盒子里的 10 颗弹珠夹至旁边距离 20 厘米远的盒子中,夹完即可通过,其间有 2 次掉珠重夹的机会	弹珠 20 个; 筷子 2 双; 盒子 4 个
	7. 灯笼涂鸦 作画、写字等随意发挥	小彩灯笼 30 个; 彩笔 3 盒
	8. 兑奖区,根据通关数可到相应的抽奖区进行抽奖 注意事项: (1)1 和 6 不计入通关数量 (2)2/3/4/5 游戏关卡不分先后顺序,居民想获得抽奖和掷圈机会必须至少闯 2 次关卡(不含通关数)。 (3)每个关卡闯关次数最多 2 轮。 (4)奖品发完后即可停止本次活动,若还有想参与活动的居民,仍可以参与但不给予奖励	价值 300 元奖品一套
活动结束	收拾场地,整理、清点活动物资,打扫场地,归还借物,退场	

作为C社区特殊老人服务项目的第一次大型活动，本次活动的主要目标是让社区居民熟知项目，提升项目在社区的知晓度，同时拉近社工与居民的关系。从活动现场来看，活动参与人数比预期要多，效果比预期要好：第一，通过社工与老人的交谈，很多老人知道项目是由哈尔滨市民政局资助，是为社区内高龄、独居、半自理等特殊老人服务的，涉及他们的家居改造、社会交往等，纷纷表示项目对老人很好，愿意支持。通过与老人建立信任的关系，为项目在老人中的口口宣传打下了基础。第二，尽管现场的部分居民并非项目服务对象，但是活动中，这些居民知道了社工，了解了项目，以此提升了项目在社区中的知晓度。同时，社工也邀请居民们向身边符合条件的老人宣传介绍项目服务，并告知社工。项目组相信，居民的口碑是项目宣传进社区最基本也是最实用的途径，通过本次宣传活动，项目已经在居民心中有了一席之地，为后续进入社区提供服务做了较好的铺垫。

2.“情暖夕阳 · 老人集体生日会”活动

(1)活动背景

近年来，我国的老龄化越来越严重，老年人的晚年生活成为社会关注的焦点。老人这一群体因其特殊性，可能出现孤独情绪，影响其晚年生活质量。社会支持理论认为，透过接触所构成的关系网，个人可以获得情绪支持、物质援助、服务、讯息、新的社会接触等。老人普遍存在社会支持不足的现象，通过开展集体生日会，可以给他们提供参与社区活动的渠道和社会交往的平台，使社区内的老人结识更多的朋友，也会让老人感到被尊重和被重视，增加社区归属感，改善老人社会支持的现状，减轻其负面情绪的影响，降低其孤独感。

(2)活动目标

丰富社区老人日常生活，增加社区老人间熟悉程度，改善老人社会支持现状。

(3)活动对象

C社区特殊老人及其家属。

(4)活动地点

C社区居委会二楼活动室。

基于上述背景和目标，项目组决定在中秋与重阳佳节开展老人集体生日会暨庆祝佳节活动。

(5)第一次集体生日会暨庆中秋节手工体验活动

①活动时间：2018年9月21日14:00—15:30。

②活动流程（表35）。

表 35　第一次集体生日会暨庆中秋节手工体验活动流程

时间	具体安排	所需物资
13:00—13:40	布置活动场地、整理活动物资	横幅、灯笼、包装盒、月饼材料等
13:40—14:00	活动签到	签到表
14:00—14:05	开场致辞,说明活动目的与安排	
14:05—14:45	同老人一起制作手工冰皮月饼,并帮助老人进行包装以方便携带	月饼材料、包装盒
14:45—15:00	收拾桌面准备庆祝生日	垃圾袋
15:00—15:25	齐唱生日歌,切蛋糕,送生日小礼物	蛋糕 3 个、小礼物 10 份
15:25—15:30	老人分享活动感受及提出建议,合影留念(填写活动参与者反馈表)	

(6)第二次集体生日会暨重阳佳节文艺演出活动

①活动时间:2018 年 10 月 17 日 14:00—15:30。

②活动流程(表 36)。

表 36　第二次集体生日会暨重阳佳节文艺演出活动流程

时间	具体安排	所需物资
13:00—13:40	布置活动场地、整理活动物资	横幅、宣传海报、礼品等
13:40—14:00	活动签到,抽取抽奖号码	签到表
14:00—14:05	开场致辞,说明活动目的与安排	
14:05—15:00	1. 文艺演出:哈尔滨工程大学志愿者表演、居民表演、社区工作人员表演、社工表演 2. 幸运抽奖	礼品
15:00—15:25	齐唱生日歌,切蛋糕,抽取幸运寿星	蛋糕 2 个、小礼物 40 份
15:25—15:30	老人分享活动感受及提出建议,合影留念(填写活动参与者反馈表)	

适逢中国的传统节日——重阳节,邀请社区内的老年朋友聚集到社区新建的活动室共同庆祝这个属于他们自己的节日,可以促进老年朋友们多多走出家门前来参加社区活动,增加社会交往。这种有趣、欢乐的活动形式受到社区内老年人的大力肯定,更是他们相互展示自己风采、加强同辈群体之间交流与互动的有效平台。活动的举办,加深了社区、老人与社工三方之间的互动,巩固了彼此之间的关

系，也为促进三方合作、共同营造舒适、关爱、奉献、和谐的良好社区环境创造了可能性。

3. 社区大型活动二：爱在重阳——健康义诊活动

（1）活动背景

需求评估结果显示，C社区的特殊老人有半数人员身体患病，身体综合情况处于一般及以下。因此，生理问题对于他们来说是比较突出的。同时，项目期间已进入秋季，气温逐渐下降，容易引起感冒发烧、关节疼痛等。开展义诊活动能够帮助社区居民尤其是老人了解目前的身体状况，有效、科学、安全、健康地度过秋冬季节。

（2）设计思路

健康类义诊活动不仅在一定程度上回应了C社区特殊老人在生理健康上的需求，同时此类社区活动也在老年人中颇受欢迎，为老年人所信任，举办此类活动，能更好地拉近项目与老人的关系，为后续活动的开展起到铺垫作用。

（3）活动目标

使居民了解自身的身体情况，普及健康知识，激发健康管理意识，提升对本项目的信任度。

（4）活动对象

社区内60岁及以上的居民。

（5）活动时间/地点

2018年10月17日9:30—11:00，C社区居委会。

（6）活动流程（见表37）。

表37　爱在重阳——健康义诊活动流程

时间	具体安排	所需物资
8:30—9:00	1. 悬挂横幅； 2. 准备义诊区所需的桌子、展架、宣传册等物资	横幅、展架（机构、项目）、宣传单页（机构、项目）、健康知识宣传折页、桌子、椅子、医疗用品、义诊登记表、矿泉水
9:00—9:30	居民签到	签到单
9:30—11:00	包含检查血压、心脏（脉搏）、心电、口腔等诊断项目，慢性病与老年病、健康养生、心理咨询等咨询类项目。老人可以随意选择项目进行，人多时需要排队等候	医疗用品
11:00—11:20	收拾场地，整理、清点活动物资，打扫场地，归还借物，退场	

此次重阳节义诊活动,不仅为社区老年人送上了一份健康,一份关爱,更是一份重阳节的祝福。活动共为40余位居民提供了健康服务,还送上重阳节小礼物。社工们在现场为老人们介绍了“特殊老人整合性行为健康服务项目”,欢迎更多的老人加入健康小组等活动中,帮助老人培养良好的健康生活习惯,更好地巩固和提升老人们的健康意识和护理能力。活动结束时,现场居民纷纷表示,此次义诊对他们的帮助很大,感谢委员专家们提供的医疗服务,也愿意更多地参与健康小组等活动,不仅可以保障身体健康,还可以了解健康政策,更让他们感受到晚年生活的温暖和幸福。

五、项目评估与反思

(一)项目成效(表38)

表38　项目内容及成效

活动内容	服务对象的受益或改变
1.个案式管理 (1)特殊老人档案建设:包括基本情况、身体情况、家庭情况、社会交往情况、社工预估等内容,与固定探访、家居改造计划关联形成一人一档。 (2)固定探访:定期入户探访老人,了解目前的生活状况和需求,并进行健康知识宣传等服务	1.社区内85位老人有了自己的个人档案,为后续的服务提供了翔实的服务基础。 2.固定探访50余人次,增加了老人对社工、社工服务项目的认识,同时也让老人感受到来自社区的关怀,在社工的鼓励下不少老人走出家门参与社区活动,扩展了社会交往范围。 3.经过老人建档、探访等活动增加了社区居民对社工的信任,对项目也是一种比较好的宣传
2.家居环境适老化改造计划 (1)制订家居改造需求评估表 (2)一般性需求改造 (3)个性化需求改造 (4)意见反馈	1.完成30户家居适老化改造。 2.发放药箱50个、防滑垫30个、小夜灯30个、提示语14个、膳食搭配表10份等适老化共性物资。 3.安装厕所扶手4户,护栏改造1户。 4.老人家居环境适老化程度提高,居家生活舒适度和安全性增强
3.小组活动 (1)健康知识学习小组 (2)同辈互助小组	1.在固定探访的基础上通过5节健康知识系统的学习,组员们掌握了更多常见老年慢性病诸如高血压、心脏病等病理及日常护理等的知识和技巧。 2.在健康知识学习小组的基础上组建了以健康、互助为主题的同辈支持小组,增加组员之间的互动和互助

表 38(续)

活动内容	服务对象的受益或改变
4. 社区大型活动 (1)项目宣传活动——C 社区游园会 (2)“情暖夕阳·老人集体生日会” (3)第二次集体生日会暨重阳佳节文艺演出活动 (4)爱在重阳——健康义诊活动	1. 通过活动促使社区居民熟知项目,提升项目在社区的知晓度,同时拉近社工与居民的关系。活动共有 200 人次参与,他们大多第一次参加这样的社区活动,感觉很新鲜,活动效果超过预期。 2. 借助中秋节、重阳节等传统节日举行社区老人集体生日会活动,一方面丰富了社区老人的休闲娱乐,另一方面也让他们感受到了来自社区、社工的关怀。同时与老朋友聊天,增加互动。 3. 义诊活动的举行不仅强化健康知识学习效果,提升老人对自己身体健康情况的管理意识,还拉近了他们与社区的距离,为项目服务提供助力
5. 社区公共空间改造 (1)社区公园长椅维修 (2)楼道、楼梯适老化改造范例 (3)改善社区安全标志 (4)社区室内活动空间	1. 在社区居民自发参与、社区居委会和物业公司的支持和配合下,完成了社区公园内所有长椅的维修、楼梯适老化改造 1 处,坡道改造 1 处,张贴安全提示标语 10 处。 2. C 社区居委会重新装修和搬迁,在社工的建议下设置了舞蹈室、小组室、老年棋牌室等功能室,为老人提供了充分的室内活动空间。 3. 在项目服务下,C 社区公共空间适老化程度有所提高,老人在社区生活的便利性、舒适性有所提升

(二)问题与反思

本项目作为第一个在 C 社区落地实施的社工服务项目,一开始便受到当地街道和社区居委会的欢迎和支持,但也存在一些困难和问题需要我们进一步反思。

1. 问题

第一,居家适老化意识改变和个性化的居家改造推广比较困难。在社工进行前期探访、建档过程中了解到不少老人并不知道居家改造,也没有适老化的概念,多以“年纪大,就这样凑合吧”“能活一天是一天”等类似语言来回复社工。在多次沟通及一般共性居家适老化物资发放后,开始有部分特殊老人申请进行个性化改造,但数量偏少,同时每个家庭情况并不相同,部分老人对项目团队在居家设计和改造方面的专业性存在一定的怀疑,因此推广比较困难。

第二,社区层面的适老化改造需要多方主体参与,单靠社工推进项目受限明显。本项目涉及的社区层面的适老化改造并不多，主要是在公园简易设施维修、楼道楼梯改造（仅仅范例）、安全标志完善等相对简单而又见效比较快的方面。究其原因主要在于两点：第一，项目经费和人力受限，无法在社区层面进行大规模的适老化改造；第二，社区适老化改造属于社区公共服务，与社区居委会、物业公司及居民三方均有密切的利益关系，牵一发而动全身，三方均不愿出面主动进行，相互推诿，导致社区公共设施老化，不适宜居民尤其是老人使用。

2. 反思

第一，与服务对象、社区居委会等建立信任关系是服务开展的关键。C 社区是一个开放式的老旧社区，社区范围小，基础设施落后，居民也大多一直居住在此，较少变化，他们对于外来人、陌生人的防备心很重。同时，社区居委会空间狭小，人手紧张，在此种情况下，C 社区除了日常行政服务和例行公事的节日活动外，几乎没有开展过社区公共活动，可以说 C 社区的社区公共服务基础为零。对于尚处于“新鲜事物”的社工服务项目来说，进入社区是一件困难的事，面临着社区居民和社区居委会工作人员的不配合、不理解等诸多问题，这对于项目服务的落地、开展是一个巨大的障碍。

因此，与社区居民、社区居委会等建立关系十分必要。为此，项目主要采取三方面的工作来推进：第一，主动与街道办、社区居委会举行三方会谈，向其介绍项目服务内容和团队；第二，在社区居委会的配合和陪同下，进行社区探访，一方面是寻找服务对象，向其介绍项目，另一方面，在此过程中加深与社区居委会的关系；第三，面向社区居民举行大型的户外宣传活动，既可以让社区居民了解项目和社工，又可以让社区居民提前认识社工服务。

第二，从整合性行为健康角度持续为社区特殊老人提供专业服务是十分有必要的。本项目在一年时间内开展了一系列社工服务活动，但是，从满足社区居民的深层需求角度而言，还做得很是不足。究其原因，一方面，空巢、独居、高龄等特殊老人是典型的弱势群体，需要更多的社会额外关注和服务投入；另一方面，从整体上去考虑特殊老人生活的社区环境、居家环境、社会交往等情况，有针对性地设计服务来满足他们的需求，还需要长期坚持才能更为有效。

从项目实际运作中，对于后续服务的开展提出以下建议：第一，跨专业的团队合作很有必要。这里主要是指与建筑学或者设计师合作保障居家改造的专业性，与医生合作保障健康知识学习和教育的科学性；第二，社区组织的功能需要发挥。很遗憾的是，项目服务期间，该社区并没有社区组织，而受限于项目服务内容和期限，无法培育新的社会组织来发挥诸多“替代”作用，以协助社工开展服务；第三，重视、发掘居民的自发性。社工服务归根结底还需要从服务对象出发，服务对象的自觉、自发对项目具有重大的推进作用。例如，楼道、楼梯改造便是由社区居民提出、社工牵头、多名楼道居民共同参与完成的，该项工程得到整栋楼居民的高度认可。

以梦为马　不负韶华

——关爱留守儿童社会工作服务案例[①]

杨国庆　王丹丹　蔡　丽[②]

一、案例背景

农村留守儿童是指父母双方外出务工或一方外出务工另一方无监护能力、无法与父母正常共同生活的、农村户籍、不满十六周岁的未成年人。根据2017年民政部公布的我国农村留守儿童的排查数据显示，全国共有农村留守儿童697万余人。从监护类型上看，96%的农村留守儿童由祖父母或者外祖父母照顾，4%的农村留守儿童由其他亲戚朋友监护。从性别比例上看，男孩占54.5%，女孩占45.5%。从地域分布上看，安徽、湖南、河南、江西、湖北、贵州7省的留守儿童数量较多，7省农村留守儿童总数占全国总数的69.7%。从年龄结构上看，6～13岁的农村留守儿童规模最大，义务教育阶段农村留守儿童比例从2016年的65.3%上升至2017年的78.2%，在学阶段呈现更为集中的趋势。留守儿童与父母长期分离，缺乏父母的关爱和养育，在生活、学业、心理、安全方面存在着多样的问题及隐患，急需得到重视和解决。

社会工作介入留守儿童早期教育是当今社会儿童教育的发展趋势，学术界针对这一趋势展开了系列研究。一方面，学者们详细地描述了留守儿童的生活环境、行为偏差、安全教育缺失，以及心理健康发展等问题；另一方面，他们不断探索社会工作服务介入留守儿童早期教育方式，通过构建多种模式去帮助留守儿童改善他们所面临的多样化难题。因此，社会工作应扛起服务留守儿童的重任。如何通过社会工作的方式帮助留守儿童增强亲子关系、增加彼此之间的交流、提高自尊自

---

① 2017年哈尔滨市公益创投项目。

② 杨国庆，哈尔滨工程大学人文社会科学学院副教授、哈尔滨市心海社工服务中心督导；王丹丹，哈尔滨市心海社会工作服务中心专职社工；蔡丽，哈尔滨工程大学人文社会科学学院讲师、哈尔滨市心海社工服务中心督导。

信、促进留守儿童心理健康发展,是我们需要重视和关注的问题。

2017 年,哈尔滨市心海社会工作服务中心承接哈尔滨市公益创投项目,开展关爱留守儿童社会工作服务项目。本项目的服务对象为 W 市 B 镇中心小学校留守儿童,年龄为 7 ~ 12 岁。W 市 B 镇中心小学校始建于 1970 年,学校占地面积 12 000 平方米,现有 16 个教学班,在校生 750 名。其中父母一方外出务工的学生 300 余名,父母双方外出打工学生 100 余名,留守儿童总计 400 余名。学校为留守儿童提供了很好的就学、交往与生存条件,但是对留守儿童进行心理帮助的经验与能力尚不完善。

二、需求评估

(一)评估方法

为了更好地了解 W 市 B 镇中心小学校留守儿童的需求,我们采取了观察法、访谈法、问卷调查法共三种方式进行需求评估。

1. 观察法

观察法是指研究者根据一定的研究目的、研究提纲或观察表,用自己的感官和辅助工具去直接观察被研究对象,从而获得资料的一种方法。运用观察法能够更好地了解服务对象学习生活环境的基本情况,同时还能观察到学校和社区存在的优势资源,更好地为服务对象开展服务。项目组对于 W 市 B 镇中心小学校及周围的社区环境进行了两次观察,以此全面了解服务对象所在的环境及当地留守儿童保护政策等情况。

2. 访谈法

访谈法是质性研究中最重要的一种收集资料的方式。“访谈”是一种研究性交谈,是研究者通过口头谈话的方式从被研究者那里收集第一手资料的一种研究方法。在项目需求评估阶段,项目组通过多次与校长、班主任等进行交谈,将之与问卷调查结果相对比,收集了更为全面、有效的服务对象信息,精准选择了有社工服务需求的留守儿童。

3. 问卷调查法

为了更加充分地挖掘服务对象的信息,使需求评估结果更加有效,项目组参照《心理健康诊断测验量表》设计了《小学生心理健康调查问卷》。“心理健康诊断测验”(MHT)是由华东师范大学心理学教授周步成和其他心理学研究人员,根据日本铃木清等人编制的“不安倾向诊断测验”修订而成,目前已成为适合我国中学生标准化的心理健康诊断测验。《心理健康诊断测验量表》对青少年心理健康问题的描述主要体现在以下 8 个方面:学习焦虑、对人焦虑、孤独倾向、自责倾向、过敏倾向、身体症状、恐怖倾向和冲动倾向。每个维度高于 8 分的,说明被调查者在这个维度上出现了严重的心理问题,需要为他制订专门的有针对性的治疗计划。本项目利用《心理健康诊断测验量表》编制的《小学生心理健康调查问卷》对W市B镇中心小学校全体学生进行测量，根据各维度分数的高低筛选出症状明显的学生，并根据其父母离家时间筛选出服务对象进行干预。

（二）需求评估结果

需求评估共发放问卷600份，回收有效问卷586份，有效问卷回收率为97.67%。项目组以父母均长年在外打工作为标准对留守儿童进行初步筛选，有64位留守儿童入选。在64位留守儿童中，共有36名留守儿童在心理健康量表的分维度上有得分大于8分的情况。从心理健康测量结果（表39）中我们发现，36名留守儿童在自责倾向、过敏倾向、身体症状，以及恐怖倾向方面得分较高，分值为8分及8分以上，并有个别留守儿童冲动倾向值很高。

表39　W市B镇中心小学校留守儿童心理健康测评结果

序号	姓名	学习焦虑	对人焦虑	孤独倾向	自责倾向	过敏倾向	身体症状	恐怖倾向	冲动倾向
1	ZKX	5	0	7	4	3	8	5	4
2	HZR	10	6	9	9	7	11	5	16
3	WCY	6	1	2	5	5	1	9	2
4	ZYM	8	3	1	3	6	4	8	3
5	LSS	12	6	2	8	6	9	6	3
6	YRJ	6	4	1	7	8	8	6	5
7	LH	9	6	3	8	8	9	2	5
8	SYH	13	2	5	8	7	9	5	6
9	LB	8	7	5	9	7	7	6	1
10	CX	10	5	6	8	6	5	7	2
11	LXY	8	4	5	8	7	6	8	7
12	LXT	6	3	5	8	8	7	6	5
13	SZY	6	4	1	7	8	10	6	4
14	JXM	10	5	4	2	8	8	7	7
15	ZT	14	4	2	8	6	5	5	0
16	LY	12	6	4	9	8	6	1	2
17	CM	11	4	3	9	6	4	1	2
18	ZHX	9	4	2	8	8	9	4	7

表 39(续)

序号	姓名	学习焦虑	对人焦虑	孤独倾向	自责倾向	过敏倾向	身体症状	恐怖倾向	冲动倾向
19	GY	8	1	2	7	5	7	10	1
20	LCY	10	4	5	3	6	9	7	7
21	SYH	9	5	6	4	7	11	10	5
22	ZYW	11	2	0	9	7	6	9	1
23	WJQ	12	3	1	9	8	7	3	2
24	LJX	13	4	3	10	7	7	10	3
25	YHR	7	4	4	8	5	8	6	9
26	HWJ	6	5	2	7	9	7	5	4
27	LJL	9	4	4	9	4	9	9	3
28	YQS	8	4	3	8	9	12	6	4
29	HHY	9	7	4	7	8	6	6	1
30	ZHY	9	6	4	4	6	9	5	4
31	WL	12	2	1	10	7	8	8	1
32	LD	9	3	4	9	6	9	5	3
33	YZQ	12	3	2	7	7	8	7	2
34	YYT	11	4	0	10	8	7	8	3
35	QWB	12	2	4	9	8	7	9	1
36	CKX	12	3	3	8	8	11	8	2

根据测评结果,我们把全部 36 名儿童确定为服务对象,同时,结合校方对 36 名儿童日常生活情况反馈及教师访谈内容,确定针对服务对象的需求评估结果如下。

1. 增进亲子关系

亲子关系对儿童心理发展的影响至关重要,影响其一生。这一时期亲子关系由子女对父母的权威服从关系逐渐转变为平等、合作的关系,是孩子发展独立性的最好时期。但是如果孩子缺乏对父母的理解,就会陷入家庭人际关系发展的困境,在青春期阶段与父母会出现更多的矛盾。而留守儿童父母外出打工,彼此之间间隔较远,亲子之间沟通较少,虽有微信、电话等工具,但是由于工作忙,彼此休息时间不一致等原因,亲子之间难以经常沟通。留守儿童在情感上非常依赖和需要父母,因此,需要帮助留守儿童增进亲子关系,体验爱、表达爱,帮助他们构建良好的亲子关系。

2. 提高自尊自信

父母是孩子最好的老师，孩子在和父母接触交流中不断获得新的知识，心理方面逐步健康发展。但在留守儿童中，由于父或母角色的缺位，亲子之间长期分离，照料人由其他亲属替代，这样儿童的教育难以兼顾到方方面面，同时监管的间接性也降低了教育的效果，再加之亲子之间交流较少，留守儿童缺乏来自父母的关爱，多会形成自卑等心理问题。更有甚者，会有攻击行为，对他人言语上进行辱骂、身体上进行攻击等，而经常欺负他人者，很有可能会在以后出现暴力犯罪或行为失调。根据 W 市 B 镇中心小学校的留守儿童需求评估报告显示，留守儿童大多存在自卑、缺少自信的问题，急需我们重视，提高他们的自尊自信。

3. 社会支持网络构建

社会支持是指人们在互动中形成并能提供工具性和表达性资源的社会结构。而在社会学中对社会支持的解释有着更为广泛的含义：它是个体拥有的重要他人（家人、亲密朋友、合作伙伴），通过直接或间接联系，在出现危机时可以提供援助功能的一种社会互动。在留守儿童需求评估当中，我们发现，大多数的留守儿童家庭经济情况较差，而且，由于祖辈等自身安全知识的不足，留守儿童群体所拥有的关于安全意识教育的社会资源较为缺乏，同时，留守儿童还存在情绪等心理问题未得到社会重视的现象。因此，构建社会支持网络，为留守儿童搭建支持系统，帮助留守儿童得到社会的关注及关爱，具有十分重要的意义。

（三）困难预估与应急策略

1. 困难预估

（1）团队领导者技能

高质量的服务团队是本项目成功开展的关键，由于服务对象人数较多，需要对其进行分组，每个小组需要一定数量的团队领导者和助手合作。因此，小组间活动效果差异主要取决于小组领导者个人素质和能力，这时，团队领导者的素质及技能就显得尤为重要。

（2）儿童自身的问题

每个儿童所面临的问题并不相同，方案设计要符合儿童所面临问题的特征与实质，否则有可能强化他们的负面情绪。在进行干预时，要注意儿童的年龄特征，不同年级的学生的感受性与反思性不同，不尊重这一特点也会产生不好影响。

2. 应急策略

（1）在项目开展前设计系统培训方案，认真筛选团队领导者，深入培训，并针对培训内容对团队领导者进行考核。

（2）每次项目实施前，制订详细的活动计划书，由督导教师带领社工们开会讨论并进行模拟活动展示，并针对可预见的困难制定完备的解决对策。

(3)将学生按年龄与年级分组,让同龄的孩子尽可能分在一组;在整个的干预过程中,根据所筛选孩子的特征制订干预方案;始终坚持正向导向与无条件关爱的干预方向,并对留守儿童的情绪及时关注和处理,避免出现留守儿童情绪崩溃等情况发生。

(4)运用"多肉"植物、"大 party"等象征性方式正确处理留守儿童的离别情绪,活动结束时的风险防范方式得当。

三、服务计划

(一)服务目标

需求评估结果显示,留守儿童具有自卑、自责、敏感等心理特点,急需得到心理方面的支持与援助。我们以萨提亚模式的干预原则为主要指导,以小组工作、个案工作为依托,对留守儿童及其家庭进行社工介入。通过社工介入,增加留守儿童参与活动的热情,增强自我认知能力,肯定自身价值,以此重获自信自尊。在服务过程中,社会工作者的专业引导和鼓励,提升了留守儿童的自尊感和价值感,促进了留守儿童的自我认知、自我挖掘与自我提升。

(二)理论依据

1. 萨提亚模式

萨提亚模式是由国际著名心理治疗师维吉尼亚·萨提亚女士创立的心理治疗模式。萨提亚模式的最大特点是提高个人的自尊,正向导向,聚集改变。该模式相信每个人本身就是一个奇迹,在不断地演变、成长,而且永远都有接受新事物的能力,心理干预就是要帮助人们获得高自我价值感。针对留守儿童存在自卑、自责、敏感等心理特点,我们以萨提亚治疗模式的助人原则为指导,即正向导向,无条件地接纳与关爱等,以小组工作为支撑开展我们的社会工作服务。在小组活动的设计与开展中,先赋能,再处理他们的亲子家庭关系,提高留守儿童的自尊、自信、感恩与对现实的乐观与接纳,促成他们心理上的改变。

2. 马斯洛需求层次理论

马斯洛需求层次理论把需求分成生理需求、安全需求、爱和归属感、尊重和自我实现五类,依次由较低层次到较高层次排列。一般来说,某一层次的需要相对满足了,就会向高一层次发展,追求更高层次的需要就成为驱使行为的动力。人在生理需求和安全需求都满足的情况下,就会开始追求情感的满足,对于农村留守儿童来说,父母外出打工,使他们在物质生活上有所保障,在生理及安全方面相对满足,但是父母的远隔,难以满足留守儿童渴望亲人关爱的需求,留守儿童难以从个人和家庭中获得支持的力量,此时,他们最大的需求是爱和归属感。

3. 优势视角理论

优势视角理论认为,每个人、群体、组织和社区都有其内在的能力,包括天赋、知识、社会支持和资源，只要存在适当的条件，就可以建设性地发挥自身功能。优势视角理论强调社会工作的任何过程都要重视服务对象的优势，社会工作者做的一切都要立足于发现、寻求、探索和利用服务对象的优势及资源，协助其达到目标、实现梦想，并勇敢地面对其生命中的挫折和不幸。我们根据优势视角理论，通过赋权增能、提升抗逆力、资源整合等方式，帮助服务对象察觉自身优势，提高抗逆力，最终实现助人与自助。

4. 社会支持网络理论

社会支持网络理论强调，个人问题的出现并不是个人主观层面的原因造成的，而是由于原有的社会支持网络的断裂所致，主张通过资源的重新整合去帮助服务对象重构社会支持网络，从而更好地适应社会。社会支持网络理论将社会支持和社会系统概念连接起来，认为个体与各种社会关系的互动过程就是一张相互连接的网络，个体通过这张网络能够获得各种正式以及非正式的支持。我们通过构建学校、家庭、社区一体的社会支持网络，帮助留守儿童更好地适应现在的生活，重构正向家庭关系体验。

（三）服务计划

本项目服务时间为1年，具体包括项目筹备期、需求评估期、项目工作期和项目结束期共四个服务阶段，如表40所示。

表40　关爱留守儿童社会工作服务项目各阶段及内容

阶段	时间	工作内容
项目筹备期	2017年1月—2017年2月	1. 团队组建和培育； 2. 项目实施理念达成共识； 3. 与服务对象初步建立联系
需求评估期	2017年3月—2017年5月	1. 问卷设计、参与式观察； 2. 形成需求评估报告； 3. 工作计划制订
项目工作期	2017年6月—2017年11月	1. 档案完善； 2. 小组工作、个案工作的开展； 3. 资源链接
项目结束期	2017年12月	1. 档案整理、归档； 2. 项目总结及服务效果评估； 3. 结项报告撰写

四、服务实施进程

(一)项目筹备期

1. 团队建设,完成项目管理团队的组建和培育

项目的执行者为哈尔滨市心海社会工作服务中心的社工及督导,综合多种因素,最终确定项目组负责人、督导、执行社工、志愿者成员名单。

2. 深入理解项目实施的意义,对项目实施的理念达成共识

黑龙江省社会工作的发展处于起步阶段,留守儿童服务项目是政府购买社会工作服务的开始,其意义一方面是要在留守儿童社会工作服务方面进行更多的探索,建立黑龙江省留守儿童服务模式,为其提供更加有效的服务,进而促进黑龙江省整体留守儿童服务工作的发展。另一方面,项目的实施是对社会工作在全省推介的一种方式,通过项目化运作,选定具有代表性的试点单位,在一定范围内推动社会群体对社会工作形成良好的认识。通过社会工作者提供的服务,扩大其影响力,引起社会的广泛关注与认同,为黑龙江省社会工作的整体发展奠定良好的基础。

3. 与服务对象初步建立联系

为了保证社会工作服务提供的全面性,尽快开展项目,项目负责人及督导首先与 W 市 B 镇中心小学校对接,与服务对象建立了初步的联系,双方有了基本的了解,为后续服务的开展打下良好的基础。

(二)需求评估期

1. 开展需求评估

基于对服务对象和项目实施地的初步了解,我们明确了项目开展的第一步就是进行需求评估。需求的挖掘要做到深入和有效,前提是需要掌握服务对象全面的信息,在与服务对象建立良好专业关系的基础上,运用问卷调查方法对服务对象的需求进行挖掘和梳理,并进行专业化分析。同时,对校方管理人员及班主任教师进行访谈,了解服务对象的基本情况及日常行为,确定其需求。

2. 形成需求评估报告

在全面收集资料的基础上,对资料进行整理和系统的梳理分析,每一项需求的提出都是基于对服务对象现实生活状况的调查结果,对于其中还未被满足的需求,社工进行整理,注重其中的细节和关键点,形成全面系统的需求评估报告。

3. 工作计划制订

在需求评估报告的基础上,分工制订相关的工作计划,确定后续服务方向。其中包括小组工作方案、个案工作方案、档案建立方案等。每一项计划的制订都是针对服务对象特定的需求,在更好地提高 B 镇中心小学校管理水平,科学解决留守儿童管理困境的基础上,满足留守儿童的需求,提高留守儿童心理健康水平。

（三）项目工作期

哈尔滨市心海社会工作服务中心的社工在项目工作期间主要开展了档案建立、小组工作、个案工作、家庭干预及资源链接等服务。服务具体实施过程如下。

1. 档案建立

针对学校对留守儿童档案存在信息不全面、不系统等现状，社会工作者重新设计了档案的内容，其中包括小学生心理健康情况、个人基本信息情况记录、小组活动纪实等内容，较为全面地记录了留守儿童的信息，对于留守儿童的情况既有静态的把握，也有动态的跟踪。社会工作者与班主任相互沟通，让每一位留守儿童填写相关的内容并进行后续补充。这样，使留守儿童的档案变得更加规范，有利于今后工作的开展。

2. 小组工作

小组工作是社会工作三大专业方法之一，通过团体成员的互动互助，使参加的小组成员可以获得行为的改变与进一步的发展，建立社会支持网络。

(1)服务依据

考虑到不同年龄的留守儿童具有不同的特点，我们按照年级对留守儿童进行分组开展小组工作。由于量表中留守儿童的主要问题集中在自卑、自责、敏感等，所以社工以萨提亚治疗模式的原则为指导，以此设计与开展小组活动，先赋能，提高他们的自尊、自信，在提升生命力量的基础上，再处理他们的亲子家庭关系，学习感恩与对现实的乐观接纳，促成他们心理上有所改变。

(2)服务目的

针对所服务的留守儿童的自卑、自责、敏感等心理特点，以萨提亚模式的干预原则指导小组工作介入，增强留守儿童的自我认知能力，提升留守儿童的自尊感和价值感，促成他们的自我挖掘与自我提升；化“问题”为契机，调整他们彼此之间的沟通方式，改善他们的人际关系，营造积极的交流氛围；并通过向父母表达情感、感恩父母的活动，搭建留守儿童与父母之间爱的桥梁，改善亲子关系。最终达成减少留守儿童自责、增强留守儿童自尊自信的干预目的。

(3)小组工作进度

小组工作一共开展了五次，五次活动均以赋能为主题，促进留守儿童的自我认知、自我挖掘和自我提升。小组工作安排如表 41 所示。

表 41　小组工作安排

小组内容	日期/时间	地点	社工人数	留守儿童参加人数
“破冰之旅”	2017 年 6 月 21 日 14:00—15:30	W 市 B 镇中心小学校活动室	6 人	36 人

表 41(续)

小组内容	日期/时间	地点	社工人数	留守儿童参加人数
“我爱我自己”	2017 年 6 月 22 日 9:00—10:30	W 市 B 镇中心小学校活动室	6 人	36 人
“美好的自己”	2017 年 6 月 23 日 9:00—10:30	W 市 B 镇中心小学校活动室	6 人	36 人
“家书抵万金”	2017 年 11 月 9 日 9:00—10:30	W 市 B 镇中心小学校活动室	6 人	36 人
“大团圆”	2017 年 11 月 10 日 9:00—10:30	W 市 B 镇中心小学校活动室	6 人	36 人

(4)具体服务内容

①第一节“破冰之旅”小组活动如表 42 所示。

表 42　第一节　“破冰之旅”小组活动

目标	所需时间	具体安排	所需物资
让大家熟悉对方,活跃活动气氛,打破僵局,加速成员之间的理解	10 分钟	1.“大风吹” 小组成员围成一圈,每个人站定或坐定一个位子,由主持者开始说:“大风吹”,所有成员回应:“吹什么”,主持者说一部分小组成员身上有的物品或特征,比如可以说“吹长头发的人”,等等,依据当时实际情况而定,主持人说完后所有被吹到的人,即拥有这些特征的组员需要互换位置,没有被吹到的组员原地待命,这时主持人会加入游戏,占据一个位置,所以最后会有一个组员没有位置,没有占到位置组员将会接受一份来自小组的特殊奖励,接受完奖励之后,没有占到位置的组员担当下一轮的主持人	糖果

表 42(续)

目标	所需时间	具体安排	所需物资
让大家熟悉对方,活跃活动气氛,打破僵局,加速成员之间的理解	10 分钟	2.“五毛一块” 在游戏中,男生代表一块钱,女生代表五毛钱。游戏开始前,大家全站在一起,裁判站在对面。裁判宣布游戏开始,并喊出一个钱数(比如,3 块 5、6 块或 8 块 5),裁判一旦喊出钱数,游戏中的人就要在最短的时间内组成那个数的小团队。打比方说,喊出的是 3 块 5,那就需要组成三男一女或七女或一男五女之类的小团队	轻音乐
随机分组,更加公平,提升信任感	5 分钟	3. 通过拼图游戏分组	
小组成员之间通过游戏减少陌生感、破冰	10 分钟	4. 木头人 儿歌:我们都是木头人,不能说,不能笑,也不能动,不能叫,我们都是木头人,看谁做得最最好! 上面的儿歌就是木头人的游戏规则。 (1)一起喊口令:“我们都是木头人,不许说话不许动,不许走路不许笑!” (2)口令完毕,立即保持静止状态,无论停止的瞬间身体的各部位是什么姿势,都必须保持不动。 (3)如果有一人先忍不住说话,或者笑,或者行动,则这个人是游戏失败者。 (4)然后再开始下一轮木头人游戏	
小组成员相互认识	15 分钟	5. 滚雪球式自我介绍 介绍结束之后在便利贴上写下自己的名字并粘贴在衣服上	便利贴
加深组员的相互了解	15 分钟	6. 超级访问 两个组员一组,互相进行访问。访问内容不限	
	10 分钟	7. 组员们为小组起名字、设置口号及队歌	

表 42(续)

目标	所需时间	具体安排	所需物资
让学生建立责任感,并在种植多肉植物的过程中,建立自信心,相信自己是能做好一件事的	10 分钟	8. 挑选你喜欢的"多肉" 组内工作人员将多肉植物摆放好,让每位小朋友挑选自己喜欢的植物,给其取名,并教学生如何种植"多肉"。约定在一个日子,分享多肉成长的故事,可以写成一个成长日记。同时说明,在我们不在的日子里,多肉植物将代替我们陪伴在他们的身边,共同成长	多肉植物
增进小组成员与社工之间的感情	5 分钟	9. 拥抱说再见 (1)小组成员先谈下今天活动的感受及收获。 (2)小组社工给组内的每个成员一个拥抱,约定明天再见面	

②第二节"我爱我自己"小组活动如表 43 所示。

表 43　第二节　"我爱我自己"小组活动

目标	所需时间	具体安排	所需物资
让孩子学会用平和的心态面对自己的现状,以游戏的方式让他们懂得,要勇敢前行,学会尽自己所能,积极改善外部环境	10 分钟	1. 小鸡变凤凰 游戏开始时,所有人都是鸡蛋,两个人玩"剪刀、石头、布"的游戏,赢的人变成小鸡,输了的仍是鸡蛋;小鸡去找另外一只小鸡继续玩"剪刀、石头、布"的游戏,如果赢了则变成大鸡,输了仍是小鸡,大鸡去找另外一只大鸡继续玩"剪刀、石头、布"的游戏,如果赢了则变成胜利的凤凰飞走了,输了仍是大鸡	
了解孩子的行为心理特点,并积极赋能,增加其自信心,提高其自我认同	15 分钟	2. 我是小动物 让孩子们闭上眼睛想象,在一片草原上有一只小动物,这个小动物能够代表自己,让孩子们说出小动物的形态、大小、颜色等特征并分别说出理由	

表 43(续)

目标	所需时间	具体安排	所需物资
了解孩子们的内心世界和性格及心理特点,对孩子们可能存在的心理问题进行的筛选,为个案访谈提供参考	25 分钟	3. 自画像 给每个孩子发放画画的纸张和彩笔,让他们在画纸上画出自己的自画像,画完之后,分享自己所画的内容。最后由负责该小组的社工收回	A4 纸、彩笔
让孩子明确未来努力的方向,进行自我探索与觉察	25 分钟	4. 许愿瓶 让孩子们在卡纸上写下自己未来想要实现的愿望,并将他们折叠好放在小小许愿瓶中,让他们保管好自己的愿望	卡纸、许愿瓶
活动结束 处理小组离别情绪	15 分钟	5. 不说再见 小组成员谈论此次小组活动的感受及下次活动的期待,最后大家手拉手围成圆圈,相互拥抱,结束本次小组活动	

③第三节"美好的自己"小组活动如表 44 所示。

表 44　第三节　"美好的自己"小组活动

目标	所需时间	具体安排	所需物资
提高留守儿童参加活动的积极性	15 分钟	1. 击鼓传花 所有儿童围坐一个大圈,其中一个人手中拿着一朵花,一个人背对大家击鼓,鼓响传花,鼓停花止。花在谁手中,谁就在圆圈中间表演一个才艺。(考虑到儿童的特点,可以用布玩偶代替花;用儿歌代替鼓声)	布玩偶、背景音乐
使留守儿童体会被人欣赏和接纳的感觉,学会自我悦纳,增强自信	30 分钟	2. 优点轰炸 各组依次请一个组员坐在小组中央,手拿一个心形的卡纸,其他组员手拿便利贴说他的优点并写在便利贴上,随后将便利贴贴在他手中的卡纸上。所有人结束后,领导者组织讨论,分享活动感受	心形卡纸、便利贴、笔

表 44（续）

目标	所需时间	具体安排	所需物资
加强留守儿童间团队合作，使小组成员间相互信任、支持	30 分钟	3. 你是我的眼 组员间两两搭配，其中一个人带上眼罩扮演盲人，另外一个人扮演拐杖，不带眼罩、不说话，两人相互配合，穿过摆放有障碍物（矿泉水瓶）的通道。全部体验结束后引导组员思考在游戏过程中的感受，是否怀疑或信任对方等	眼罩、矿泉水瓶
为新学期准备礼物	15 分钟	4. 心愿单 发给每个小朋友一张卡片，卡片上写上新学期希望收到的礼物，全部写完后回收	卡片、笔
增进小组成员与社工之间的感情	5 分钟	5. 拥抱说再见 （1）小组成员讨论本次活动的感受及收获。 （2）社工给组内的每个成员一个拥抱，约定明天再见面	

④第四节“家书抵万金”小组活动如表 45 所示。

表 45　第四节　“家书抵万金”小组活动

目标	所需时间	具体安排	所需物资
1. 通过热身活动，打破与留守儿童长期未见产生的疏离与距离感。 2. 以游戏比赛的形式增强儿童的参与热情，强化第三次活动营造的自信建立与潜能开发目标	10 分钟	1. 萝卜蹲 小组内每人选择一种颜色，代表一种萝卜颜色，主持人说：“红萝卜蹲，红萝卜蹲，红萝卜蹲完黄萝卜蹲”，被叫到的那个颜色的萝卜，蹲下重复指令，以此循环。例如，有红、白、黄、紫四堆萝卜，白萝卜先蹲，蹲的时候念：“白萝卜蹲，白萝卜蹲，白萝卜蹲完红萝卜蹲。”念完后所有白萝卜手指一致指向红萝卜。红萝卜们马上要开始蹲且口中一样要念念有词，之后他们可以再指定下一个，但不能是白萝卜	背景音乐

表 45(续)

目标	所需时间	具体安排	所需物资
以愉快的游戏营造积极氛围,避免在"家书"活动环节产生低落情绪	15 分钟	2. 抢板凳 将板凳围成一个圈,组员也站一个圈,人数较板凳数多一。主持人拿一根木棒开始敲时大家就围着椅子同一方向转,并且按敲击的快慢有节奏地转圈。当敲击声停止,就要抢坐在板凳上。因为差一个椅子,所以会有一人没板凳,没抢到椅子者被淘汰。淘汰者下场时,同时撤下一个板凳,继续进行第二轮。如此反复,直到 2 人争 1 个板凳时,冠军就诞生了。每轮活动中被淘汰儿童要表演小节目,如唱歌、跳舞、朗诵等	
1. 强化组内联系,强化小组成员的人际关系,降低身体敏感与人际压力。 2. 体会父母或监护人的责任,改善家庭关系,促进儿童成长	15 分钟	3. 揉肩捶背 大家全部起立向左转,双手举起,给前面的人捶捶背、揉揉肩。随后集体向右转,同样给前面的人做按摩。游戏过程中由小组领导者引导大家体会帮助别人的快乐与自我责任感,同时领会父母的辛苦	
1. 强化亲子沟通,搭建与父母的沟通桥梁,调整彼此之间的沟通方式。 2. 使儿童打破内心障碍,帮助儿童倾诉内心感情,疏导儿童内心情绪。 3. 帮助父母了解儿童内心世界,发现儿童成长问题,引导留守儿童身心健康成长	35 分钟	4. 爱的信件 (1)每个儿童准备两张信纸,通过表格对比方式写"爸妈为我做了什么""我为爸妈做了什么",同时写下我想对爸爸妈妈说的话。结束后给每个儿童一个信封,写好地址,由工作人员统一邮寄给各位父母。 (2)冥想:感恩父母	信纸、信封
强化儿童积极情绪,使儿童感受到外界关心,改善自卑情绪	15 分钟	5. 心愿单 按照新学期心愿单,给儿童发放心愿礼品	心愿礼品

表 45(续)

目标	所需时间	具体安排	所需物资
增进小组成员与社工之间的感情	5 分钟	6. 拥抱说再见 (1)小组成员先谈下今天活动的感受及收获。 (2)社工给组内的每个成员一个拥抱,约定明天再见面	

⑤第五节“大团圆”小组活动如表 46 所示。

表 46　第五节　“大团圆”小组活动

目标	所需时间	具体安排	所需物资
增进团队互信,增强成员自信	10 分钟	1. 挑战极限:坐板凳 (1)按照之前的分组,每个组围成圆形,待主持人下达口令后,前面的同学坐到后面同学的膝盖上,围成一个圆圈。 (2)小组间比拼,在规定时间内不出现失误则挑战成功	礼品
儿童与多肉植物之间建立联系,让其感受到有生命与他们一起成长,发现孩子们的优点并给予鼓励	15 分钟	2. 多肉植物展示 (1)请各组的孩子们提前准备好自己的多肉植物。 (2)请每个孩子依次有序的介绍自己的多肉植物,包括名字、成长经历、自己的发现及感悟等	第一次活动时送给孩子们的多肉植物
进一步夯实之前以赋能、感恩、表达为目的的活动的效果,帮助留守儿童肯定自我,并带来期盼与希望	15 分钟	3. 给自己的一封信 (1)请大家做一本小书,共有三页。 (2)在这本小书上的三个页面上,分别写上或画上“我的过去”“我的现在”与“我的未来”。 (3)交流与分享	
给孩子们留下美好的回忆,和孩子们正式告别,以欢乐的方式进行结案	30 分钟	4. 生日大派对 (1)三组成员共享聚会蛋糕。 (2)请部分儿童分享活动感受。 (3)大家合影留念	气球、彩带、蛋糕、礼品
评估活动成效	20 分钟	5. 引导学生完成《小学生心理健康测评问卷》后测	调查问卷、笔

3. 个案工作

个案工作是社会工作三大方法之一，项目组通过个案社会工作帮助有需求的留守儿童解决他们所面临的问题，促进留守儿童身心发展。在小组工作结束后，我们对有特殊需求的留守儿童进一步进行个案干预。我们共计对 13 名留守儿童开展了个案干预服务，个案信息表如表 47 所示。个案工作的程序分为：接案、预估、计划、介入、评估、结案六个阶段。通过个案干预服务，留守儿童打开心扉，说明了自身问题及需求，督导及社工们的及时介入，给予留守儿童巨大的支持，帮助其重塑自信，增强其自身能量。

表 47　个案信息表

序号	姓名	性别	年龄	年级	班级
1	LSS	女	11	5	2
2	LH	男	12	5	3
3	LXY	女	12	5	1
4	SZY	女	11	4	2
5	ZT	男	10	4	4
6	LY	男	10	4	4
7	ZHX	男	11	3	1
8	LCY	男	11	3	1
9	LJL	男	10	2	1
10	HHY	男	10	3	2
11	ZHY	男	10	3	1
12	LD	女	10	3	3
13	YZQ	男	11	3	3

4. 家庭干预

家庭干预是通过家访的方式，对服务对象所在家庭进行了解并进行干预。通过家庭干预，项目组对于服务对象生活的环境、家庭结构、亲子之间相处模式等方面的信息做进一步的评估，确定服务对象所在家庭存在的问题，并将其与留守儿童需求评估结果进行结合，为留守儿童制订有针对性的服务计划，实现精准化社工服务。开展家庭社会工作服务，也能够帮助留守儿童重建家庭环境和家庭关系，改善留守儿童的成长监护环境与资源。

我们根据 B 镇中心小学校方面意见与监护人情况和学生本身情况的评估，针对有需要的4名儿童开展家庭咨询服务。通过家访,对其家庭问题有了进一步了解,也帮助这些儿童更好地链接了他们的家庭资源,指导与鼓励监护人与孩子之间建立良性关系,从家庭的角度进行了干预。

5. 资源链接

社工项目进行资源链接是为了使项目能够更好地持续发展,为社工服务提供不竭的力量源泉。社会工作者在项目服务过程中需要扮演的一个重要角色就是资源链接者,通过对服务对象的需求进行评估,链接多方资源满足服务对象需求,在这个过程中实现助人自助,让服务对象获得继续发展的资源并学会运用这些资源。

为了广泛调动社会的力量支持留守儿童服务,提升留守儿童的生活质量,呼吁社会关注及重视留守儿童存在的问题,同时促使学校善于寻找社会资源更好地为留守儿童服务。项目组为B镇中心小学校的留守儿童链接了社会资源。服务对象需求评估的结果中显示其物质条件较差,于是,社工们让留守儿童们写下"心愿单",为留守儿童们有针对性地解决他们的问题。最终,我们与H大学的青年志愿者协会取得了联系,一起为孩子们实现"心愿单"。协会与项目组最终筹集物资36件,为留守儿童完成了"心愿",也使更多的人意识到留守儿童的困境,以此来解决留守儿童物质及心理上的需求。

五、项目评估

(一)评估方法

在每一次小组活动结束后,我们都会对相关人员的满意情况进行评估,评估的方法主要有访谈法及问卷调查法两种方法。以下是项目组评估的主要方式。

1. 小组成员活动结束后的分享

每节小组工作结束后,社工都会邀请每位小组成员进行分享,成员们可以对参与活动的感受进行发言,也可以表达自己对活动设置的建议或意见。项目组将以此作为小组活动成员满意度的评估方式之一,也将根据成员提出的意见和建议对小组活动设置进行修改、完善。

2. 对所在学校教师的访谈分析

项目组对学校教师进行了两次访谈,主要针对学生参与社工服务的变化以及教师们对于自身参与服务的感受。

3.《留守儿童参与活动满意度调查表》问卷分析

我们分别在两个阶段邀请服务对象填写了两次《留守儿童参与活动满意度调查表》(以下简称《调查表》)来评估我们本次的服务。《调查表》包括活动满意情况、感想感受、意见及建议三部分。

4. 通过《小学生心理健康测评问卷量表》对小组前、后测结果进行对比分析

2017 年 11 月,项目组再一次对参与“关爱留守儿童”项目的服务对象进行了《小学生心理健康测评问卷量表》的测量,以便了解留守儿童接受服务前后的改变情况,共计发放问卷 36 份,回收有效问卷 36 份,有效问卷回收率 100%。

(二)效果评估结果分析

1. 服务对象参与度

在整个项目的服务过程中,36 名服务对象都能积极地参与到服务中来,参与度为 100%。同时,校方领导及班主任积极配合我们的服务,提供了良好的场地和设施,带队老师也积极参与到我们的服务中来,为建设当地的社工队伍打下了良好的基础。

2. 目标达成情况

我们通过对服务对象所在班级的班主任进行访谈得知,服务对象在参与服务后,其学习的主动性及积极性,以及性格皆有了不同程度的改变,与家长的关系也有了不同程度的改善。

而通过《小学生心理健康测评问卷量表》对小组前、后测结果进行对比分析我们得出了如下的结果,孩子们在心理健康水平、自责倾向和过敏倾向上都有了很大的改善,目标达成情况良好。

配对样本 t 检验结果表明,经过干预,留守儿童的心理健康均值下降了 8.218 75,心理健康水平有显著提高($t=4.022$,$p<0.001$)。

表 48　服务对象心理健康改善情况

	心理健康均值	标准差	均值差(后测 - 前测)	配对样本 t 检验
前测	48.687 5	7.315 20	-8.218 75	4.022 * * *
后测	40.468 8	11.589 72		

注:* * * 表示 0.001 水平上显著。

自责倾向平均下降了 0.906 25,自责倾向统计上显著降低($t=3.347$,$p<0.01$)。

表 49　服务对象自责倾向改善情况

	自责倾向均值	标准差	均值差(后测 - 前测)	配对样本 t 检验
前测	7.718 8	1.670 12	-0.906 25	3.347 * *
后测	6.812 5	1.615 20		

注:* * 表示 0.01 水平上显著。

过敏倾向均值下降了 0.357 06,过敏倾向在统计上显著降低($t=2.013$,$p<0.1$)。

表 50　服务对象过敏倾向改善情况

	过敏倾向均值	标准差	均值差(后测－前测)	配对样本 t 检验
前测	6.937 5	1.366 36	0.357 06	2.013 *
后测	6.218 8	1.896 25		

注：* 表示 0.1 水平上显著。

3. 服务对象满意情况

本项目对留守儿童进行了两次满意度调查，调查留守儿童 36 人，共计 72 人次。调查结果显示，在本项目中，81.4% 的受助对象对项目感到“非常满意”，18.6% 的受助对象对项目感到“满意”，所有服务对象对本项目的服务表示满意。

通过对学校教师的访谈得知，参与服务的学生及学校教师对本项目均表示满意。本项目使学生有了良性的改变，为今后学校开展学校社会工作打下基础。

六、专业反思

(一) 从源头上预防留守儿童问题的出现

本项目通过社会工作介入服务，舒缓留守儿童内心压力，着力帮助留守儿童解决心理问题，其实这些都属于事后补救型的方法策略。而社会工作专业的三大功能模式包括：预防、治疗和发展。我们是否能够在留守儿童问题产生之前，做好相应的准备工作和介入计划，把问题扼杀在摇篮之中，这是一个值得我们深思的问题。

改革开放以来，中国经济长足发展，综合国力显著提升。在一片繁荣祥和的盛世背后，是无数人在默默地辛勤付出，其中，不得不引起我们关注的是农民群体。他们如同候鸟，在年初默默离开家乡，到繁荣的城市内艰辛地打拼，直到农历新年的前几天才能回到家乡，享受几日的天伦之乐。然而他们年幼的孩子却被留在农村家里，托付给亲属或家里的老人。疏于照顾以及常年的短暂交流，使得许多孩子出现了心理问题或者行为问题。

这时，留守儿童的父母都会面临一个抉择：“去”还是“留”？留下，意味着减少相对高额的收入，家庭可能会陷入贫困，物质生活水平下降，孩子教育会受到影响；离开，意味着较高的家庭收入，但也意味着将与孩子分离，孩子也会因为缺少父母的关爱和父母疏远。如果带着孩子，则会让孩子同大人一起漂泊，面临着更加窘迫的入学、户籍等问题。或许人人皆知“去留”问题是一个经济问题，但是，并非所有的人都能真正意识到“去留”问题所带来的不仅是经济方面的收入变化，更是决定留守儿童心理状况的直接原因。在这种情况下，作为孩子的父母，应当理性地权衡外出打工收益和外出打工方式；作为政府、社会各相关方面，应当在考虑经济发展、劳动就业和儿童教育等相关问题时，真正把留守儿童问题放在重要位置加以考虑。

(二)家庭、学校和社会合力解决留守儿童问题

留守儿童是我国社会经济转型时期出现的特殊群体，留守儿童问题的产生是经济发展、城乡矛盾、资源不均的剪影。社会工作介入留守儿童问题的研究需要政府、社会、学校和留守儿童家庭的广泛参与，通力合作。对留守儿童问题的研究及解决，有助于保护青少年的健康成长，也有利于维持社会长期稳定发展。

目前，我国社会工作专业团队建设还没有完全发育成熟，社会工作专业人才的素质还普遍偏低，社会福利体系的覆盖面还较狭窄，优秀的社会组织还比较缺乏，社会志愿力量的培育不足，也造成了社会工作领域针对留守儿童的理论研究和实务工作存在一定的不足。因此，随着国家相关政策不断出台，要不断加强留守儿童福利设施与服务网络建设，扩大社会福利体系的覆盖范围；要不断加强社会工作专业队伍的建设，提升社会工作人才的专业素质，提高留守儿童社会工作服务水平；要加快提高本地社会工作人才的培养力度，建立农村留守儿童社会工作服务的长效化机制。

探讨留守儿童问题的社会工作介入，不仅需要结合所干预的留守儿童具体情况，同时也要运用相关理论支持，进行小组和个案工作的综合干预，同时需要结合实际情况，对留守儿童的外部环境，如父母、监护人、学校老师等进行干预。留守儿童问题并非留守儿童本身的问题，而是家庭、学校和社会综合作用的结果。因此，促进留守儿童问题的有效解决需要家庭、学校和全社会的共同关注、通力合作，这样才能最终促进留守儿童的健康成长与发展。

和你一起长大

——关爱留守儿童社会工作服务案例①

李　雪　李　莎　张忠宇②

一、案例背景

（一）社会背景

随着中国城镇化进程的推进，20世纪80年代后期开始的大规模人口流动导致中国儿童群体急剧分化，留守儿童作为一个新的社会群体受到关注。本案例中的留守儿童是指生活在农村地区，父母双方外出务工或一方外出务工，无法与父母正常共同生活的不满十六周岁的未成年人。留守儿童问题的出现是由我国正处于社会转型时期的特殊国情决定的，是经济高速发展的中国在这个时期的特殊难题，可以说留守儿童是时代的产物，对留守儿童的关注和研究具有十分重要的社会意义。

2016年3月底以来，民政部、教育部、公安部在全国范围内联合开展农村留守儿童摸底排查工作。排查结果显示，不满十六周岁的农村留守儿童数量为902万人。其中，由（外）祖父母监护的805万人，占89.3%；由亲戚朋友监护的30万人，占3.3%；一方外出务工另一方无监护能力的31万人，占3.4%。有36万农村留守儿童无人监护，占4%。

父母作为孩子的第一任老师，在孩子的成长过程中尤其是儿童时期担任着至关重要的角色，儿童在童年时期的经历对其以后的生活有着十分深远的影响。然而由于受经济原因和户籍限制，绝大多数务工人员选择将子女留在家中。这些被留守在家的儿童在最需要家长陪伴和照顾的时候，却不得不与父母分离。相关研究结果显示，目前留守儿童普遍面临着亲子关系疏离、心理问题突出、自我认同感

① 2017年哈尔滨市道里区妇联公益创投项目“紫丁香母亲素质教育工程计划”。

② 李雪，哈尔滨工程大学人文社会科学学院MSW专职实习督导，哈尔滨市心海社会工作服务中心理事长；李莎，哈尔滨工程大学人文社会科学学院2017级MSW研究生；张忠宇，哈尔滨工程大学大学生心理健康指导中心副教授，哈尔滨市心海社会工作服务中心督导。

偏低、缺乏安全感等问题，而针对问题而实施的部分社会政策与行动干预多是补救式的，往往孤立且分散。

当下，社会工作作为解决留守儿童问题的重要手段被广泛应用且效果良好，已成为目前社会力量参与解决社会问题的发展趋势之一。2017 年初，哈尔滨市心海社会工作服务中心承接了哈尔滨市道里区妇联的公益创投项目，以哈尔滨市道里区 X 镇中心学校留守儿童为服务对象开展社会工作服务，试图在解决留守儿童问题的同时，发现一种关爱留守儿童的新模式并进行更大范围的推广，促进更多的留守儿童身心健康发展。

（二）服务单位基本情况

哈尔滨市道里区 X 镇中心学校留守儿童共计 34 人，年龄集中在 7 ~ 12 岁，分别来自 X 镇中心学校的三个村小学，即 XD 小学、XJ 小学、JG 小学，其中，近一半留守儿童处在离异家庭，主要监护人为爷爷奶奶、姥姥姥爷、姑姑叔叔等。他们面临的主要问题在于与父母亲密关系不良导致的安全感缺乏、情绪问题、亲密接触障碍和亲子关系问题等，因此，如何促进留守儿童身心健康发展和快乐成长成为本项目的重要内容。

二、需求评估

（一）需求评估方法

为了确保服务的有效性，我们首先对留守儿童开展了需求评估与基线测量。考虑到儿童的理解能力和表达能力有限，同时留守儿童对问卷的防御性可能较高，因此，“和你一起长大”社会工作服务项目组（以下简称项目组）主要采取以房树人测验（HTP）、问卷调查法为主，参与式观察法、个案访谈为辅的方式进行需求评估，确保在反复的检验中明确留守儿童存在的问题。此外，对留守儿童的父母、现监护人、班主任及其他相关主体进行了电话访谈或面谈。

1. 房树人测验

房树人（House - Tree - Person，HTP）测验是一种心理投射绘画测验，该方法被大量研究证明在儿童心理研究领域具有较好的信度和效度。房树人测验通过要求被试者画出房子、树和人，由评定者对绘画内容进行分析，以评估被试的心理特点及可能存在的心理障碍。其中，房子和树分别被认为代表被试者对家庭和环境的感知的投射，而人则代表被试的自我认知。项目组基于留守儿童的年龄特点，运用房树人测验对留守儿童存在的问题进行评估，从而对其需求及存在的问题有了客观整体的把握。

2. 问卷调查法

（1）问卷编制

为了更加充分地挖掘服务对象的信息，项目组整合小学生《心理健康诊断测验量表》《青少年生活事件量表》等，设计了《小学生心理健康测评问卷》，并向 X 镇中心学校留守儿童进行发放。测评问卷包括三部分：

①基本情况

包括性别、年龄、父母外出打工情况、与父母关系的亲近性等。

②《心理健康诊断测验量表》

该量表共 100 道题，由 1 个效度量表与 8 个内容分量表构成，即学习焦虑、对人焦虑、孤独倾向、自责倾向、过敏倾向、身体症状、恐怖倾向和冲动倾向。

③《青少年生活事件量表》

该量表由 27 个可能给青少年带来心理反应的负性生活事件构成，用于评定青少年生活事件发生的频度和应激强度。

(2)问卷发放

项目组采用全覆盖进行问卷调查的方式，向 X 镇中心学校的留守儿童发放调查问卷 34 份，有效问卷回收率为 94.1%。其中低年级组，即一至三年级发放问卷 16 份，有效回收 14 份；高年级组，即四、五年级发放问卷 18 份，有效回收 18 份。

3. 参与式观察法

参与式观察是为了更好地了解留守儿童所生活的环境和系统。社会工作遵从“人在环境中”的视角，在服务的过程中特别关注人所生活的环境，认为提升服务对象的能力，必须从改变生活系统开始。参与式观察能够有效了解服务对象所生活的系统中有哪些优势资源，这对于服务项目的开展比较有利，项目组在活动前期开展了多次观察，以此了解 X 镇中心学校物理环境、留守儿童的生活状态等情况，并绘制了留守儿童的资源网络地图。

4. 个案访谈

个案访谈主要以半结构式访谈为主，以此进一步了解服务对象的情况与需求。项目组访谈的对象主要包括留守儿童、留守儿童父母与现监护人、学校教师三类。社会工作者共访谈了 7 位留守儿童、5 位父母与监护人及 4 位学校教师。

(二)问题和需求分析

通过调查，项目组发现很多留守儿童具有自卑胆怯、缺乏安全感、不愿或不善交往等心理特征，个别学生还有不良生活及学习习惯等。主要问题表现如下。

1. 情绪问题

被调查的儿童中情绪问题较为普遍，尤其是焦虑、自责、恐惧等情绪，包括对父母、对周边事物等。由于这些儿童被留守，当他们产生这些情绪时父母无法及时觉察和疏导，而他们与祖辈又大多存在代沟，使得这些情绪、情感长期得不到抒发，不断累积，最终出现情绪甚至是心理问题。同时，由于缺乏家长的引导，一些留守儿童不会运用合理的方式宣泄自己的情绪，从而也会对他们自身造成不同程度的伤害。故此，帮助他们识别情绪、疏导不良情绪、进行科学合理的情绪管理是服务的当务之急。

2. 低价值感、自我接纳不足,以及亲密障碍问题

在调查中,项目组发现,被调查的儿童普遍存在低价值感、自卑、自我接纳不足和安全感缺失等问题。大部分被调查学生的家庭不完整,且由祖辈隔代抚养,父母和祖辈除了提高他们的物质生活条件以外,很难在精神抚慰方面给予他们足够的支持。他们当中的部分儿童认为,“父母是由于自己的缘故离开了家庭”“自己是父母的重担”,从而不喜欢、不接纳自己;也有部分儿童说到,“不喜欢这个家,不能接受父母的离开”“家里冷冷清清,一点都不温暖”等,这些儿童对家庭的负面认知比较严重。他们似乎比一般的孩子更加敏感和脆弱,更渴求关心和爱、更需要鼓励和肯定。也正是由于父母长期不在身边,这些留守儿童中部分出现了不同程度的亲密障碍问题,表现为害怕与其他人的亲密接触,如拉手、拥抱等。故此,对留守儿童的心理健康干预是本服务的核心内容。

3. 亲子沟通问题

大部分留守儿童的父母都在孩子很小的时候就外出打工且很少回家,亲子间沟通频率少、沟通质量差、沟通途径有限,不利于亲子关系的发展和维持,也不利于孩子良好性格的养成和心理的健康发展。所以,促进留守儿童与父母之间的亲子沟通,改善亲子关系亦成为本服务的重要内容。

三、项目服务设计与实施过程

(一)项目服务设计

1. 服务目标

(1)总目标

建立留守儿童心理健康的治疗模式与辅导体系,搭建留守儿童与父母及监护人的成长与沟通平台,初步形成留守儿童社会支持系统,最终促进留守儿童身心健康成长。

(2)具体目标

①以留守儿童服务为主,帮助留守儿童进行情绪管理;使其觉察自身优势资源,提升自尊与自信;正向重构其独特家庭经历与家庭生存模式,接纳自己和家庭,促进其自我蜕变。

②以留守儿童父母及监护人服务为辅,搭建父母及现监护人自我成长的平台,畅通留守儿童与父母及监护人的沟通渠道,实现留守儿童监护人贴心守护,外地父母隔空守护。

③通过社会资源链接,初步构建留守儿童社会支持系统,对留守儿童给予持续稳定的支持。

2. 服务策略

(1)项目组针对留守儿童的心理状况,结合学龄期儿童的身心特征,主要在

“线下”运用游戏辅导和绘画治疗等技巧对留守儿童进行治疗型团体辅导，同时对个别问题严重者进行个案介入。

(2)项目组针对留守儿童的父母及监护人采用“线上＋线下”的形式开展服务。“线上”搭建微信新媒体平台，开设“和你一起长大”家长小课堂、每日小明星、家长绘画工作坊、育儿视频分享、21天亲子打卡计划及社工专线六个模块，实现家长自我成长并逐渐关注孩子成长。“线下”对留守儿童监护人及回家探望孩子的父母开设亲子辅导团体，传授亲子沟通技巧，指引亲子教育方式等。

(3)项目组为留守儿童链接社会资源，构建多方主体的社会支持网络，充分发挥社会工作的动员能力，整合各方资源，汇集各方力量持续性满足留守儿童的物质及精神诉求，适时地为留守儿童提供相应的帮助。

3. 理论支持

(1)生态系统与优势视角的整合式社会工作

社会工作的生态系统视角强调社会工作的干预焦点应将人置于其生活领域，即“人在环境中”，强调个体和社会系统之间相互依赖与联系。该理论认为，个体发展的生态系统可分为宏观系统、外系统、中观系统和微观系统四个层次，而人与生态系统的互动发展有赖于服务提供者和使用者的参与分享，这为社会工作整合性的实践模式奠定了基础。

优势视角聚焦于服务对象的资源、优势和潜能，强调社会工作者与服务对象合作解决问题，重视在服务过程中对服务对象能力的培养与潜能的开发。本项目从优势视角出发，注重留守儿童自身资源与潜能的挖掘，以期儿童能够在现有的家庭环境下健康成长。

生态系统与优势视角整合模式主要在儿童、家庭等服务领域推广应用。本项目亦是一次运用生态系统与优势视角整合式社会工作模式的尝试，该项目包括两部分的整合：一是资源系统的整合，充分考虑宏观系统、外系统、中观系统和微观系统对留守儿童的影响及各部分的优势资源，构建起“政府＋爱心企业＋小学＋高校＋社会组织＋社会爱心人士＋志愿者”的多方位、整合式支持体系；二是方法整合，从留守儿童及其系统的优势/劣势出发，将社会工作方法与心理辅导方法整合。

(2)社会工作解释性理论支持

①家庭系统理论

家庭系统理论认为，任何家庭系统都是由连接家人之间的关系所构成的，如亲子关系。这些关系的发展深受家庭成员间互动方式的影响，同时也影响着家庭整体系统的良性运作，当家庭系统功能受损时，安全感、亲密感等家庭需求便得不到满足。对于留守儿童家庭而言，亲子之间交流时间短，沟通质量差，当出现问题时倾向于“简单粗暴式”解决，这在一定程度上造成亲子关系的疏离。

②埃里克森人格发展论

埃里克森认为人生有八大发展阶段，个体要在每个发展阶段的正负经验中发展出特定品质，如果个体不能在特定时期发展出特定品质，那么个体的发展就会有困扰。从埃里克森人格发展理论来看，X 镇中心学校的留守儿童处在人生第四个阶段——儿童中期或学龄期（6～12 岁），面临着“勤奋对自卑”的冲突，需要发展“能力”的品质。埃里克森认为，“能力”是由于爱的关注与鼓励而形成的，自卑感则是由于儿童生活中十分重要的人物对他的嘲笑或漠不关心造成的。在儿童中期，父母是最重要的人物，但由于留守儿童父母的缺位，对儿童的关注、鼓励不足十分容易影响儿童“能力”的形成，并导致儿童自卑。

基于上述两项理论，我们不仅要对留守儿童进行心理抚慰，同时要对留守儿童父母及现有监护人进行亲子团体辅导，教授他们亲子沟通的技巧，提供各种增进彼此沟通的渠道。本项目对留守儿童父母及现有监护人设计线下与线上服务两部分，努力提供各种沟通途径和形式，以期增加其与孩子间的沟通频率、提升沟通质量，让父母即使不在孩子身边也能尽可能地关注到孩子，让现有监护人能在父母缺位的情况下尽量做到补足。此外，在小组活动中社会工作者努力关注到每位成员，注重对儿童的肯定和支持，希望能够把更多的关爱和鼓励填补进每位孩子的心间。

（3）社会工作实务理论支持

①游戏辅导模式

霍尔莫斯认为，儿童与成年人是有区别的，心理干预也要有所差别。因此，霍尔莫斯将游戏引入到儿童的个案辅导，后经过一系列实践证明了游戏辅导模式对儿童心理干预的有效性和适用性。该模式认为，儿童可以通过游戏将内在的情绪外显化，让内心无意识的世界和现实世界得到呈现。通过与社会工作者的互动，可以增加儿童对自我行为和情绪的认知，促进儿童的个人发展，增强儿童面对困难的信心和能力。

②绘画治疗

绘画治疗是让绘画者通过绘画的创作过程，将潜意识内压抑的感情与冲突呈现出来，并且在绘画的过程中获得疏解与满足，从而达到诊断与治疗的良好效果。绘画治疗是一项较为成熟的心理艺术治疗方法，适用于个人成长探索、亲子关系、童年创伤、情绪困扰、问题行为等的治疗。本项目发现，对比物质需求与精神需求，留守儿童更需要心理上的辅导与干预。结合儿童现阶段的发展特征，选择儿童社会工作中的游戏治疗模式，并结合心理辅导中的绘画疗法对留守儿童实行干预，以此来帮助留守儿童对自己的成长经历及家庭进行正向建构，帮助其觉察自身优势资源，学会自我表达，管理自身情绪。

4. 服务框架

我们针对 X 镇中心学校留守儿童心理状况，运用心理学和社会工作的专业理论与技巧,通过“线上”+“线下”的方式为该校各村小学留守儿童、父母及监护人同步开展了一系列的专业心理干预和辅导活动。针对留守儿童存在的问题开展治疗型团体辅导,同时对个别问题严重的儿童进行个案介入,考虑到留守儿童父母常年外出的现状,我们对留守儿童的父母及其他监护人采取线上亲子教育课堂+线下亲子团体辅导并用的服务形式。期望通过以上方式帮助留守儿童改变不良的心理状况及亲子关系,帮助他们觉察自身资源优势,提高自尊自信,正向重构其独特家庭经历与家庭生存模式,同时开展X镇中心学校关爱留守儿童社会支持网络构建工作,发挥多元主体的作用,最终有效促进留守儿童身心健康发展。服务框架如图13所示。

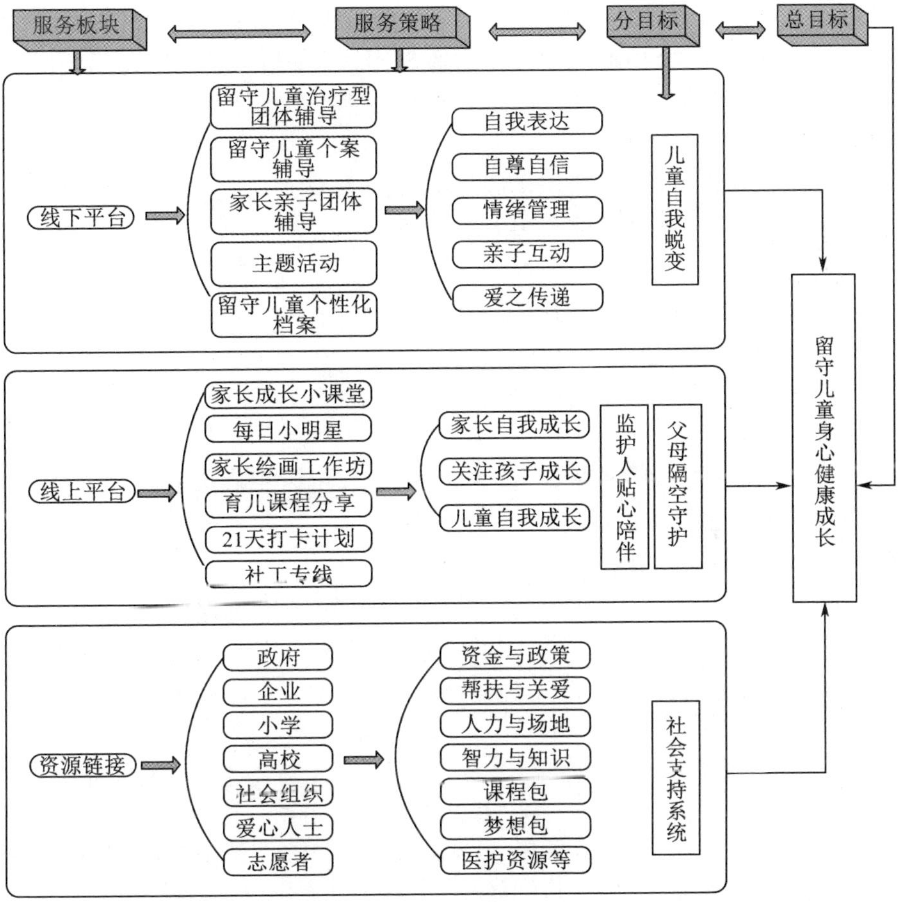

图13 服务框架

(二)服务实施过程及分析

相对于其他留守儿童项目,本项目服务时间长、服务形式多元。在以儿童为主要服务对象的同时加入对家长的干预,从而形成“儿童+家长”“团体+个案”“线上+线下”的多元服务模式,多管齐下达成促进留守儿童健康成长的最终目标。

1. 留守儿童治疗型团体辅导

留守儿童治疗型团体辅导是我们服务的主体内容,针对调查中发现的留守儿童问题,通过团体辅导的形式增强留守儿童的价值感、自尊与自信,在参与小组活动中,学会合理宣泄情绪、增强自我表达和人际交往能力,从而促进留守儿童的健康发展。

由于参与精准服务的留守儿童较多,为保证服务质量,项目组根据留守儿童的年龄将留守儿童划分为四个小组:低年级(一至三年级)1组、2组和高年级(四至五年级)1组、2组。四个小组活动内容大体相同,因高低年级组别儿童年龄不同,因此部分环节稍有调整,下文以高年级1组为例,具体介绍分析。

(1)儿童小组基本情况

小组名称:“和你一起长大”快乐成长小组。

活动对象:X镇中心学校四、五年级留守儿童。

参与人数:8人。

活动地点:X镇中心学校二楼活动室。

小组性质:治疗性小组。

小组形式:同质性、封闭式小组。

活动次数:6次。

小组工作人员:2位督导、7位MSW研究生、2位医生志愿者。督导由社会工作专业与心理学专业教师担任。

(2)儿童小组活动计划(表51)

表51　儿童小组活动计划

活动节数	活动时间	活动目标	具体活动内容
第一节 破冰篇 我想认识你	2017年4月20日 13:00—16:00	1. 打破工作人员与组员的隔阂,初步建立彼此的信任关系; 2. 鼓励儿童自我表达,加强组员之间的认识与了解。	1. 社会工作者自我介绍和活动介绍。 2. 热身游戏:“揉肩捶背”和“开心石头、剪刀、布”。 3. 组员自我介绍环节:“我想认识你”。 4. 订立小组契约:“我的契约树”。 5. 本节小结

表 51(续 1)

活动节数	活动时间	活动目标	具体活动内容
第二节 自我觉察篇 我爱我自己	2017 年 5 月 10 日 13:00—15:30	1. 增加组员的自我觉察能力,帮助组员更多地探索自己,发现自己的优点和特长,引导组员接纳、欣赏自己,提升组员的自尊与自信; 2. 引发组员学会表达自己的情感,提升组员自我表达与人际交往的能力。	1. 对上次活动简要回顾:“温故知新”。 2. 热身游戏:“开心石头、剪刀、布”。 3. 自我觉察环节:“我的自画像”。 4. 自我肯定环节:“优点大轰炸”。 5. 本节小结
第三节 情绪管理篇 做情绪的主人	2017 年 6 月 5 日 13:00—15:30	1. 以绘画和游戏的方式帮助孩子理解生活中的负性事件并进行正向重构; 2. 帮助儿童宣泄负性情绪,增加儿童处理负性情绪的经验并提升其情绪管理的能力。	1. 对上次活动简要回顾:“温故知新”。 2. 热身游戏:“大风吹”。 3. 情绪宣泄环节:“情绪垃圾桶”。 4. 情绪管理环节:“情绪万花筒”。 5. 庆祝六一:“我的心愿单”。 6. 本节小结
第四节 家庭篇 亲情六月, 与爱同行	2017 年 6 月 30 日 12:00—14:00	1. 培养亲子之间的沟通默契,增进亲子沟通,增强儿童与父母之间的连接,学会表达自己的情感; 2. 父母与孩子彼此感恩,引导儿童正向体验自己的家庭经历与家庭关系,接纳自己家庭的存在模式,增进亲子感情。	1. 举办毕业典礼,庆祝五年级同学毕业:“生日 party”。 2. 自我赋能环节:“给未来的自己写一封信”。 3. 亲子互动环节:“寻找有缘人”。 4. 亲子互动环节:“感恩九宫格”。 5. 本节小结
第五节 家庭篇 家书抵万金	2017 年 9 月 22 日 12:00—14:00	1. 正向重构家庭经历,理解并接纳自己家庭独特的存在模式; 2. 引导儿童学会与父母换位思考,体验与父母情感的深层连接,觉察爱和能量的流动。	1. 新学期,新祝福:“我的暑期故事会”。 2. 热身游戏:“老狼,老狼,几点了”。 3. 角色扮演:“今天我是家长”。 4. 给父母写封信:“我的一封家书”。 5. 本节小结

表 51(续 2)

活动节数	活动时间	活动目标	具体活动内容
第六节 总结篇 一路有你, 和你一起 长大	2017 年 10 月 25 日 12:00—14:00	1. 引导儿童体验自己的改变和成长,巩固成果,增强孩子们的自信; 2. 处理离别情绪; 3. 传达美好的愿望和祝福。	1. 回顾往期活动,体验改变。 2. 吃蛋糕,许心愿。 3. 处理离别情绪。 4. 合照告别

(3)儿童小组服务过程及分析

①第一节:破冰篇——“我想认识你”

a. 服务内容分析

本次小组为“和你一起长大”快乐成长小组的第一次活动。作为首次活动,本次小组的主要目标在于完成破冰任务,使小组成员和工作者相互熟悉,创设信任、安全的小组气氛,为以后的小组发展奠定基础。

小组主要进行的活动按照热身活动、建立关系、订立契约来设计。在热身活动环节中,工作者进行了“揉肩捶背”和“开心石头、剪刀、布”游戏;建立关系环节中,通过“我想认识你”活动邀请小组成员进行自我介绍;订立小组契约环节中,社工邀请孩子们分享自己对小组的期待以及小组的规则,并把大家都认可的小组规则写在契约树上。

b. 服务效果

本次活动气氛轻松欢乐,有效消除了大家的紧张感。在小组活动结束后,孩子们与社会工作者之间的关系明显亲近,彼此都迈出第一步,建立起初步的信任关系,孩子们也开始尝试勇敢地去表达自己。

②第二节:自我觉察篇——“我爱我自己”

a. 服务内容分析

本次小组活动以“自我觉察”为主题,主要目的是帮助孩子们更多地探索自己,发现自己的优点和潜力,从而更好地接纳和欣赏自己,提升自尊和自信。本次小组的主要内容包括对上次活动的回顾、热身游戏、“我的自画像”和“优点轰炸”。“我的自画像”即让孩子们在画纸上画出心目中的自己,并与其他成员分享为什么这么画。通过对儿童“自画像”的分析使工作者深入了解孩子们的内心世界和性格、心理特征,并对孩子们可能存在的心理问题进行初步筛选和排查。“优点轰炸”环节旨在引导孩子觉察自己的优点和长处,从而更好地自我接纳。在“优点轰炸”环节中,社会工作者首先让孩子说出自己至少三个优点或长处,然后再由其他组员讲出该成员的优点。对自己优点的肯定让孩子们进一步觉察出自己拥有的资源和能力,来自同辈群体的肯定和赞扬大大提升了孩子们的自尊和自信。

b. 服务效果

相比于文字,孩子们似乎更加喜欢画画。活动过程中,孩子们全情投入,自画像分享和“优点轰炸”环节表现活跃、积极主动,开始尝试勇敢地表达自己。来自社会工作者和同辈群体的赞扬,让孩子们露出开心的笑脸,获得了滋养。

③第三节:情绪管理篇——“做情绪的主人”

a. 服务内容分析

情绪问题是留守儿童中比较显著的问题,在第三节的小组活动中,工作者集中处理孩子们的负性情绪,帮助孩子们宣泄不良情绪、增强处理负性情绪的能力。本次小组活动的主体环节是“情绪垃圾桶”和“情绪万花筒”。“情绪垃圾桶”旨在帮助孩子们宣泄不良情绪,社会工作者首先引导组员写下最近一个月中自己的烦恼,让其他组员抽取并分享自己在遇到纸上所写的烦恼时是如何处理的。分享完毕后,社会工作者引导组员将自己的烦恼纸巾撕碎扔到垃圾桶,同时踩爆情绪气球来进行情绪宣泄。“情绪万花筒”环节类似于儿童沙盘游戏,是在孩子们情绪宣泄后,由社会工作者引导小组成员以“最开心的一件事”为主题,选取自己喜欢的贴纸在 A4 纸上进行创作。社会工作者为孩子们准备了包含人物、动物、植物、建筑、交通、日常用品等各类贴纸。在孩子们创作完成后,社会工作者邀请组员们分享自己的作品及选择贴纸的理由。在这一游戏中,社会工作者还增添了贴纸赠送环节,即在组员分享完毕后,其他组员选择的贴纸贴在特意准备的贺卡上作为礼物送给该组员。这一游戏不仅强化了孩子们的正向体验、增强了组员间的互相支持,并且通过投射使得社会工作者进一步了解到孩子们的心理状态,为后续活动做足了准备。由于本次小组活动临近六一,在活动的最后进行了“我的心愿单”爱心包裹的活动,将筹集到的节日礼品送给每个小朋友(活动前近一个月的时间,收集每个孩子的心愿单,按照心愿单的内容,社会工作者链接资源获得相应的心愿礼物,并由赠送者与社会工作者共同撰写每个孩子专属的心愿祝福卡)。

b. 服务效果

活动将孩子们的负性情绪完整地抒发出来,他们都带着笑脸结束了本次小组活动。通过活动孩子们学会了如何去处理自己的不良情绪,学会管理自己的情绪,能够慢慢地去接纳自己,爱自己。

④第四节:家庭篇——“亲情六月,与爱同行”

a. 服务内容分析

本次小组活动的主题是加强亲子互动,增进彼此感情。由于临近暑期,恰逢部分留守儿童的家长回家探亲,我们邀请家长们参与到这次小组活动中。活动内容主要包括:“生日 party”“给未来的自己写一封信”“寻找有缘人”“感恩九宫格”等内容。由于五年级小朋友马上要毕业，本次也是五年级小朋友最后一次活动，社会工作者在小组开始为他们举行了欢送仪式——“生日 party”。在“生日 party”中，社会工作者为五年级小朋友颁发了“毕业礼帽”和“毕业证书”，家长和其他年级小朋友向他们表达了真诚的祝福，然后大家一起切分了毕业蛋糕，庆祝五年级小朋友顺利毕业，即将踏入新的征程。随后，社会工作者引导所有小朋友给未来的自己写一封信，希望小朋友们可以带着对未来的期盼开心地过好每一天。“寻找有缘人”是家长与孩子共同参与的亲子互动游戏，旨在促进亲子沟通、增强亲子互动。游戏中，家长们站成一排，将孩子们的眼睛遮住，通过触摸家长们的双手找到自己的父母或者爷爷奶奶、姥姥姥爷等监护人。让孩子在寻找的过程中，增加彼此默契程度，更珍惜彼此的缘分。“感恩九宫格”同样是亲子互动环节，活动中父母、监护人与孩子彼此感恩，互相表达爱意，让以前羞于展示的情感得到充分表达。社会工作者希望通过这种形式，创造父母、监护人与孩子的共同体验和回忆，从而引导儿童接纳自己家庭的存在模式，增进亲子感情。

b. 服务效果

本次活动很好地处理了高年级组的离别情绪，表达了对他们的祝福，让孩子们能更加自信地面对以后的学习和生活。通过设置亲子互动环节，增进了父母与孩子之间的沟通和了解，增加了亲子之间的连接，让孩子们懂得感恩，学会表达自己的情感，从而增进了亲子感情。

⑤第五节：家庭篇——“家书抵万金”

a. 服务内容分析

本次小组活动仍旧以增加亲子感情为目标，由于这次小组活动距离中秋节较近，故主要围绕着“为父母写家书”的形式来进行。小组首先邀请孩子们分享了自己暑假的故事，随后社会工作者设置角色扮演，让小朋友们扮演父母的角色来体验父母的不易，从而更加理解父母外出打工的艰辛。然后小朋友们画出了属于自己的中秋月饼并且给家长写了一封中秋家书，这封家书里包含着他们最想对父母说的话，事后项目组收集了父母的反馈信息了解一封家书的作用。

b. 服务效果

通过本次活动给予了亲子之间沟通交流的时间和平台，拉近了留守儿童和监护人之间的关系，促进了监护人、儿童的观念转变，使得留守儿童家庭的亲子关系更加和谐。

⑥第六节：总结篇——“一路有你，和你一起长大”

a. 服务内容分析

本次活动是儿童成长小组的最后一次活动，然而一次旅程的结束也象征着新征途的开始。社会工作者们领着孩子和家长们一起回顾了这段时间以来孩子们一点一滴的变化，让大家深刻感受到孩子们的成长和发展。社会工作者还为孩子们准备了蛋糕,蛋糕往往代表着新的开始,在家长的见证下,所有的留守儿童一起点蜡烛、许愿、吹蜡烛、切蛋糕,分享这个写着"和你一起长大"的蛋糕。在吃蛋糕的同时,社会工作者们为孩子和家长拍合照,纪念这一时刻,有笑有泪,更多的是感动。

b. 服务效果

经过几个月的团体活动,参与团体辅导的小朋友们开朗了许多,见到老师会主动打招呼问好,并与其他小朋友打成一片;通过前后的绘画对比也显示,留守儿童的敏感度、依赖度与负面情绪均有所降低,开始呈现出自立、勇敢、活泼等积极品质。

2. 留守儿童个案辅导

在前期测量与小组活动中,社会工作者筛选出心理症状较严重的和在小组治疗过程中改变不明显的留守儿童,进行更有针对性地个案辅导。由于留守儿童身心发展受到个体、原生家庭、心理需求及其所处的学校和社会环境等多重因素的影响,社会工作者们除了与留守儿童直接面对面的个案治疗外,还将其家庭及社会资源等整合到治疗过程中,帮助个体儿童解决情绪及亲子沟通问题,提升自我能力,使之积极乐观地面对生活。社会工作者共对5名儿童进行了个案辅导,个案分别为"姐姐我想你""我的未来在哪里""明天会更好""打开心门""迈出脚步,说出爱"。社会工作者根据每位儿童的具体情况,一般开展4~5次个案辅导。个案举例如下。

姐姐我想你——关爱留守儿童个案分析

1. 受助留守儿童及家庭的基本情况

基本情况:琦琦,女,12岁,五年级,就读于X镇中心学校JG小学。身高165 cm,体重67 kg。学习成绩中等偏下,未担任班级班干部。琦琦性格内向,不爱与人交流;自卑,不敢在别人面前展示自己,不敢主动和陌生人讲话。

家庭情况:像渔网一样的破碎家庭。琦琦三年级时父母离异,父亲在天津工作,一年回家几次。母亲和父亲离异后,很少回来看望孩子,每年会打几次电话回家。有一个5岁的弟弟,现在姐弟俩都由爷爷奶奶照顾。爷爷在机械厂上班,奶奶在家种田、照顾孙子孙女。

2. 对受助留守儿童成长问题的整理和分析

基于对琦琦的前期了解的主要评估,琦琦的主要问题表现在:一是琦琦从小就没有得到良好的照顾和身心呵护,与父母沟通的机会较少,心理的各种情感无处分享或发泄;再加上琦琦进入青春期,思想发生改变,而爷爷奶奶只能照顾到她的日常生活。这些都加剧了琦琦内心的孤独感和无助感，长期的心理负担积压使她形成了内向、不愿与人交往的性格。二是自卑自责。琦琦认为是自己的原因导致父母离婚，为此产生自卑的心理。另外，琦琦学习成绩不好，身材较同龄人偏胖，这些都加剧了琦琦的自卑心理。三是家庭支持系统功能不良。琦琦父母离异，父亲常年外出打工，母亲一年只给她打几次电话，琦琦长期不在父母身边使琦琦缺乏父母关爱，亲子关系淡漠。另外，琦琦的爷爷奶奶文化程度较低，只能照顾琦琦的基本生活，无法为琦琦辅导功课，也无法帮助琦琦解决心理问题。

3. 服务指导目标、过程、效果

(1)服务目标

①总目标

提高琦琦沟通和人际交往的能力，建立有益于自身发展的良好社会关系网络；提升琦琦的自我认同，恢复和提高琦琦的自信心；修补家庭关系，使琦琦在健康快乐的环境中成长。

②阶段性目标

a. 缓和情绪，建立专业关系

b. 建立自信心，提高自我认同感

c. 改善和父母的关系，恢复家庭支持系统

d. 发挥志愿者作用，提高生活水平

(2)服务过程

①由低头不语到抬头微笑

刚刚成为关爱对象时，琦琦面对社会工作者会感到很紧张，不敢主动找社会工作者说话，与社会工作者的问答也是一问一答式，交谈的过程中，琦琦始终是低着头。社会工作者为第一次见面，特意准备了精美的学习用品。琦琦收到礼物以后不觉露出了微笑，抬头向社会工作者说了一声“谢谢”。这一个微笑、一声“谢谢”打开了社会工作者与琦琦之间的第一扇窗。第一次见面以个案咨询为主，社会工作者向琦琦了解了家庭的基本情况，琦琦与父母的互动情况、琦琦目前的学习情况等。谈话间，社会工作者发现琦琦对于父母的想法是：我恨他们，可以看出，琦琦与父母之间存在很多误会。初次见面后社会工作者与琦琦建立了专业的工作关系，为下一步开展社会工作者服务打下良好的基础。

②由不敢说话到推销报纸

琦琦自卑的心理对她的成长产生了极其负面的影响，如何增强琦琦自我认同就成为首要任务。社会工作者想让琦琦多参加团体活动来提高自信，走出自我封闭的世界，社会工作者邀请琦琦参加到留守儿童小组活

动中。每次小组活动之前，社会工作者们都会邀请参加活动的小朋友站到全体小朋友面前做自我介绍。第一次小组活动时，琦琦不敢站到大家面前，只是在座位上介绍了自己的名字，介绍的时候声音很小、低着头，不敢看大家。第二次小组活动时，社会工作者鼓励琦琦站到大家面前，由于有了第一次的经验，琦琦接受了社会工作者的建议，站到大家面前完成了自我介绍，但还是低着头。第三次、第四次，每次社会工作者都鼓励琦琦站到大家面前，大声地介绍自己。终于，经过一次次练习，琦琦不再害怕在众人面前讲话，有了一定的自信心。

社会工作者了解到琦琦所在的学校会定期组织学生到哈尔滨市防洪纪念塔附近义务卖报，这是一个很好的锻炼机会，但是琦琦缺乏自信，担心自己不能卖出报纸，从来没有报名参加。社会工作者向琦琦分享了自己的卖报经历，并向琦琦讲解该如何卖报纸，鼓励琦琦进行尝试。在琦琦去卖报的那天，社会工作者来到了活动现场观察琦琦的表现，刚开始的时候琦琦不敢去向路人推销报纸，只是拿着报纸等待别人来买。当她看到身边的同学一次次卖出报纸以后，她也开始尝试向路人推销报纸，推销报纸的过程还比较顺利，大部分路人都会停下来买一份报纸，琦琦也由刚开始唯唯诺诺不敢上前变为主动、大声地向路人推销。随着成功的次数增加，琦琦变得越来越开心，脸上洋溢着笑容，和同伴的互动也多了起来，一上午的时间，琦琦卖出了20份报纸，卖报数量在同学中排第3名，老师表扬了她。自此琦琦参加的活动也越来越多，并发现自己慢慢在改变，这种改变也使她走出了自卑，提升了自我认同。

③由“姐姐我想你”到“妈妈我想你”

经过几次个案咨询后，琦琦对社会工作者建立起了信任关系，经常主动给社会工作者发短信问候社会工作者：“姐姐我想你，你什么时候再来”。由于父亲长期在外打工，母亲因为离异很少回家，琦琦的家庭支持系统只剩下爷爷奶奶。父母没有尽到应尽的义务，在琦琦心中成为一种缺憾，甚至让琦琦恨自己的父母，要让琦琦健康成长，父母是必要的一部分，即使父母离异，也应该让琦琦知道父母对自己的关爱。每次开展个案咨询的时候，社会工作者都会告诉琦琦“父母离异不是你的错，爸爸妈妈分开是有他们自己的原因，即使爸爸妈妈不在一起或者不在你身边，他们也是爱你的”。除此之外，个案咨询时，还设置了情绪宣泄环节，通过撕纸巾、吹气球等方式琦琦宣泄自己的情绪。在前几次的情绪宣泄环节，琦琦都表示很恨自己的妈妈，但经过几次宣泄之后，琦琦开始表达“妈妈我想你”，社会工作者抓住这个契机，与琦琦的妈妈取得了联系。母亲的态度比社会工作者想象的要好，比较容易沟通，她表示自己很爱孩子也很想孩子。社会工作者把琦琦自身的改变以及对母亲的想念告诉了她,希望她可以多关心琦琦的生活。自从社会工作者介入以后,琦琦和母亲的联系增加,经常微信沟通。

与母亲的关系改善之后,社会工作者还对琦琦的奶奶做了一次访谈。琦琦的奶奶表示很喜欢这个孙女,希望能够把她培养成才,自从社会工作者对孙女进行干预以后,孙女明显比以前开朗了很多。社会工作者向琦琦奶奶介绍这个阶段孩子的心理特征并告诉她除了要重视孩子的学习成绩以外,还要关注孩子的心理健康,要鼓励孩子多和母亲联系。当社会工作者提出要鼓励琦琦多参加团体活动时,奶奶非常的支持,还亲自送孙女去参加卖报活动。

④我要帮助你

琦琦家庭经济条件较差,两个孩子上学,家庭的经济负担比较重。琦琦的奶奶告诉我们,琦琦很喜欢看书,但是家里没有条件给她买新书。项目组联系了一些社会资源为琦琦提供帮助。六一儿童节期间,琦琦收到了哈尔滨商业大学志愿者捐赠的一套图书、一套文具。中秋节期间,哈尔滨市女企业家协会的代表们捐赠了月饼、水果、红肠等过节物资,在社会工作者的帮助下,琦琦的生活得到改善,内心充满着阳光。

(3)服务效果

①成效评估

本次服务计划综合考虑到琦琦的心理需求及其所处的家庭和社会环境等多重因素的影响,采用了理性情绪疗法、家庭疗法等多种方法相结合介入个案,除了社会工作者与琦琦的直接面对面的个案访谈治疗外,还将琦琦的家庭成员整合到琦琦的治疗中,从而为她的身心康复尽可能全方位地创造出一个良好的家庭和社会环境,这有助于琦琦缓解和摆脱内心的焦虑和孤独,使得该治疗方案的实施具有可行性,而且取得了良好的效果。

②满意度评估

琦琦对于近半年来的服务过程具有高度的认可。在心理上,琦琦的自信心增强;在学习上,完成了小学阶段的学习任务,顺利升入初中;在生活上,生活质量得到提高。服务期间,琦琦与社会工作者建立了亲密的关系,经常会主动发信息问候社会工作者,对社会工作者给予充分的肯定。

4.该典型个案的家庭教育启示

(1)父母应该将自己外出打工的经历以适当的方式对孩子进行教育

很多孩子不理解父母外出打工的行为,认为父母长时间不回家就是不爱自己了。父母应该多和孩子交流自己外出打工的原因、经历,让孩子理解自己背井离乡生活的痛苦与磨难,在孩子心目中树立父母吃苦耐劳、拼搏向上的形象,这将对他们产生潜移默化的良好影响。

(2)父母应转变用金钱弥补愧疚的心态,注重与子女的情感交流和心理沟通

家长除了提供必要的学习条件以外,切忌仅考虑物质满足。多关注孩子情感、心灵交流,从精神上关心子女发展。家长要与学校、老师保持经常性联系,随时了解子女在学校的学习、发展情况,并对其进行及时的引导和教育,防止其滋生消极想法,帮助孩子顺利度过每一个转型期。

(3)转变监护人观念,促进留守儿童全面发展

留守儿童的监护人大多是爷爷奶奶、姥姥姥爷,这些监护人的年纪较大、文化水平偏低,往往只重视留守儿童的基本生活、安全保障,对于儿童的心理健康关注较少。社会工作者及留守儿童父母应帮助转变监护人的观念,除了关心日常生活以外,还应该关注孩子的心理健康。监护人要做好父母与孩子之间的沟通桥梁,促进双方的交流。

5. 专业反思

社会工作者的态度和方法影响着个案的成功与否。社会工作者应该设身处地地从琦琦的角度去思考问题,本着真诚、平等的态度,在轻松、愉快的气氛中和琦琦访谈,坦诚的交流是深入探究问题、并能使琦琦自由表达感受的前提。社会工作者和琦琦处于平等的地位,以朋友的方式进行无设防的交谈,让琦琦在温暖和尊重中,提升对问题的自决能力。社会工作者应该学会让琦琦剖析自己,培养其面对现实的能力,学会在遇到挫折时从多角度出发去思考,学会向外界求助,学会正确、客观而理性地分析问题的实质,从而提高琦琦对社会的适应能力,促进其健康成长。

3. 家长亲子团体辅导

从家庭系统理论来看,儿童产生问题的根源往往在于原生家庭中的父母。为了更好地缓解留守儿童的心理健康问题,我们在开展留守儿童团体辅导和个案辅导的同时,还增设了留守儿童家长家庭教育服务。

考虑到留守儿童家长长期不在家中的现实因素,留守儿童家长家庭教育服务主要分为两大内容:线下家长亲子团体辅导和线上微信平台服务。我们努力尝试从留守儿童、家长及其他监护人的反应与互动中,理解他们面对的困难与需求,寻找到社会工作介入留守儿童家庭教育的有效路径,从而固化服务模式,促进留守儿童的身心健康发展。

(1)家长亲子小组基本情况

小组名称:“和你一起长大”家长互助小组。

活动对象:X 中心小学留守儿童的父母。

活动地点:X 中心小学学校活动室。

小组性质:互助小组。

小组形式:同质性、半开放式小组。

活动次数:3 次。

小组工作人员:2 位督导、7 位 MSW。督导由社会工作专业与心理学专业教师担任。

(2)家长互助小组活动计划(表 52)

表 52　家长互助小组活动计划

活动节数	活动时间	参加人员	活动目标	具体活动内容
第一节 亲子沟通,与爱同行	2017 年 6 月 30 日 12:00—14:00	父母、监护人与儿童	1. 给予亲子之间沟通交流的时间和平台,帮助留守儿童逐步增加与父母的互动,增进彼此沟通	1."大风吹" 2."小鸡变凤凰" 3."你来比画我来猜" 4."丛林大冒险" 5."寻找有缘人"
第二节 说出你的故事	2017 年 9 月 22 日 13:00—15:00	父母、监护人	1. 以撕纸条的方式使家长感悟到生命的流逝与传承,领悟到自己的付出和孩子的成长; 2. 引导家长分享自己生活中的难处,促进家长之间形成同辈群体互助支持网络; 3. 分享亲子沟通的技巧,提升家长亲子沟通的能力	家长感悟:"生命的长度" 2. 家长分享会:"说出你的故事" 3. 亲子小课堂:"如何与孩子沟通"
第三节 分享孩子的改变	2017 年 10 月 25 日 13:00—15:00	父母、监护人	1. 引导家长觉察原有教养子女理念中的不合理之处,促进改变,形成科学、有效的教养子女理念和模式; 2. 增进父母与孩子之间的了解,建立彼此之间的正向连接	1. 亲子关系讲座:"如何建立良性亲子关系" 2. 家长分享会:"分享改变"

(3)家长互助小组服务过程及分析

①第一节:"亲子沟通,与爱同行"

a. 服务内容分析

本次小组活动以游戏贯穿始终,主要是通过家长与孩子一同参与游戏来增强亲子互动。活动中,热身游戏——"大风吹""小鸡变凤凰""你来比画我来猜"的游戏环节考察了父母与孩子之间的默契程度,让彼此尝试着去了解对方的世界,增进孩子与父母之间的了解。在游戏中父母与孩子也向大家展示了在日常生活中的互动过程。"丛林大冒险""寻找有缘人"等游戏,也让儿童与父母度过了一段欢乐时光。

b. 服务效果

活动虽结束,沟通刚开始。本次小组活动搭建了孩子与父母之间沟通的桥梁,收到了较好的活动反馈。父母与孩子在这个活动中都有所收获,增加了对彼此的了解,开始尝试去理解彼此的世界和想法,为沟通打开了一扇爱的大门。

②第二节:"说出你的故事"

a. 服务内容分析

本次小组活动一开始,项目组督导给每位家长分发了一张纸条。纸条代表每个人的生命长度,纸条被分成八段,代表预期寿命是 80 年,每一段代表 10 年。在督导的指导下,家长们撕去纸上代表过去生命的部分,保留代表余下生命长度的部分。撕完以后,很多爷爷奶奶、姥姥姥爷等监护人惊讶地发现自己的纸条上只剩 10 年、15 年,多的也不过 25 年,引发了大家的沉思和讨论,在场很多监护人也无奈流泪。在之后的家长分享会中,家长们谈论到自己生活中最不易的地方,部分家长的分享引发了大家的共鸣,大家相互支持、彼此鼓励,从小组中获得了力量和支持。本次活动的最后,社会工作者向家长们分享了一些与孩子沟通的技巧,旨在提升家长亲子沟通的能力,建立良性的沟通模式。

b. 服务效果

以撕纸条的方式使家长感悟到生命的流逝和传承,领悟到自己辛苦的付出与孩子的成长之间重要的关系,使家长们更加珍惜与孩子们相伴的时光。项目组鼓励家长们分享自己生活中的难处,家长们彼此共情、相互支持,初步形成同辈群体间的社会支持网络。

③第三节:"分享孩子的改变"

a. 服务内容分析

本次活动是家长互助小组的最后一次活动。小组开始,项目组督导围绕着家长们最关心的问题开展了相关的亲子教育讲座,讲座介绍了亲子关系的重要性以及不良亲子关系的危害。对于离异家庭,监护人应鼓励孩子和母亲建立联系,不要因为离异而对孩子造成终生的负面影响。很多爷爷奶奶、姥姥姥爷、姑姑叔叔等监护人也非常认同，表示回去以后不会再在孩子面前说他们父母的坏话，会主动帮助孩子和父母联系。随后，家长们分享了这段时间中孩子们的成长和改变，总结活动中的收获。

b. 服务效果

这次小组活动促使家长开始自我反思原有的教养子女模式，引导家长改变教育观念和方式。在最后的分享环节，家长们积极讨论了自己孩子的改变和具体的行为表现，均反映孩子变化很大，如，很多孩子以前回避与父母的联系，现在开始主动跟父母打电话、发短信、微信，开始跟妈妈撒娇，父母回家看望时会热情拥抱等。总体而言，亲子关系的发展呈现出由被动到主动的变化。此外，还有位爷爷跟大家分享，自己孙女之前十分内向，很少说话，现在不仅能主动跟其他人交流，而且也变得越来越开朗了。每位监护人都诉说着孩子一点一滴的改变，脸上挂满了幸福的笑容。

4. 线上平台服务（表 53）

从 2017 年初到年末，我们采用“线上 + 线下”的方式作为项目组介入留守儿童家庭教育的一种策略。“线上”策略不仅是基于留守儿童家庭成员空间特殊性而产生，还有着对留守儿童家长的更多期待，希望他们发声，让我们能够发掘他们在家庭教育中的巨大力量。

我们搭建线上微信平台的理念主要源自“隔空守护”这一理念。“隔空”一词原指虽有些距离但能够通过信息进行交流的意思，在词语“隔空相望”中，它又代表着一份能够穿越空间的思念。“隔空守护”就源于此，即使家长与自己的孩子隔着千山万水，但仍然可以看守、保护着自己的孩子。我们认为，家庭教育中需要成长的不仅是儿童，家长也需要共同成长。基于此，我们线上平台服务（微信平台 + 电话平台）共划分为六个版块：“和你一起长大 - 家长小课堂”“和你一起长大 - 每周小明星”“和你一起长大 - 家长绘画工作坊”“和你一起长大 - 育儿课程分享”“和你一起长大 -21 天亲子打卡计划”，以及“社工专线”。每个版块都有专职的社会工作者管理，负责及时推送相关信息，让远在外地的家长能够及时关注到自己孩子的点滴成长与改变，同时，也促使家长自身不断进步与改变，最终改善亲子关系，实现家长与孩子的良性互动，真正做到“隔空”也能“守护”，家长也能“和孩子一起长大”。

5. 资源链接（表 54）

如前文所言，本项目是一次运用生态系统与优势视角整合式社会工作模式的尝试，在生态系统与优势视角的指导下，项目组充分发挥社会工作者整合资源的能力，尝试整合留守儿童系统中各部分的优势资源，构建起“政府 + 爱心企业 + 小学 + 高校 + 社会组织 + 社会爱心人士 + 志愿者”的多方位、整合式社会支持体系。

表 53 线上平台

版块名称	活动对象	服务性质	服务频次	目的	具体服务内容	服务效果
『和你一起长大——家长小课堂』	现有监护人、父母、学校老师	公开	星期一、三、五	引导家长自身的成长和改变，提升家长家庭教养技巧，改善不良的亲子沟通模式，创造亲子共同话题，形成良好的亲子关系	主要围绕着“家庭教养小智慧”“亲子时刻”“健康小贴士”三个主题进行。 1. 家庭教养小智慧：分享家庭教育的知识、亲子沟通的方法、儿童心理知识等多种话题，帮助家长了解儿童心理发展变化、学习亲子教育方法。例如，“教育孩子，首先要做一个倾听者”“亲子沟通小技巧”“家庭教育每天七个‘一分钟’”“当孩子惹你生气的时候，请淡定”“宝贝，我想更懂你”等内容。 2. 亲子时刻：推荐适合孩子们阅读的书籍、有教育意义的优秀电影、绘本等，丰富孩子们的空闲时间，增加亲子间的共同话题，创造亲子愉快时光。 3. 健康小贴士：为家长讲解儿童季节性健康小知识，帮助家长更好地照顾孩子，让孩子健康成长。例如，二十四节气的饮食规律、注意事项、季节性安全知识等	目标达成度： 通过家长反馈，家长认为小课堂推送的内容十分实用，对自己有很大的帮助。具体来看，100%的家长认为可以从中习得相应的亲子沟通技巧，74%的家长认为对儿童的心理了解得更加清楚，59%的家长认为比之前有了更多与孩子的共同话题。 对版块内容满意度： “家庭教养小智慧”95%的家长选择“非常满意”，“亲子时刻”92%家长选择“非常满意”，“健康小贴士”非常满意度为88%。 服务对象参与度与投入度： 家长对小课堂抱有很大热情，推送的内容会引起大家在群里热切的讨论。同时，家长也会在群里主动分享自己关于亲子关系、家庭教育、育儿等方面的经验，供大家参考
『和你一起长大——每周小明星』	现有监护人、父母、学校老师	公开	星期二	向家长们动态分享服务进行中孩子们的点滴变化，让家长看到孩子的成长和改变	1.“小明星”推送：每次活动中，工作者关注每位儿童的表现，每周挑选出一位儿童作为“小明星”，将其成长变化的点点滴滴，通过文字、图片和视频的方式定时推送到微信平台中。 2. 儿童建档：社会工作者为每位儿童建立成长档案，并将其反馈给各自家长	目标达成度： 家长反馈，十分喜欢这个版块，“每周小明星”让他们看见了孩子的变化，就好像在孩子身边一样

表53(续1)

版块名称	活动对象	服务性质	服务频次	目的	具体服务内容	服务效果
『和你一起长大——家长绘画工作坊』	现有监护人、父母	一对一	星期四	与家长及时沟通儿童可能存在的心理问题，以及自身的困惑。切实发挥家长在儿童成长中的作用，同家长一道促进儿童身心健康发展	线上平台的“一对一”专业心理咨询。以“自愿”为前提，家长提供自己或孩子的绘画作品，督导提供专业心理咨询服务，解答家长在家庭教育过程中的困惑	目标达成度： 直接服务人数29人。家长对此项服务满意度极高，非常感谢项目组。家长们表示会注意孩子的问题，多与自己的孩子沟通，时刻关注孩子的成长
『和你一起长大——育儿课程分享』	现有监护人、父母、学校老师	公开	星期六、日	供家长与学校教师学习，增进家长与老师对儿童心理的了解，提升处理儿童学习焦虑、自卑等问题的经验	1.“乐学包”分享：在微信平台中分享乐学包视频课程，供家长与学校老师学习。 2.“优势自信包”分享：在微信平台中分享优势自信包视频课程，供家长与学校教师学习	目标达成度： 家长与学校教师认为，课程内容确实对解决儿童学习焦虑、自卑等问题具有帮助。 有家长反馈，通过课程包了解到如何与孩子进行远距离沟通，也了解到应该与孩子沟通什么内容。 部分老师反馈道，已经尝试将乐学包中的技巧应用课堂上，效果明显

表 53(续 2)

版块名称	活动对象	服务性质	服务频次	目的	具体服务内容	服务效果
『和你一起长大——21 天亲子打卡计划』	儿童父母	一对一	三周	帮助家长在三周内,与自己的孩子进行有效沟通,并形成习惯,拉近与子女的亲密关系	1. 鼓励亲子沟通:外地打工父母三周内与自己孩子通过多种方式进行有效沟通,并将沟通情况及时反馈给负责的社会工作者。 2. 社工指导:由社会工作者收集信息并进行沟通指点	目标达成度: 家长及儿童反馈,通过 21 天打卡计划,亲子沟通频次增加、沟通内容多样化、亲子关系更加亲密
社工专线	儿童	一对一	工作日	保证服务的连续性和延续性,及时处理儿童遇到的问题	1. 留守儿童服务专线:由专业的社会工作者进行管理及服务。在服务期间,留守儿童可以向专业的社会工作者倾诉自己的不良情绪,工作者对其进行积极的引导及服务,并在之后的服务过程中,对该留守儿童进行及时救助。 在服务结束后,社工专线继续为留守儿童提供社会工作服务	目标达成度: 共有 8 名儿童拨打热线,社会工作者接到 30 余次热线,服务对象参与度一般,但服务满意度高

表 54　资源链接

资源链接对象	实施及完成情况
政府	资金与政策: 省政府爱心人士为留守儿童提供学业帮助,让留守儿童能够更好地生活及学习; 道里区妇联爱心人士与贫困留守儿童结成帮扶对象,在一定程度上缓解了儿童家庭的经济压力

表 54(续)

资源链接对象	实施及完成情况
爱心企业	帮扶与关爱: 中秋节爱心企业给孩子们捐赠了学习用品、食物,让留守儿童感受到节日的温暖
小学	人才与场地: 活动过程中,工作者开展了“留守儿童社工人才队伍建设计划(初阶)”,每次团体活动,项目组均对学校教师进行观摩式社会工作专业培训,培训了 4 名学校教师为留守儿童提供常态化、规范化的指导和关爱。 X 镇中心学校三个村小学每次集中服务场地均有 JG 小学免费提供
高校	智力与知识: 链接哈尔滨工程大学心理学与社会工作专业的教师负责项目督导,心理学教师提供专业的心理咨询服务,MSW 研究生提供直接社工服务
社会组织	课程包: 链接 1 个慈善基金会,该基金会免费向项目组提供两个课程学习包,“乐学包”和“优势自信包”。课程包经过公益产品研发流程,主要针对留守儿童学习焦虑、不自信、自卑等问题开展的课程式辅导,课程包供社会工作者、学校教师及家长学习并使用,效果显著
社会爱心人士	梦想包: 六一儿童节,哈尔滨商业大学、哈尔滨工程大学教师以及其他社会爱心人士依据儿童的“我的心愿单”,共送上 34 份“六一梦想包裹”,让留守儿童意识到自己梦想的力量,增进了孩子信心。 H 市爱心车友队与部分留守儿童结成帮扶对子
志愿者	医护资源: H 市 2 位医生志愿者参与了项目组的全程服务,解决服务中发现的儿童心理问题,同时负责“和你一起长大 – 家长小课堂”中“健康小贴士”版块的推送内容

四、服务评估及效果

(一)评估方法

为了取得更好的项目效果,在项目的不同阶段,不同的利益相关方(项目实施者、资助者、项目对象等)会对项目的整体或者部分进行评估,并根据这些判断更好的完善项目以及推广现有项目。本项目主要通过自评与他评(服务对象评估、其他受益主体评估、第三方评估)两种方式进行评估。

1. 项目自评

项目自评所使用的指标体系由“项目管理、服务实施、服务水平、服务推广、各方支持度、受认可度、社会工作者水平”七个部分组成，包括7项一级指标，38项二级指标，每项5级计分法，即，很好5分，比较好4分，一般3分，不太好2分，很不好1分，总分共计190分。经过严格自评后，本项目实际总得分173分，其中受认可度和社会工作者水平得分最高，项目推广得分最低。根据项目自评指标，项目超额完成情况如下。

(1)服务对象增加

本服务申报之初，预计精准服务15人。在前期的需求评估中，确定精准服务30人，随后又增加4人，故共为34人开展社会工作者服务。

(2)服务内容增加

①增加家长访谈5人，每人0.5小时。

②增加校方老师访谈4人，每人0.5小时，共4次。

③建立微信公共平台，目前共受益42名家长。

(3)服务质量有保证

①服务对象精准

在紧张的经费与服务周期限制下，项目组在服务开始之初进行了半个月的需要评估和基线调查。我们通过全方位地收集整理留守儿童的基本信息，运用绘画疗法、纸质量表测量等对其进行需求评估，确保服务对象的精准选择。

②干预方案有针对性

根据项目组前期需求评估的结果，这些孩子普遍存在情绪问题、亲子沟通等问题，基于此，我们设计了一系列的小组与个案活动帮助留守儿童学会自我表达、正向构建自己独特的家庭经历，并对自己优势资源的觉察肯定等，以此重获自信、自尊，促进其健康成长。

③服务方式多元化

在服务过程中，共开展小组服务9次，个案辅导5人次，家庭访谈活动5人次，教师访谈4人次，创建微信公共平台交流群，以多方法、多渠道来帮助留守儿童学会表达自我，重建新的家庭环境，重构新的家庭连接与家庭关系体验，多管齐下达成促进留守儿童健康成长的最终目标。

2. 项目他评

(1)服务对象与相关受益主体评估

根据《参与者满意度调查问卷》的结果显示，留守儿童、留守儿童父母、留守儿童监护人、学校教师对本次服务评价非常高。在对社会工作者的表现评价中，有95%的人表示非常满意社会工作者的工作表现，100%的人非常满意社会工作者的工作态度。在“您对此次活动是否满意”的评价中，90%的人选择“非常满意”，余下 10% 选择“满意”。

在我们收集到的意见或建议中，组员对小组的评价如下：希望能够多多举办这样的活动；活动时间可以再延长一些；希望项目组明年继续进行“和你一起长大”项目。

(2)第三方评估

项目资助者聘请第三方对本项目进行了设计评估、过程评估、成效评估与影响评估等专项评估。根据第三方评估结果，本项目评估分数为同期所有项目中最高分，项目实施方哈尔滨市心海社会工作服务中心获得投资方颁发的“优秀女性社会组织”荣誉称号，服务团队负责人及成员获得 D 区妇联“优秀巾帼志愿者”与“家庭教育公益大使”称号，四位留守儿童妈妈获 D 区妇联“好妈妈”称号。

(二)目标达成情况

1. 留守儿童方面

有效地提升了留守儿童的自尊和自信，孩子们由原来的内向、羞怯变得活泼、开朗，开始认同和欣赏自己；学会了情绪管理和人际交往的技巧，情绪管理能力和人际交往能力大大提升；同时，他们也对自己家庭独特的存在模式有了新的体验，能够接纳自己的家庭和父母，亲子互动明显增加，部分儿童能够主动向父母表达自己的情感。

留守儿童：我好久没有这么开心了，最近我交了好多朋友，我们一起玩儿、一起学习。每天放学回家，我都帮奶奶干活，我还谢谢奶奶照顾我，奶奶高兴得都哭了，好期待爸爸妈妈赶快回来，可以和我一起参加活动。

留守儿童监护人：在小组活动结束后，一位监护人（留守儿童奶奶）热泪盈眶地向社会工作者表示了感谢：“真的，太感谢你们能来了，这孩子很苦，父母也不怎么管她，原来回家的时候也不怎么说话，自打你们过来以后，孩子变得开朗多了，回来总说你们又来了，带了什么好玩的，尤其喜欢贝贝姐姐，真的太谢谢你们了！”

社会工作者团队感悟：从 17 年初春到深秋，我们以 34 名留守儿童为主要服务对象，通过治疗型团体辅导、个案辅导以及六一、中秋主题活动、链接各方资源等内容，帮助留守儿童觉察自身资源，接纳认同自己的家庭存在模式，积极正向体验自己的家庭经历与家庭关系，进行有效情绪宣泄与情感表达，我们慢慢发现他们的变化，孩子们开始懂得欣赏自己，变得自信、乐观、开朗，渴望与人交流，对父母慢慢从抵触、痛恨心理转为感恩与思念，这些改变令我们欣喜。

2. 在家长及监护人方面

首先通过“线下”父母及监护人的小组工作，完成了社会工作者与监护人之间的破冰之旅，家长们接纳认可社会工作者，建立了彼此的信任。其次，家长及监护人慢慢认同社会工作的服务模式，积极参与到服务活动中。通过“线上”微信新媒体平台，家长开启了自我成长模式。家长课堂帮助家长自身成长、每日小明星带给家长和孩子正向改变的信心，以及共同参与成长的积极性，家长绘画课堂解决家长亲子教育与沟通的困难问题,课程包视频让家长懂得如何满足孩子当前需求,21天打卡计划让父母将爱付诸实践,通过“线上”+“线下”的结合模式,异地父母(包含离异家庭父母)与现有监护人都有不同程度的自我改变,他们也意识到,除了物质给予之外,亲子沟通、儿童人格心理健全发展更加重要,并逐渐开始隔空守护,截至2017年末,两名留守儿童妈妈回归家庭。

留守儿童母亲:一直外地打工,很少回家,和孩子打电话或者视频的时间也少,一般也就说说吃饭、穿衣什么的,不懂也不会说别的。现在每天我看社会工作者在微信群里发的东西,才慢慢知道自己原先做的都不太对,现在才知道应该怎么和孩子沟通,怎么关爱孩子,如何在外地打工还能做一名好家长。现在我一周给孩子打一个电话或者连接视频,谈谈这周发生的事情,聊聊孩子感兴趣的话题,孩子也高兴得不得了,最近成绩也上升了,非常感谢你们。

3. 在亲子关系方面

服务之前,部分留守儿童对于母亲有仇恨心理,部分离异家庭留守儿童亲子关系不紧密,部分留守儿童亲子关系正常但沟通不频繁。经过我们的服务,留守儿童仇恨母亲的心理消失,能够客观地看待家庭、父母关系,接纳自己家庭独特的存在模式和现状,亲子互动明显增加,部分儿童能够主动向父母表达自己的情感。通过“线上”微信服务平台,父母每天见证到孩子们的改变,其他监护人也每天向工作者们及时反应孩子在家中的状态,更好地拉近了彼此的关系。通过“线下”亲子书信、亲子影像等方式,提升了亲子沟通意识,增强亲子换位思考的意识,化解了亲子冲突。家长陪伴子女时间增多,关注重点逐渐转向子女内心感受,亲子沟通效果不断改善,亲子关系更加密切。

社会工作者团队感悟:从夏天到秋天,我们开始将家长的角色纳入关爱留守儿童之中,面对孩子的问题以及需求,我们选择的是先帮助孩子们处理情绪,再介入家庭部分,虽然大部分的离异家庭给我们带来了重重阻碍,但家长们自身的点滴改变与回归让我们充满了信心继续前行。

留守儿童及其父母与监护人身上发生的点滴改变令我们振奋,也激励着社会工作者们继续关注这个特殊的群体,回应需求,促进留守儿童身心健康成长。希望我们有机会和孩子们一起走过下一个春夏秋冬,用爱心与专业守护未来的希望,我们更希望他们的每一个春夏秋冬不仅有我们,更有他们原生家庭中的每一位成员的隔空守护。

五、问题与反思

(一)项目特色

1.“线上”+“线下”的服务形式

本项目最大的特色在于采用了“线上+线下”的服务形式,从服务效果来看,这种服务形式效果显著,尤其适用于留守儿童群体。“线上”策略不仅解决了留守儿童家庭成员空间的特殊性,使得家长即使与孩子有空间相隔,也能陪伴孩子“一起长大”。同时,线上服务所传递的“隔空守护”这一理念打破了旧有的留守儿童家长对孩子的家庭教育无能为力的观念,发掘出留守儿童家长在家庭教育中的巨大力量。不仅如此,“线上”策略所成立的微信家长群还为家长搭建了互助平台,形成了相互支持与信息共享的网络,让留守儿童的家长不再孤单、无助。更值得一提的是,“线上”策略很好地缓解了项目中线下活动间隔时间较长的问题,确保了服务的延续性,让家长每天收获知识信息,不间断地促成家长的改变,真正做到家长和孩子“一起长大”。针对留守儿童父母及监护人进行的“线下”小组活动与“线上”平台相互补足,实现了家长自我成长,亲子关系改善,留守儿童身心健康发展效果最大化。

2. 多方位、整合式社会支持网络系统的构建

本项目在生态系统与优势视角的指导下,充分发挥了社会工作者调动和整合资源的能力,链接了留守儿童宏观、中观、微观及外系统中的资源,构建起“政府 + 爱心企业 + 小学 + 高校 + 社会组织 + 社会爱心人士 + 志愿者”的多方位、整合式社会支持体系。这种多方位社会支持网络的构建调动了广泛的社会力量关爱留守儿童,加大了社会对留守儿童问题的关注,扩展了儿童的资源支持,对留守儿童形成了持续性关怀和支持,并为改善留守儿童的环境系统注入了无限可能性,努力做到让社会和留守儿童“一起长大”。

3. 学校社会工作人才队伍建设

为确保当社会工作者撤离后,服务效果仍能持续,项目组进行了 X 镇中心学校关爱留守儿童社工人才队伍建设的尝试,在活动过程中邀请学校教师进行观摩式的参与式培训,希望在社会工作者退出后,学校教师可以担任起我们的角色为原有的和每年新入学的留守儿童提供常态化、规范化的服务和关爱。学校教师作为陪伴留守儿童时间最长的人之一,对留守儿童的成长有着巨大的影响。项目组进行学校社会工作人才队伍建设,就旨在发挥学校老师的作用,做到学校老师也能陪伴孩子“一起长大”。

(二)项目困难及对策

1. 活动周期问题

本项目在经费支持力度有限、项目年度结项时间紧张等多重限制下,部分活动内容与活动频次没有按照项目组预想开展。为了更好地开展留守儿童服务,在 2017 年度服务项目取得成功的基础上,项目组积极争取到 2018 年继续开展服务的机会,在服务框架、服务频次上更加完善,两年度的项目进行了很好地接续,同时突破了小学范围,继续追踪服务小升初的留守儿童。

2. 活动场地问题

由于服务对象来自多个村小学,协调各校服务场地较为困难。为了保证服务

覆盖面,同时提高服务效率,社会工作者将多个村小学留守儿童集中到JG小学统一开展服务。经与学校沟通,将JG小学免费提供的活动教室由一间扩展为五间,满足高低年级不同小组及父母、监护人小组同时进行活动的需求。

3. 活动时间问题

一是由于服务地点较远,路上时间花费较多,极易耽误活动时间;二是每次活动开展前需要综合协调督导时间、社会工作者时间、三个村小学留守儿童时间方可开展活动,难度较大。为解决问题,社会工作者确定服务计划后,至少提前一周与相关主体协调确定具体活动时间,提前几天备齐所有物资,活动当天至少提前两个小时做现场准备。

4. 活动安全问题

因村小学之间存在一定的距离,为了确保儿童安全,社会工作者与各村小学协商由各村小学指定本项目负责教师在活动时间乘校车将留守儿童送到指定服务地点。

5. 社工专线参与度问题

项目周期内仅有8名儿童主动拨打热线,参与人数占总服务人数的23%,整体参与度较低,社会工作者将通过问卷调查方式收集信息以发现问题,做出完善计划。

(三)专业反思

1. 社工服务的专业融合

本项目2名督导分别从事社会工作与心理学领域,项目开展活动也充分融合了两个专业的知识与技术。从开展的团体辅导中可以明显看出,团体活动运用了很多心理学专业的治疗技术,如绘画治疗。从服务效果来看,绘画治疗对于了解留守儿童心理状况、情绪宣泄具有十分显著的效果,而两个专业的结合发挥出了$1+1>2$的作用。无论在理论基础还是实务操作上,社会工作都与心理学有着深刻的渊源,两个专业融合可以互相取长补短,发挥出更大的作用。

2. 社工服务的延展性

在为留守儿童开展的服务中,项目组增添了家长辅导与学校教师队伍建设的内容。活动中,留守儿童发生的明显改变与家长的成长、老师的关爱密不可分。这种系统理论的视角和资源的贯通性十分符合社会工作的专业特性,并展现出了显著效果,为以后的服务提供了方向。

3. 社工服务的持续性

在多方认可基础上,本项目已经持续两年,在2018年的服务中,我们追踪服务五年级升学到初中的留守儿童,同时也继续服务现在的1~5年级的留守儿童。社会工作者发现,这种持续性的服务使得留守儿童及其家长同社会工作者建立了深厚的感情,更有利于活动的开展与服务效果的巩固。

4. 服务满意度真实性

在项目初期的满意度评估中，服务对象即给出了十分高的分数。社会工作者分析原因有三：一是儿童在学校生活单调，这种带有游戏的新形式能够吸引孩子们的兴趣；二是由于本次服务和校方及教师合作紧密，儿童对老师可能有些畏惧，所以表现得十分配合；三是孩子们希望该服务能够持续进行下去，故此对工作者可能有些“讨好”的心思。社会工作活动参与者普遍对社会工作服务评价较高，除了服务确实吸引人之外，其他因素也影响了评价结果。对此，社会工作者应在项目初期细化满意度调查方式，力求项目初期调查能够更加真实反映服务对象的态度，调查结果更能为后续服务提供信息。

共评共建幸福家园

——“LY 社学”项目需求评估案例[①]

刘　辉　杨国庆　高　岩[②]

一、背景介绍

LY 社区位于 H 省 H 市城区中心地带，于 2001 年成立，现拥有社区工作人员 12 名。社区东起健康路，西至乐园街，南起黛秀湖公园，北起电机二道街，辖区面积 0.6 平方千米，环境良好。目前，社区内公益用房面积达 1 500 平方米，内设多功能厅、党建中心、家长课堂、科普活动室、书画室、棋牌室、图书阅览室等，场地空间充足，能为居民提供“一站式”便捷服务。社区内建筑由健康嘉园、文革小区、大板楼、省建物业、信托物业及鸿昌物业六部分组成，居民住宅楼 33 栋，户数 2 928 户，社区登记人口 9 083 人。社区内居民以 H 市电机集团退休员工为主，社区内老人占比三分之一。

LY 社区成立以来，社区建设方面取得多项成就，如 2015 年，LY 社区被中国科协评为全国科普示范社区，同年又被评为省级“文明社区”等，具有开展幸福社区建设的良好基础，也具有进一步加强社区专业化建设的强烈愿望。在这一背景下，2017 年 12 月，哈尔滨市心海社会工作服务中心承接了“LY 社学 · 同佳岸基金会幸福社区建设项目”（简称“LY 社学项目”），并于 2018 年 3 月正式启动项目服务，服务周期为 3 年。在未来的 3 年内，“LY 社学”项目将以社学为主线，以幸福家庭建设为中心，通过开展项目主题服务、自组织培育和社区空间利用，提升社区工作人员的能力，引导社区居民参与社区治理，强化社会组织对社区事务的参与，丰富三社联动内容，打造社区居民老有所乐、幼有所长的幸福社区。

---

① 2018 年深圳市同佳岸慈善基金会幸福社区建设项目。

② 刘辉、杨国庆，哈尔滨工程大学人文社会科学学院副教授，哈尔滨市心海社会工作服务中心督导；高岩，哈尔滨工程大学人文社会科学学院 2017 级 MSW 研究生。

二、需要评估设计

(一)社区需求评估的目的

"LY 社学·同佳岸基金会幸福社区建设项目"是一个打造幸福社区的社区社会工作服务项目,项目以幸福家庭建设为中心开展各项社会工作服务,因此,本次需求评估的主要目的之一是调查 LY 社区居民的家庭关系现状,同时涉及社区满意度、社会设施利用率、社会支持情况、服务需求及急需解决的问题等,以便项目组能更有针对性地提供社区服务。

(二)社区需求评估的理论基础

1. 需求评估的三个层面

需求评估包括个案、小组与社区三个层面,个案与家庭社会工作的需求评估工具包括各种有信度与效度的问卷与量表,在进行需求评估时,需要请案主完成这些量表或问卷,确定其得分,且问卷与量表法要与访谈与观察法相结合。小组社会工作的需求评估是一个持续不断的过程,贯穿整个干预阶段,直到小组结束。在所有这些评估历程中,都要明确问题、优势与需要。社区社会工作的需求评估具有特殊性,其服务的总体是整个社区,包括社区信息、可用资源、资源开发情况和社会态度等。根据这个描述,这样大型的信息与态度评估,需要以社区居民总体或概率抽样的样本为调查对象才能获得,以量化方法进行调查能保证获得有效度的准确的社区数据。

2. 基于社区参与的需求评估理论

需求评估需要社区参与,需求评估的模式很多,其中之一是基于 CBCAR 的需求评估方法设计。CBCAR 是一种立足社区的参与式行动研究框架,最早用于促进健康研究的社区学者联合体,框架立足社区,珍视社区声音,以社区居民参与健康项目。

该框架建立在 Newman 的联合转换范式之下。该范式认为,问题的答案与变化的力量在社区内部,强调互动模式与能量的流动,通过对模式意义的对话导致转换性行动,而在社区语境中理解社区问题的关键在于建构一个好的数据收集与分析方法。联合转换范式注重使用质性与混合方法去描述社区的生态复杂性,强调信任关系对获得本土知识的重要性。CBCAR 框架认为,社区居民最洞悉他们自己的问题,因此邀请社会居民进行决策过程,以保证所有的声音都有机会被听到。这个框架会产生本土知识,参与的居民会创造意义体系的变化。

有学者将这一框架用于社区居民健康的需求评估上,在需求评估中,医护人员、社区领袖等共同参与评估过程,这是一种以生态视角理解不平等与健康问题的动态联合参与模式,以确保社区的声音与意见可以被听到、采纳与理解。

3. 社会调查的实用主义范式

需求评估的资料收集与分析方法和社会调查一样，有两个技术路线：一是质性路径，该路径在反实证主义或建构主义的范式之下。它认为，价值影响结论，现实渗透理论。强调对人的行为的主观面向的理解，即现实的本质是建构的，事实是研究者与被研究者的互动所达到的生成性理解；二是量化路径，该路径在实证主义的研究范式之下，强调现实的唯一性、主客体的相对独立性、调查研究者的价值中立以及解释的通则式特征与因果论，主张需求评估的社会事实的客观性及可干预的外部原因，具有自然主义的倾向。

但是，一些学者也看到，这两种范式并不是完全对立的，于是提出了混合方法论，其范式是实用主义的。在实用主义的范式下，量化方法与质性方法是相容的，“实用主义在对同一个总问题的研究中可以使用多种研究方法……这会鼓励、甚至要求不同的理论视角整合起来用以解释研究资料”，因此，可以在一项调查中同时采用两种方法。在具体的设计上，有同等地位设计、主次设计与多层次路径设计。

（三）LY 社区需求评估方法

采用 CBCAR 框架下的混合需求评估方法。即在 CBCAR 框架下，社区与机构联合行动来实现社区需求评估的目标，具体的技术工具是利用混合方法收集与分析数据。

1. 调查对象

对 LY 社区全体居民进行入户调查，包括问卷调查与个案访谈，共计 2 928 户。

为获得更多的关于社区需求及社区居民社区参与等信息，进行集体访谈 1 次，对象为 LY 社区楼长，10 人左右。

根据入户调查结果有针对性地对 LY 社区居民进行跟踪性地结构性访谈，对需求做深入检核、复证与深化。共计 20 人左右。

2. 基于 CBCAR 的需求评估设计

下图为 CBCAR 框架下的混合式需求评估流程。CBCAR 框架下的需求评估包括以下六个步骤。

（1）组织架构

基于 CBCAR 框架，需求评估是一个基于社区参与的过程。因此，做需求评估之前，要与社区进行先期沟通，形成一个由机构与社区人员构成的需求评估组织。社区方面人员包括社区负责人及各楼楼长，机构方面人员包括机构负责人、技术督导、MSW 研究生、社会学本科专业学生及学生志愿者。整个项目由社区主任与机构负责人统一指挥，下设总督导、执行督导、社区联络人、小组督导、小组接应人及访员。

（2）对话与沟通

在社区居民中进行无结构观察与访谈，并对所要进行评估的问题与方法与社区人员进行沟通。首先，在社区管理层面进行沟通，得到社区的支持与理解。其次，从社区管理层与部分社区骨干那里了解社区基本信息，先在社区居民与社区骨干那里了解居民及社区环境基本情况，在问卷设计完毕后，招集社区骨干进行沟通，做预调查，听取他们对问卷调查内容及设计的意见。

（3）数据收集与分析

基于 CBCAR 的数据收集要有助于理解社区问题，发现潜在的解决方法，并含有行动参与的实际信息，在与社区居民进行沟通、收集数据时，是一个积极的相互学习的过程。根据 CBCAR 的这一特征，我们的社区总体入户调查以问卷法为主，辅之以观察与访谈，从设计上保证全社区所有住户的声音都被听到，都值得尊重，并通过集体访谈，进一步收集社区骨干对于社区需求与社区行动的意见。量化与质性资料汇聚后的分析结果，既是实际情况的调查，也是社区潜在需求发现、社区资源发掘与观察的过程，并会逐渐聚焦为进一步开展社区服务的基础。在所有这些过程中，机构与社区人员的话语权平等，机构尊重社区意见与声音，保持好奇、开放的姿态，达成共识并相互理解。

（4）行动计划

对数据进行收集分析后，要呈现给社区，根据需求评估的结果，与社区一道，发起幸福社区建设的行动计划。这个计划是一个 3 年的行动计划，在未来的 3 年中，仍然需要不断挖掘与理解需求评估数据后面的意义与内涵，使得行动计划能更为动态精确地反映 LY 社区居民的需求。

为此，在需求评估的两个月后，部分访员又根据前期调查结果，利用个案访谈与集体访谈方式在社区中做了进一步地聚焦与探索，以确认、检核并深化在前期需求评估中所得到的结论。根据新的探索推进与修订服务计划。具体服务的具体流程如图 14 所示。

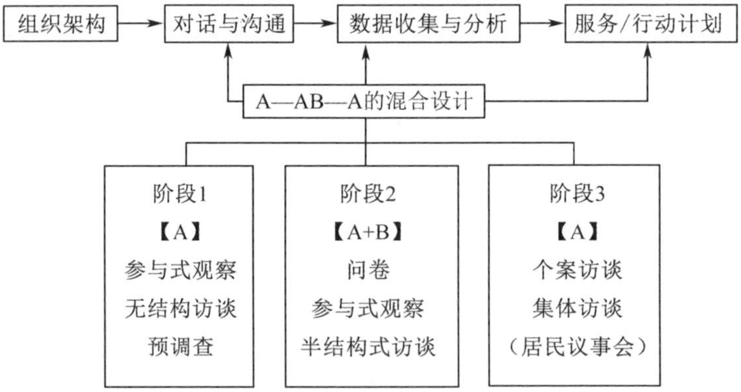

注：其中A为质性方法，B为量化方法。

图 14　需求评估流程图

3. 需求评估调查工具箱

Ginsberg 认为,需求评估是应用研究的一种类型,需要有细致而具有可操作性的方式来界定。为此,一些学者做了很多的需求评估工具,Marlow 认为,有不同类型的需要评估设计,如小样本跟踪、趋势研究、横断研究与参与式研究等,Ginsberg 还提出了专题小组或公开听证会、个人访谈、人口普查、人口统计年鉴、机构资料等二手资料调研、社区论坛等方法。

这些需求评估的方法各有千秋,访谈与观察等质性方法能获得更为深层的数据,问卷法等量化方法可以获得一般性的服务对象信息,而二手资料分析则会利用社区现有的资料,获得历史性的数据以及其他与居民有关的既往信息。但是,这些方法也有各自的不足。如使用问卷法进行普查,需要大量的人力物力;访谈与观察法可以为我们提供服务对象的深度信息,但是,对于社区社会工作服务项目来说,却无法对社区全体居民的需求做全面的描述与评估。

鉴于以上思考,我们采用了混合方法对 LY 社区进行需求评估,即采用问卷调查与质性方法相混合的方式对 LY 社区进行需求评估。如图 15 所示。

- 需要评估方法体系
  - 量化方法
    - 问卷调查法
    - 移动面访调查
  - 质性方法
    - 无结构个案访谈
    - 集体访谈法
    - 参与观察法

图 15　需求评估调查工具箱

(1)问卷评估法

问卷评估法是一种采用问卷系统地、直接地从社会群体那里收集资料,并通过对资料进行统计分析来评估服务对象情况及规律的方法。本项目利用移动面访调查系统进行入户调查。

(2)移动面访调查

以南康计算机辅助面访系统(CAPI,Computer Assisted Personal Interviewing)进行入户调查。以平板电脑为载体,将问卷存储并显示在触控屏幕上进行访问。访问结束后,数据通过无线内网传送到中央服务器,汇总后的数据无须做太多整理便可直接用于统计分析,在采集问卷所需数据的同时,能够记录访问过程中的并行数据,方便对访问过程进行分析。

(3)无结构个案访谈法

质性评估方法。个案访谈指对一个服务对象进行深入全面地访谈调查,以便获得更丰富、生动、具体、详细的资料,主要反映服务对象的需求。其中的无结构访谈又称为深度或自由访谈,指以一个访谈主题或范围展开的比较自由的交谈,从中获得相关信息。

(4)集体访谈法

质性评估方法。是将若干个服务对象集中起来、同时进行访谈获得需求信息的方法。其最大特点是,访谈员与访谈对象、访谈对象与访谈对象之间均可以进行多层次的互动与交流,从中获得的所服务对象的需求信息受社会互动的影响,所获信息比个案访谈更加全面与广泛。

(5)参与观察法

质性评估方法。深入所服务对象的生活背景中,在实际参与服务对象的日常社会生活的过程中所进行的观察。参与观察者的角色有多种,本研究采用的是作为观察者的参与者的角色,即社区居民知道我们是调查者,调查者与社区居民进行正常互动,参与他们的日常生活,在这过程中进行观察。

三、实施过程

(一)组织架构:联合评估与职责分工

由于机构与社区在需求评估的目的上是一致的,沟通顺畅,在需求评估之初,形成了一个由机构与社区人员构成的需求评估组织。具体架构如图16所示。

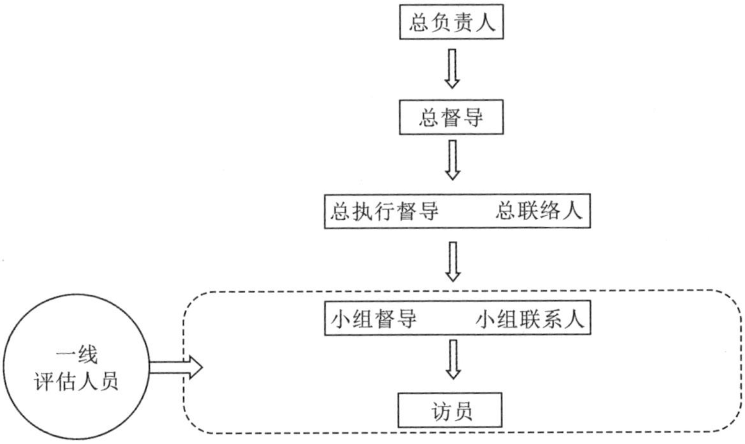

图16　CBCAR框架下的需求评估组织架构

在这一需求评估组织中,社区人员承担了组织、协调、联络与配合入户等重要职责。在一线调查中,以项目组社工为主干,机构访员负责各自专属楼,社区居委会主任与机构对接并协调居民小组长,居民小组长对社工工作起辅助作用,协助社工入户、回答社工在入户过程中的疑问等。

CBCAR需求评估团队岗位与职责情况见表55。

表 55　CBCAR 需求评估团队岗位与职责表

岗位	机构	社区	人数	职责
总负责人	√	√	2	由机构与社区负责人承担,主要负责项目决策、指挥、协调
总督导	√		1	由机构专业教师承担,负责评估方案设计、评估数据的收集、清理与分析等
总执行督导	√		2	由机构督导承担,主要在现场办公,负责一线调查技术与事务处理与指导,社区联络与沟通
总联络人		√	1	由社区工作人员承担,负责社区总接应与协调沟通
小组联系人		√	40	由社区小组长承担,进行预调查;负责介绍所在楼栋的居民情况,带学生入户、参与问卷设计、参与社区访谈与观察调查
小组督导	√		14	由 MSW 研究生与机构员工承担。负责督导所在调查小组情况,参与所在小组一线调查;利用影像发生法、观察法与访谈法进行实地调查;部分参与集体访谈
访员	√		45	社会学专业本科生 + MSW 研究生 + 大学生志愿者;负责入户问卷调查、个案访谈、集体访谈、社区观察等

(二)对话与沟通:前期准备与调查

需求评估组织架构完成后,项目组于 2018 年 3 月对 LY 社区进行探索性实地调查与大规模入户调查前的预调查。实地调查没有理论预设,扎根社区现实,直接从实际观察入手,从原始资料中做经验概括。旨在对社区知识保持开放、好奇与尊重的态度,了解社区居民的日常生活、问题与资源等,通过这一过程,既获得了需求评估的相关信息,也为后续的问卷调查奠定了基础。

1. 与社区管理层及社区骨干进行访谈

在深入社区实地调查之前,与社区管理层和部分社区楼长进行了访谈,了解社区基本情况与信息、社区群众性组织开展情况、社区特征与社区构成、社区资源、社区需求以及社区居民面临的主要问题与呼声等,为进一步的实地调查做准备。

2. 评估人员进入现场

评估人员进入现场的方式是,与社区管理层进行初步沟通与协调,达成本阶段调查共识。由社区管理部门经各楼栋小组长向社区居民介绍项目,引见第一批进入社区进行无结构观察的需求评估人员。社区管理人员与社区各楼栋小组长是我们进行社区需求评估获取准入的"关键人物"。

同时,由机构和社区共同印发入户调查通知并加盖公章,写明项目资助方和承办方、项目概况、需求评估的目的、形式及起止时间,张贴于居民楼的每个单元入口处，提前告知居民即将到来的需求评估入户调查。这些措施保证了接下来的观察与访谈过程的顺利进行。

3. 通过实地调查获得初步印象

本阶段主要由 MSW 学生完成，首先，由两名 MSW 学生对 LY 社区率先进行实地考察，考察内容包括交通线路、社区设施等。2018 年 3 月 28 日项目组成员在 LY 社区进行参与式观察，分成户外和室内两个观察组：

户外组主要观察了黛秀湖公园东门小广场、社区篮球场、社区儿童游乐区、乒乓球区与健身步道，目的是了解社区建筑自然分布、居民日常生活状态、社区资源、户外场地使用情况以及绘制社区资源地图。每次的观察时长约为 1 小时，并于每天不同时段开展，使用手机对观察现场进行拍摄和视频片段录制，同时进行无结构访问，撰写观察与访谈日志。

室内组主要观察社区乒乓球室、社区舞蹈室等，目的是了解社区室内公共场所使用情况、自组织运行情况等。社工在观察的同时也进行回应式互动与无结构访问，参与到当地居民的活动中。例如观察社区乒乓球室的同学，也参与到打乒乓球的运动中，尽量自然地将自己融入现场环境中，同组的其他组员则进行观察记录的撰写。

观察与访谈记录分为两大部分：实地笔记和个人笔记，通过这两个部分，将实时性内容与个人在实地观察时的感受和想法记录下来，并进行汇总（表 56）。

表 56　观察与访谈场所一览

类别	观察与访谈地点	所获信息
社区户外环境及活动人群	黛秀湖公园东门小广场、社区篮球场、社区儿童游乐区、乒乓球区、健身步道	社区资源及利用情况、居民日常生活状况、群众性组织情况等
社区居民楼及居民日常生活状况	电机楼群、文革楼群、省建楼群、新城楼群，共 30 栋	居民日常生活状况、楼道内部环境、社区居民住宅群分布情况等
社区室内活动场所及活动人群	社区乒乓球室、社区舞蹈室、社区轻音乐团活动场所、社区模特队活动场所、太极团活动场所等。	居民社区活动参与情况、群众性活动开展情况、社区居民日常生活等

4. 社区资源地图绘制

在进行社会居民住宅地理分布与楼道环境等的观察与访问中，同时进行社区资源地图绘制，也为后续的入户调查分图制作提供地图标志及资料。

5. 召开需求评估会议

在前期评估工作的基础上，召开需求评估阶段性会议，需求评估负责人、督导及主要项目成员参加会议。会议就项目背景、评估及发展阶段等做讨论，项目组成员交流了前期实地参与式观察的信息及感受，对前期的实地调查结果进行梳理、总结与反省，在此基础上，对问卷初稿提出建设性意见。此外，督导还对需求评估的时间设置、人员，以及入户调查的模式等其他问题进行了讨论并取得了共识。最后，会议还对项目管理、项目分工、项目宣传等事宜进行了简要说明。

6. 社区骨干培训

为使各工作小组与小组长能够在接下来的入户调查中更好地协同工作，接下来，项目组与社区人员共同举行了“社区社工能力提升”培训暨社区骨干见面会，会议得到了社区方面的大力支持，需求评估负责人与 13 名 MSW 学生、社区需求评估负责人、联系人与社区骨干（居民小组长）参加了会议。会议督导就需求评估的目的、内容、程序、方法与流程等做了介绍，并进行了相关培训，一定程度上保证了小组长对需求评估的参与动机与参与能力。主题培训后，项目组社工与社区骨干对接，相互熟悉后，互留联系方式，各组访员、督导与社区骨干之间形成了需求评估社区 – 机构联系网络。

（三）数据收集与分析：入户调查与数据分析

1. 绘制居民住宅分布地图

（1）绘制社区内总建筑平面图

建筑物按照地图的方向“上北下南左西右东”分布，并为每个建筑赋一个数值，LY 社区共有建筑 33 栋，因此共赋 33 个编号。

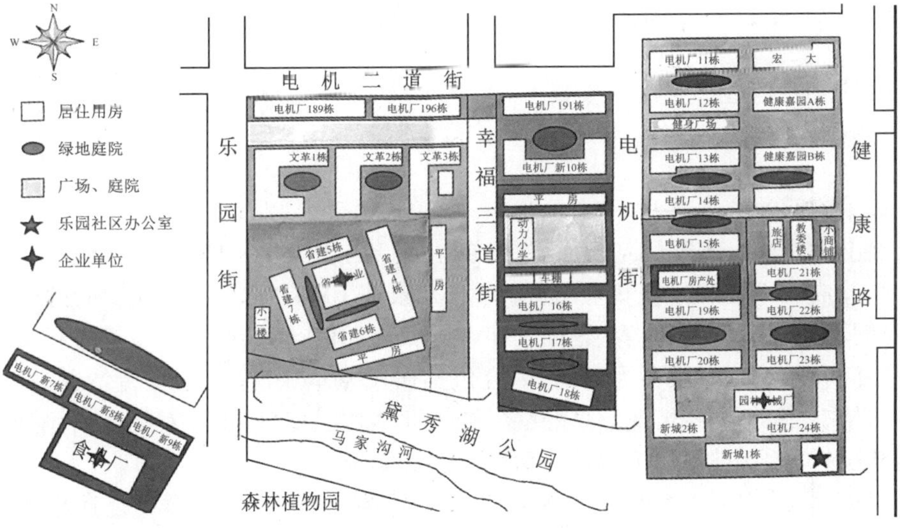

图 17　LY 社区居民住宅分布图

(2)为每个建筑绘制分图

标注建筑及编号,与总图一致,如楼－27,平房－12等;楼2位数,住户3位数,共5位数,如第9号楼的第32个住户,就是09032;"行"为楼层,"列"为每层住户,单元用粗线标记如表57所示。

表57　楼－27住户清单列表示例

楼层	每层住户								
	1单元			2单元			3单元		
3层	27007	27008	27009	27016	27017	27018	27025	27026	27027
2层	27004	27005	27006	27013	27014	27015	27022	27023	27024
1层	27001	27002	27003	27010	27011	27012	27019	27020	27021

(3)为每个建筑做一份住户汇总清单

表中的前四列可以在画地图时直接填上,由访员完成,后面的部分可以在入户调查时填上,如果是空房闲置,绘图时可以不编号。如表58所示。

表58　楼－27住户清单列表示例

序号	住户编号	单元	实际门牌号	被调查者姓名	性别	年龄	联系电话	备注
1	27001	1	101	王**	男	33		

访员签名__________________

审核人签名________________

2.编制问卷

在上述访谈与观察的基础上,进行问卷编制工作。面向需求评估组除访员以外的全体成员进行意见征集。其间,针对大家在LY社区前期调查后的感受与意见,对问卷的题项数目、内容、题面文字、结构、封面信、问卷调查手段等进行了多次修订。问卷的编制以服务为导向,内容包括居民基本情况、社会支持情况、社区活动参与情况、家庭关系情况、总体感受、社工评估六大部分,旨在对社区居民的社区生活状况进行综合调查,了解社区居民的服务需求。

根据需求评估的特征,问卷编制题目坚持两个原则:一是客观描述事实与主观需求了解的结合;二是结构性部分与非结构性部分的结合。结构性部分保证了需求评估的资源、问题与需求信息的全面获得,非结构部分是个案管理服务的数据基础,体现社会工作需求评估的特征。因此,调整问卷设计包括三大部分:一是事实描述部分,二是主观需求部分,三是社工描述部分。具体见表59与表60。

表59　问卷设计一览

	事实题	主观题
结构性部分	居民基本情况、社会支持情况、家庭关系情况、社区活动参与情况	电机厂认同、个人生活满意度、家庭生活满意度,以及社区生活满意度等
非结构性部分	社工评估(描述)	

问卷内容的第一部分为居民基本情况,共21个题目,对居民年龄、工作状态等情况进行调查,收集社区内居民的人口统计学变量,以了解社区居民基本情况。由于社区是电机厂社区,社区以电机厂老职工为主体,所以该题目还包括电机厂的相关问题,以期了解LY社区电机厂老职工的分布、“单位认同”,以及社区文化建设等情况。第二部分为社会支持情况,共4个题项,测量的是朋辈及家人所提供的支持情况,以便了解居民在社会支持方面所拥有的资源。第三部分为社区活动参与情况,共11个题目,其中包括5个多项选择题,它们用来了解居民面临的问题及社会工作服务需求,并对居民在社区的活动参与等情况进行调查。第四部分为家庭关系情况,由于LY社学项目是一个基于家庭干预的社会服务项目,采用《家庭亲密度与适应性量表》第二版(FACES－II)对社区的家庭关系质量与特征进行测量,该量表由Olson等于1982年编制,为自评量表,包括两个分量表,共有30个项目,包括“亲密度”与“适应性”两个维度,通过该量表可以了解家庭关系与适应问题,具有较高的信度和效度。第五部分为个体感受的测量,共三个问题,仿照CGSS提问方式,7点计分,询问受访者的个人生活满意度、家庭生活满意度及社区生活满意度。

最后一部分为“社工评估”,这是一部分开放性的文字描述题,这部分的问题的填写由社工完成,要求社会工作者在对受访者的访问结束后,依据对受访者家庭访问、观察的整体感受做简要描述,描述主要包括以下两个方面:一是对受访家庭需要帮助与服务的问题的主要方面做重点描述,尤其是一些在问卷上无法体现的部分,在这里可以做直观表述;二是对受访者家庭的资源情况做简要描述,如可能的自组织领袖、具有的特殊才能、受访成员的生命能量状态等。该部分体现了社会工作需求评估与一般的社会调查的不同之处。

表 60　主要调查内容与测量工具

评估内容	项目个数	来源
社会网络及利用	4	借鉴肖水源《社会支持量表》中有关家庭支持、邻里支持与支持利用的相关题项
“电机”身份认同	2	借鉴 Ellmer et al.《社会认同问卷》中题项
家庭关系	30	《家庭亲密度与适应性量表》第二版（FACES－II）（Olson 等，1982），亲密度与适应性 2 个维度
社区设施利用	1	自编
社区内团体参与	1	自编
日常生活中的问题与困难	1	自编
社区生活满意度	1	借鉴《中国综合社会调查》之《2012 年度老年人状况追踪调查》题项设置
主观幸福感	1	
家庭幸福感	1	

3. 编制《访员手册》

因访员人数多，为保证入户需求评估的内部效度，编制《访员手册》，访员手册包含三部分：访员入户要求、题项含义、数据导出与平板电脑回收规定。“题项含义”对部分容易有歧义的题项的内涵做了界定与统一说明；“数据导出与平板电脑回收的规定”明确了在使用设备时的操作流程、禁止事项、数据与设备回收的方式等。

4. 问卷预调查

问卷编制完成后，由技术督导在 CAPI 系统内制作问卷，进行调试后将问卷同步至每个小组的终端移动面访设备中，在社区居民中进行预调查。

预调查在社区会议室中进行，由社区管理部门招集社区小组长与社区居民，召开社区需求评估说明与动员会，机构负责人、督导对服务项目及需求评估做了讲解与动员，之后由 MSW 访员在现场对社区居民进行预调查。受访者回答问卷后，社工检核问卷答题时间、答题者反应等，主动询问受访者对问卷内容、题项含义、题项表述等的观点与看法，收集受访者对各题项的疑惑及修改建议，积极反省自己在访问时对问卷题项及表述的感受，同时也对移动面访设备在访问中出现的不便之处等做了记录。

汇总后的问题主要集中在题项表述不口语化、题项含义不清楚或不准确、题项过多导致不耐烦情绪，以及移动面访题项设置跳答障碍等问题。针对这些意见，再次对问卷进行修订，尤其是针对问题反映较多的“家庭关系”部分做了调整，将原有题项进行整合，在保留问卷题项的同时从视觉上减少篇幅，精炼语句，以减少受访者倦怠情绪的出现，在需求评估负责人与督导审核后，形成最终入户调查问卷。

5. 访员培训

该培训要求需求评估的全体成员参加。首先，负责人对全体需要评估成员进行了动员，之后，由项目督导向大家讲解了问卷的设计、构成、题项含义、访问要点，以及常用的访谈方法，也包括社区工作人员与访员之间的配合协调等方面的讲解与培训。培训会上，督导组还向每个访员组分发了社区地图、纸质问卷、访员手册、入户调查通知、任务分配表、居民小组长通讯录等。

访员组长在面访设备借出登记表上逐个登记后，领取入户访问所需要的平板电脑，开始进行模拟访问，在模拟时，督导向各位访员详细讲解每道题目的操作及注意事项，访员组在模拟调查中也不断提出疑问，督导一一给予解答。

6. 访员任务分配

本次需求评估访员构成主要为 MSW 研究生、社会学专业本科生及部分大学生志愿者，他们共同对社区内 2 928 户居民进行了为期一个月的入户调查。MSW 研究生、机构员工与大学生访员两两组合，共分为 21 组，MSW 研究生、机构员工为每个小组的督导，每组需要完成 140 户左右的入户调查。

利用前期绘制的社区地图分配任务，每组访员手中会有 1 张总图，1 ~2 张建筑分布分图，即每个访员组需要负责 1 ~2 栋楼住户的调查。每个访员还会得到一张所负责楼栋调查任务的住户编号，要求访员在规定时间内完成所分配的住户。入户前，每组访员需要领取移动面访设备，每台设备都有唯一设备编号，访员在设备借出表上登记领取设备之后，使用自己的编号及密码登录移动面访系统，在任务清单里打开问卷开始入户调查。入户时，每个访员组携带足量的小礼品，于访问完成时赠予受访者。

入户调查工作内容以移动面访设备进行问卷调查为主，以质性访谈为辅。在问卷调查部分，每份问卷结束时有两种状态，即"完成"和"中途退出"（因种种原因未能完成，例如，受访者没有耐心继续答题）。若受访者临时有事无法继续作答，则约定时间再访，并点击"回访"退出问卷。在每户问卷调查结束后，要求访员针对所调查住户进行简单的质性访谈。访谈以半结构访谈为主，涉及困难、需求、资源、建议等主要维度。访员还需在当日对所访谈住户进行评估描述，并输入移动面访系统。

调查时间历时 40 天，访员在任务期限内完成工作量。

7. 质量监控

（1）反馈及时的督导管理组织设置

通过"负责人—督导—执行督导—小组督导—访员"的由上而下的层层负责及反馈通畅的质量监控系统，及时发现并指导调查中出现的各种问题。各组在任务期限内，需要对本组负责的楼栋进行三个阶段访问。第一阶段，对所分担住户完成全部排查工作，客观记录成功、被拒和无人户数的信息，填写《未成功访谈信息表》，按照实际情况客观记录未成功原因；第二阶段，在完成第一阶段工作基础上，于晚些时间开会针对无人、被拒情况，布置工作内容，提高成功率，确定第二阶段的任务侧重点；第三阶段，继续总结前一阶段的入户经验，对未成功入户的住户进行最后的访问与排查，征求小组长与督导的看法，如果仍未成功，则将该户视为不成功访问住户。

（2）利用分图从空间了解各组调查完成情况

在入户时，要求访员在分图上标志，做好记录，并在调查结束后上交所调查情况。每组在入户调查完成的住户上，使用“○”在分图上标记出该住户；若访问被拒，则标记“X”。若第一次未能成功入户（无人开门），则标记“1”，以此类推，若第三次仍未能入户，则视为本户入户失败。

（3）利用各种表格对每次调查完成情况进行监控

每天调查任务完成后，访员组都在调查群里上报当日访问完成情况，包括成功数、被拒数，以及无人数，另外，结合入户情况填写观察记录，撰写入户电子日志。填写《入户调查统计表》《小组长配合情况表》《入户调查完成情况登记表》及《评估日志》，及时了解问卷调查及质性访谈的进展情况。

（4）CAPI 系统的实时监控及数据监控

CAPI 入户前，由项目技术督导使用无线网络将访问任务下发至各台面访设备（平板电脑），每天访问完成后统一回收设备，将问卷数据同步至系统后台，对问卷进行审核。CAPI 系统也具有对访员调查情况进行实时监控的功能，可以对访员的调查情况进行抽查监督。此外，CATI 系统会自动导出每个访问成功个案的耗时，访员编号等信息，有助于我们进行需求评估的质量分析。

（5）初始调查的集中督导

访员组在第一天进行实战调查入户时，极可能会发现一些培训模拟时未发现的问题，或者是出现一些共性的问题需要进行统一督导。因此，第一天入户调查中的集体督导与沟通是必要的。首日访问的集体行动始于社区居委会门前，在社区工作人员的指引下，按照社区地图明确各组负责的楼栋，开始分头行动。午间休息时，召开全体访员的沟通反馈督导会议。各访员组就上午的具体入户情况进行沟通，反映问题，提供经验，督导就大家提出的入户成功率、与社区小组长的合作、面访设备使用、访谈技巧等问题进行了现场督导。下午，访员继续进行入户访问，之后，利用微信群在群内动态进行反馈与督导。当日的集体督导会议上，关于访员提出的 CAPI 系统的问题，技术督导也做了记录，并于当天任务结束后，在面访系统后台中逐个修订、导出当日访问数据，在设备中对问卷进行更新，第二天再次分发给各访员组。

8. 入户调查结果及数据分析

经过40天的入户访问，共成功完成594份综合调查问卷，42份需求评估日志。之后进行数据处理与撰写需求评估报告。受访对象基本情况见表61。

表61 受访对象基本情况

变量	属性/水平	人数	百分比
年龄	30岁以下	78	13.1
	31~50岁	159	26.8
	51~60岁	112	18.9
	61~70岁	101	17.0
	70岁以上	144	24.2
婚姻状况	未婚	74	12.5
	再婚	3	0.5
	已婚	408	68.7
	离异	19	3.2
	丧偶	82	13.8
	不便透漏	8	1.3
文化程度	初中及以下	266	44.8
	高中/中专	200	33.7
	大专	71	11.9
	本科及以上	57	9.6
工作状态	退休	300	50.5
	在职工作	150	25.2
	自由职业	68	11.4
	待业或失业	41	7.0
	其他	35	5.9
职业分布	工人	292	49.1
	公务员	23	3.9
	单位领导(科级及以上)	18	3.0
	技术人员	55	9.3
	商服人员	77	13.0
	其他	129	21.7

表 61(续)

变量	属性/水平	人数	百分比
收入来源	退休金	300	50.5
	低保	9	1.5
	救济金	8	1.3
	工资	224	37.7
	子女供给	30	5.1
	其他	23	3.9
是否电机厂职工	是	149	25.1
	否	445	74.9
	合计	594	100.0

首先,进行数据导出。每组访员在结束当天访问后,进行数据统计,剔除因练习、错误操作等原因造成的无效问卷,之后进行数据备份,导出为 SPSS 或 Excel 格式的文件,可供项目服务或研究使用。

其次,进行数据清理。导出数据不能直接用于数据分析,需要进行数据清理,去掉不合理极值、野值、逻辑项问题等,同时,CAPI 系统导出的多选题,具有多列无效数据,需要进行技术处理后才能成为有效数据。

最后,对数据与质性材料做分析。利用 SPSS 与 STATA 进行数据分析,形成需求评估报告与基线评估报告。质性材料作为量化数据的补充对数据的意义进行不可或缺的深入说明,工作人员将其与社工描述的开放题部分结合,梳理出居民的主要需求及不同类型服务需求的服务对象名单,为后期的服务提供依据。

9. 后续调查评估

社区是一个动态发展的系统,需求评估数据也是一个动态演化的结果,需求评估不是一个线性的过程,而是一个动态的过程,因此,在项目实施过程中,仍然可以也有必要检验与深化先前的需求评估结果,社区居民与社会工作者的相互互动会持续修正与调整幸福社区建设的方向,我们要有足够的耐心,期待、记录并尊重这些新需求的挖掘与出现,以便使我们的服务更为到位,贴近居民实际。我们相信,CBMAR 框架会为我们带来更多的发现社区与开发社区的机会与挑战。

出于这样的思考,在项目开展后,我们仍然持续通过跟踪调查、集体访谈等实地调查方式对前期需求评估进行检核与推进。需求评估 2 个月后,全体社会学本科生访员在督导的带领下,针对社区设施利用、社区管理满意度、社区老人照顾等主题再次进入社区进行跟踪调查,形成实地调查报告 27 份,该次调查对先前的需求评估结果做了更深入地挖掘与解读,使我们能更精准地把握社区问题,对社区进行服务。

在服务过程中,我们还通过社区管理层参与的居民议事会、影像发声法等质性方法,深化与聚焦了先前的需求评估内容。居民议事会参与人数12人,均为社区积极分子,议事会的主题包括他们最想处理的问题与如何解决等议题,采用"开放空间技术"进行。通过居民议事会这种具有互动特征的集体访谈形式,可以了解到社区居民心目中最重要、最关心、最想优先解决的问题,弥补了之前需求评估中在反映社区居民心声这一方面的不足。居民议事会的集体访谈形式,也将集体访谈变成了一种行动或行动意向,呈现为典型的CBCAR框架下的联合转换社会工作范式。

10. 主要基线评估结果

LY社区的需求基线评估的主要结果有:LY社区居民的朋友支持度、邻里支持度与家人支持度都在中等偏上,均有建设的必要与空间。LY社区受访居民中,家庭亲密度与适应性均处于中等偏上水平,家庭亲密度与适应性均可通过社工服务进一步提高。在家庭类型中,有67户家庭类型为极端型,其中有34户为无规律-松散型、33户为僵硬-缠结型,74户中间型家庭也可以通过社工干预向平衡性转化。LY社区居民的家庭生活满意度与个人幸福感水平良好,但是离差较大。相对于前两个社会心态指标,LY社区居民的社区生活满意度水平最低,离散程度最大,而LY社区中的电机厂员工的身份认同最高。之后的社区服务,既要关注社会态度各项指标的不平衡分布、社区生活满意度相对最低的测量结果,也要注意对国企老旧社区中单位制"关系"与"文化"等资源的利用,社区变迁中的群际沟通。基线评估结果也表明,社区活动设施使用率较低,83.0%的受访居民表示从未使用过社区活动设施,社区空间利用、设施使用率均有提高的必要。调查中也发现了社区自组织营造任务的任重而道远,85.58%的LY社区居民表示不想参加社区自组织活动。

从以上的基线评估看,LY社区居民在通向幸福社区的道路上,既有资源,也有困难,需要我们与LY社区居民一道共同建设美好明天。

(四)行动/服务计划

CBCAR框架下的需求评估在于行动,即通过聆听社区需求的多元化声音,发现社区需求,发掘社区资源,与社区一道,制订服务计划方案,目前,项目组与社区已经联合开展了一系列的社区服务。包括:

(1)老年人活动小组。致力于老年人的兴趣爱好,发展邻里社会支持网络,提高晚年生活品质,培育互助养老模式的自组织基础。

(2)多主题的儿童与妇女活动小组。开展喜闻乐见的亲子活动,拓展亲子互动机会,发展母婴健康和谐关系,促进儿童幸福快乐成长。

(3)社区主题文化博物馆。电机厂居民共享生活经历与心理历程的物化,有很多的老照片、老物件、老故事,通过重叙集体往事,重建集体回忆,凝聚单位型社区居民社区认同的共同情感元素。

(4)心理咨询室。基于家庭与个体的心理咨询服务,以专业化的服务开展情感疏导、压力宣泄,亲子关系、夫妻关系的和谐建设。

(5)社区自组织建设。利用社区内已有的群众性社区组织进行培育与引导,以及开展了其他关于养生保健、金融安全、节日慰问、游园等方面的社会工作服务。

四、对调查结果的反思

本研究是一项在 CBCAR 框架下的混合方法需求评估,基于社区与机构的资源、人力等优势,与社区声音进行沟通与对话,共同进行需求评估,并发起联合行动,这一需求评估方式有助于促进项目在社区中的认同。多元主体参与联合评估也为未来三年的“LY 社学”项目运行提供了社区与社工共建未来的可持续性专业化合作基础,有助于诱导与引发社区居民的自组织意识与行动意向,并逐渐发展出真正的行动。在该需求评估中,我们对 CBMAR 框架下的混合方法需求评估有以下一些思考。

(一)调查对象:总体/个体

本次调查以 LY 社区全体住户为总体,共计 2 928 户。在对 LY 社区居民总体进行调查,还是对 LY 社区居民进行抽样调查的容量问题上,我们坚持总体而不是样本的调查范围,即以 LY 社区居民全体作为我们的调查对象。

社会调查与需求评估的不同之一是,社会调查的目的是总体的描述或解释,而需求评估的目的是对有需要个体的服务。在社会调查中,我们可以以概率抽样的样本统计来推断总体特征,在需要评估中,我们就不能仅以样本推测总体,因为这会放弃样本以外居民的同等接受精确服务的可能性。对社区居民的需求评估不仅限社区的总体情况,更需要我们提供每一位 LY 社区居民的社会支持、家庭关系、社区满意度、需求与问题等方面的信息,并以社工描述与质性访谈的数据对这些数据后面的意义进行解读,为每位社区居民建立一份较完整的数据档案。只有对社区全体居民所构成的总体进行调查,才能保证每位 LY 社区居民都被我们的需求评估所关注到,才能确保他们有机会实现同等的被服务的权利、同等的社区参与权利,才能在需求评估的环节上贯彻社会工作要服务于社区每一位有需要居民的原则。

之所以对社区总体进行调查,还在于社区需求评估的另一个目的是与住户见面,初次连接。即通过我们的调查访问,与每一位 LY 社区的居民进行第一次的直接连接与相遇,让 LY 社区居民知道我们,并使需求评估过程成为 LY 社区居民了解与接纳我们开始。需求评估,是评估,也是服务的开始。

(二)数据分析:总体层面/个体层面

社会调查一般来说遵守大数定律,关注的是“均值”,Quetelet 的普通人理论认为,社会数据存在很大的差异性,任何一个现象都有差异,很多人在一起,就会形成一个分布,即所有人在该现象上的数值是不一样的,但是他们在该现象上的均值是一致的，均值是社会科学追求的那个不变的、永恒的真理，这也是西方科学的主流，是类型逻辑。社会调查以概率抽样样本的统计量推断总体参数估计值时，得出的是社区总体的特征值与总体的一般特征，这个是不变的。而社区需求评估遵循的是达尔文的总体逻辑思维，即变异是真实的，我们不仅要比较平均数，也要描述个体与个体的差异以及这种差异的原因。在需求评估的数据分析中，我们首先要对全体数据进行统计分析，对社区居民的总体情况进行描述性与解释性概述，但是，入户问卷调查中得到数据的集中趋势或离散趋势的概要性描述并不是我们的唯一的目的，这样的数据会让我们对每个 LY 社区居民的了解湮没在“平均”的描述性数据中，总体统计特征值后面的个体需求是什么没有被看到。如当我们报告一个百分比，我们还要报告出这个百分比中的个体姓名及其相应特征，才能为这些有需要的人群展开后续的精准服务。即在需求评估中，每个平均数与百分比的“一般性”都要与 LY 社区居民个体数据，以及观察与访谈记录的“特殊性”部分连在一起，形成完整的需求描述。要让每位 LY 社区居民个体的数据资料都被认为是唯一的且值得珍视的，都值得被尊重与关注，让每个居民都拥有自己唯一的一份数据与文字记录。

（三）移动面访系统的优势：对缺失值与野值的有效控制

在本次大型入户需求评估中，我们使用了移动面访系统。在大型入户社会调查中，数据录入与清查是一件非常消耗人力、物力的事情。本次需求评估，使用了移动面访入户调查。移动面访 CAPI 系统进行需求评估的优势在于，各种题型（单选题、多选题、复合型题目等）均可实现，并可由触控方式进行答题，跳题逻辑的应用使得访问过程更加便捷，大大减轻了访员的压力，并减少了误差。

更为重要的是，移动面访系统在设置对可以通过设置不能跳答等有效规避缺失值的产生。且由于访员亲自输入，输入完成便存入后台，省去了后期的答案手动录入，导出数据直接进入数据分析系统，这也在一定程度上避免了野值出现的可能性，大大减少了问卷录入与问卷填答中可能出现的误差。

（四）混合方法：量化/质性

社区需求评估相对于个案、家庭或小组评估来说，其评估对象是社区，具有规模大、异质性强的特征。社区调查需要了解的内容也更为广泛，如问题、资源、潜在的解决问题的方法与障碍等。调查结果的关注层面也是多元的，大至社区，小至个体，既需要报告社区整体情况，也需要将需求与资源的跟踪落实到具体的家庭或个体。要达到这样的目标，单一的方法是不足够的，为此，我们使用了混合方法的 A—AB—A 设计。

质性—量化 * 质性—质性（A—AB—A）设计是一个前有探索性调查、后有跟踪性动态评估的混合入户调查方法体系。首先以质性方法进行探索性调查，扎根社区，尊重和发现社区居民声音。其次，对前阶段调查维度与内容聚焦与提取，以

A+B 的混合设计进行入户调查。以大样本的问卷调查及统计分析来获得社区层面的数据分析结果;以访谈法与观察法获得个体与家庭层面的具体特征与数据含义,并以社工日志与社工描述进行质性材料记录,其中社工描述也直接录入 CAPI 系统,与个案量化数据一起,构成个案层面的数据与文字材料,提供了全面了解与服务社区居民的良好的个案管理档案。再次,在项目进行后期,尊重社区的需求实际与变化,采用个案与集体访谈法继续进行跟踪与实地调查,检核与修订前期需求评估结果,使需求评估呈现出一个有序深化的动态过程。

(五)主体:社区与机构的联合评估行动

CBCAR 框架下的混合方法需求评估的最大特征是社区参与的联合行动的需求评估,在整个社区需求评估中,社区居委会主任、下属工作人员、社区骨干(小组长)都参与到了我们的需求评估中。他们是需求评估的协调组织者,与机构一道,共同组织整个的需求评估过程,从社区方面给予我们进入社区的各种许可与支持。社区总联系人会随时帮助我们解决需求评估中社区方面的各种问题,如在周末无人上班的情况下,能为我们提供需求评估的现场办公与工作休息场所,提供有可能给予我们帮助的社区骨干名单等。社区小组长熟悉社区,也熟悉所在楼栋的各户人家,因此,他们也是我们社区问题、资源、现状、住户基本情况等基本信息的受访者与提供者,在入户过程中,他们还是我们进入现场入户调查的引领者、评估障碍排除的协助者。很多社区小组长会亲自带领机构访员入户,共同对住户进行现场访谈,通过他们的帮助,迅速拉近了机构评估人员与社区居民的距离,解决了居民开门难等问题。最为重要的,在需求评估之后,他们还是我们服务项目的协同策划者、执行者与支持者,他们与社工一道,制定服务计划,策划社区活动,成为与社工一起协同计划、协同行动、共建幸福社区的积极参与者与支持者。需求评估中所建立的协调合作关系,会一直延续到未来三年的服务期中。CBCAR 框架下的需求评估,既是评估,也是服务与行动的开端。CBCAR 需求评估图示如图 18 所示。

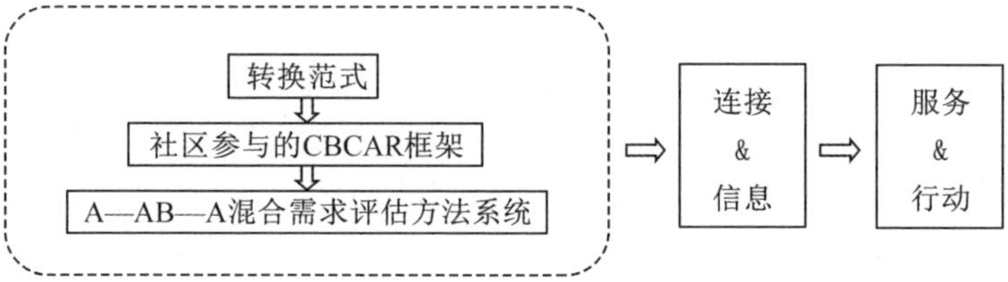

图 18　CBCAR 需求评估图示

(六)CBCAR 框架中的居民小组长作用

在本次需求评估中,我们以三次不同时间入户拒访以及三次入户敲不开门为不成功调查住户计,共成功访问 594 户居民,基本上,平均每隔 5 户,成功访问 1 户。但是,也要看到,有大量住户没有接受我们的调查,经与各楼栋小组长的核查,他们大体被归纳为以下几类:短期租户、无人居住、长期不回来住者以及拒绝访问者,他们也暂时被界定为非服务对象。

入户成功率分布如图 19 所示。以"完成比"即成功访问的户数与该楼总户数的比值为依据,将其排序后发现,"完成比"前三位的分别是电机 20 栋、电机 19 栋与省建 4 栋,它们的"完成比"分别达到 37.50% 、33.33% 和 30.36% 。

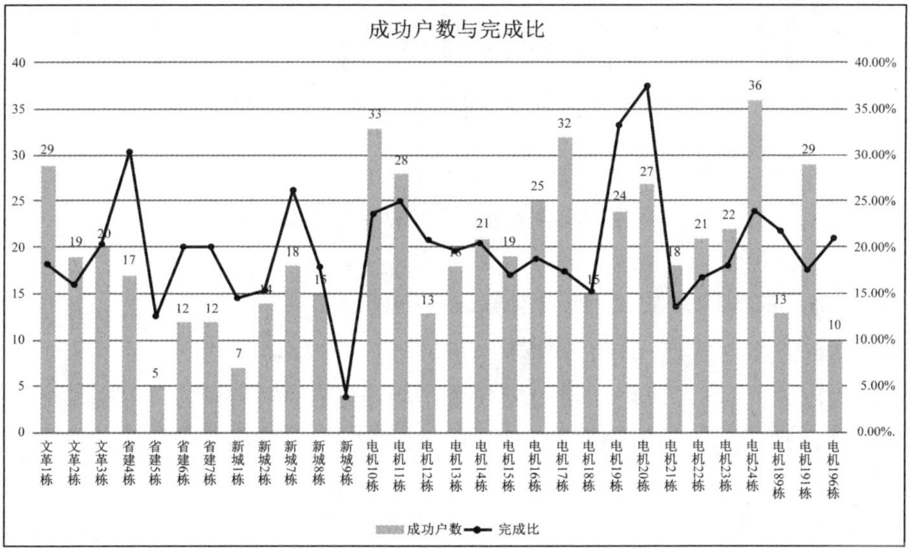

图 19　入户成功情况

"完成比"与楼栋小组长的参与是分不开的。以"完成比"较为突出的电机 20 栋为例,成功的 27 户居民基本是在居民小组长的协助下完成的。该栋居民楼的小组长是社区内著名的刘阿姨,她是电机厂的退休职工,热心于社区事务,待人热情诚恳,人缘非常好,刚开始前两个单元的调查都是刘阿姨亲自带领入户的,后来,访员担心刘阿姨年事已高,很辛苦,就没有让刘阿姨亲自带领,即便如此,刘阿姨依然提前告知该单元居民入户访问的事情,十分负责,保证了该楼栋入户调查的顺利进行。下图为居民小组长协助情况图。

从图 20 中可以看出,在不同居民楼与不同时段,居民小组长在成功入户调查上发挥了重要作用,其中,电机 20 栋、电机 189 栋和电机 191 栋这三栋居民楼的小组长贡献率达到了 100% ,也就是说,成功入户的户数全部是在小组长的帮助下完成的,电机 14 栋、电机 12 栋中的小组长贡献率也达到了 90% 以上,这五栋楼成功完成的户数总和占入户成功总数的近 20% 。总体而言,居民小组长对成功访问的贡献率达到 44.33% ,对成功入户有着较大的帮助。

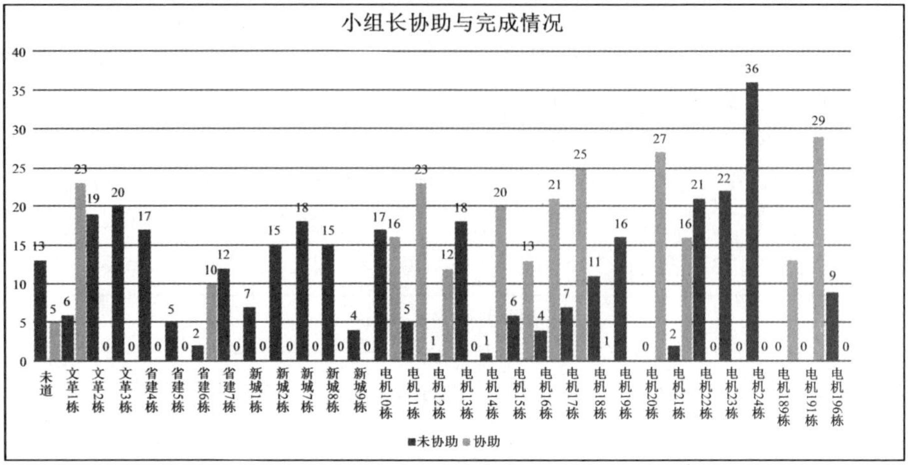

图 20　居民小组长协助完成情况

(七)信任关系的建立:信任线索与访谈技巧

CBCAR 需要评估模式具有建立后续服务关系与行动发动的设置,不同于一般的社会调查,因此,该模式很注重访员与受访居民信任关系的建立。在社区居民并不熟悉我们的情况下,如何快速的初步建立这种关系? 通过本次调查,我们也有一些经验性的体会。

由于此次需求评估是项目组刚刚进入社区后进行的,项目组与社区居民的初次见面会受到第一印象或首因效应的影响。一些居民生活经验中被认同的、熟悉的因素很可能会成为建立良好信任关系的关键。我们的需求评估经验表明,与社区楼栋小组长的配合协调很重要,小组长的参与是入户成功及快速与访问住户建立信任关系的保障。在调查中,一些小组长因各种原因并没有及时到位,在一些楼栋小组长缺位的情况下,居民关系网络与社区资源仍然可以成为促进入户连接的"名片"。如,虽然小组长不在场,但是提到他们的名字,或者提到已经访问过的邻居的名字,或者提到与社区联合进行需求评估的信息,还是会提高居民敞开大门、接受我们调查访问的可能性。此外,一些访员反映,初次见面的有效"名片"还包括一些更直观的、具有生活功能的线索,如礼物等,呈上感谢对方的礼物来表达诚意与善意,也会增加入户成功、访问成功的可能性。

访员入户后,需要在访谈中迅速拉近与对方的距离,在这一环节中,建立好的信任关系更需要访员具有良好的个人修养与表达技巧。访员要真诚自信,有无条件关注受访者的爱心与热心,并具有将这种心境与态度有效传递给受访者的能力。在表述问卷内容时,口气要自然朴实,亲切平和,避免生硬,每组由普通话好的同学提问效果会更好。此外,在保证问题含义准确传递的情况下,可以尝试以开放式询问为主，根据受访者的回答，确认答案并填入，如果受访者不知如何回答，可根据答案进行提示。将结构性的问题以非结构性的方式做表达，在填入时再转换为结构化的形式，这种方式更能实现需要评估的“信息获取＋服务行动＋情感沟通”的功能取向。

（八）需求评估中的问题

在需求评估中，我们有一些遗憾，如，在社区参与层面的多样性上还有待于改进。在社区参与层面上，本次参与需求评估的社区居民大都为社区管理人员与社区骨干，普通的社区居民参与需求评估的力度不大，不能很好地贯彻 CBACR 的评估宗旨。如果在需要评估中能有更多的普通社区居民参与进来，会使需求评估具有更大的行动价值与动员力量，也更有助于之后的服务计划的开展与社区自组织的顺利运行。

在社区参与中，居民小组长层面的发挥也并不都尽人意，如，有些小组长与所在楼栋居民的关系不密切，有些小组长因身体、家务等原因不能积极参与到需求评估中，有些小组长在共同入户访谈时，有催促、诱导居民回答问题的情况……这在一定程度上影响了我们与居民信任关系的连接与需求评估的质量。虽然我们在前期与社区骨干进行了培训、连接与沟通，但是要达到更好的专业化的协同默契合作，培训的时间与频次都有待于改进。

忆光荣岁月　促社区认同

——LY 单位型社区社会认同促进项目案例①

刘　辉　高　岩②

一、项目实施背景

(一)社会背景

我国的改革开放历经四十多年,取得了令世人瞩目的伟大成就,中华人民共和国成立后中国社会所特有的“单位体制”也在改革的洪流中发生了重大转变。在中国的社会主义建设中,单位制曾对中国社会发展产生过举足轻重的影响,它将广大人民群众组织起来,对资源进行统一调配,在新中国面临国际封锁、国内“一穷二白”的艰苦环境下取得了一系列的建设奇迹,不仅巩固了新生的社会主义政权,更为之后的发展奠定了坚实的基础。

作为多年来中国的资源调配体系和城市组织管理体制,单位制深深影响着中国人的生活、思维和行为方式。但是,随着改革开放的进行、社会主义市场经济体制的逐步确立,我国的综合国力和人民生活水平不断提高,单位制作为计划经济的产物,其弊端也已显现,逐步失去了生存土壤,走向了瓦解。1991 年,民政部提出了“社区建设”的概念,我国的城市管理体制也由过去的单位制逐步转变为社区制。毫无疑问,社区制对单位制的取代并非一蹴而就。在我国的东北地区,“典型单位制”在此萌芽和壮大,是本地区居民曾经赖以生存的基础。单位制解体后,市场体制对资源的配置使得“单位办社会”的格局被打破,过去“国家—单位—个人”的组织模式正在被取代。在对单位型社区的经验观察中可以发现,曾经的“单位人”在失去单位的同时,无法再“拥有”社区,他们心理上的落差使得旧的“单位人”无法形成对当前社区的认同和归属,对单位认同的摒弃使得社区

① 2018 年深圳市同佳岸慈善基金会幸福社区建设项目。

② 刘辉,哈尔滨工程大学人文社会科学学院副教授,哈尔滨市心海社会工作服务中心督导;高岩,哈尔滨工程大学人文社会科学学院 2017 级 MSW 研究生。

认同缺少萌发的基础,许多从“单位”退休的居民难以融入社区,社区参与不足,社区认同感不高,其晚年生活丧失许多乐趣,也使得“社会原子化”倾向日益加重。

促进单位型社区认同不仅需要制度创新,作为社区认同中的主体——社区居民的主动性和创造性也同样至关重要,社区认同的构建不能仅从制度层面找原因,还需要从个体层面寻找突破。王丽丽的研究表明,社区认同并非是单位认同的线性替代,两者不仅不是水火不容,反而是一种互构的关系,单位认同能够促进社区认同。这促使我们思考,是否有可能通过某种社会工作的方式去唤醒单位型社区居民的单位记忆来激活蕴含在社区建设中的丰厚的“单位”资源,挖掘单位认同与社区认同相通的因素,从而提高单位型社区居民的社区认同。

(二)服务单位基本情况

LY 社区位于东北老工业基地,原属于 DL 人民公社,为 H 厂原职工宿舍区。H 厂始建于 1951 年,曾是“一五计划”苏联援助中国的 156 个项目之一,是关系国家安全和经济命脉的重要工业企业,为国家的工业化建设立下过汗马功劳,有着光荣的历史文化传统。1980 年,地区行政区划发生改变,DL 人民公社改为 JK 街道办事处,而到了 1994 年,随着改革开放的深入,H 厂也走上国有企业改制的道路,在新的市场经济体制要求下建立了现代企业制度,彻底打破原有的计划经济国企模式,以实现新的发展。与此同时,H 厂所辖职工宿舍区也开始了社区制改革的进程。2001 年在此处成立了 LY 社区,隶属于 JK 街道办事处,辖区面积 0.6 平方公里,毗邻某生态园,社区周边环境良好。社区内现有居民住宅楼三十余栋,社区内 H 厂集团退休员工是社区内占比较高、最具代表性的群体。本案例所开展的社会工作介入正是针对这一群体,他们大多经历过 H 厂在计划经济时代的辉煌,对 H 厂有着较深的单位认同。

二、分析评估

(一)需求分析

单位认同指的是在单位所构建的集体化情境之中,职工居民形成的单位集体认同感,而社区认同则指的是社区居民对社区的信任和归属,是将社区内的价值观念、生活方式、行为规范等内化为个人行为准则的过程,从而产生一种“我属于该社区”的主观态度。基于本领域的研究成果,项目组通过寻找相关文献及量表,并结合社区历史情况制定访谈提纲,对社区内的退休职工开展需求评估。

1. 评估方法

(1)问卷调查法

①《LY 社区综合调查问卷》

《LY 社区综合调查问卷》用于对社区的整体情况进行研究。包括事实描述部分、主观需求部分以及社工描述部分,事实描述部分包括居民基本情况、身份认同情况、社会支持情况(包括邻里关系等)、家庭关系情况,以及社区活动参与情况等;主观需求部分包括H厂认同、个人家庭及社区满意度等;社工描述部分则属于非结构性的部分,是社工通过对受访居民的调查和了解所记载的质性部分,是社工对受访者家庭的资源情况的简要描述,如可能的自组织领袖、具有的特殊才能、受访成员的生命能量状态等,形成的对需求评估中数据资料的补充。

②《社区认同量表》

辛自强、凌喜欢于2015年编制的《社区认同量表》包含两个维度,即功能认同(指居民对社区功能的满意和认可程度)和情感认同(指居民与社区的情感联结以及在情感层面上对社区的接纳和认可)。量表包括8个题项,分别为:"居住在这个社区,生活很便利""我很认可这个社区的管理水平""与其他地方相比,这里的社区环境条件令人满意""居住在这个社区符合我们家庭的需求";"我居住的社区对我有特殊的情感意义""我觉得这个社区已经成为我生命的一部分""社区让我有家一样的感觉""我很在意别人对自己社区的看法"。两个维度的克伦巴赫 α 系数分别为0.88(功能认同)和0.89(情感认同),总量表的克伦巴赫 α 系数为0.91,系数超过0.85,具有较高信度,既可用于群体间比较,又可用于个体鉴别。量表在每个项目上的因子均具有较高载荷(高于0.73),两个因子累计贡献率超过76%,具有较高的构想效度。

(2)无结构式访谈法

针对问卷调查和需求评估中发现的存在典型社区认同问题的受访者进行有针对性地跟踪访谈,对需求进行深入检核、复证和深化,为LY社区居民的社区认同问题的成因分析提供第一手资料。

2. LY社区居民社区认同评估结果

跟随项目的需求评估进度,共成功访问社区中149户H厂职工居民家庭。入户的问卷调查结束后,根据调查结果和受访者名单有针对性地对具有代表性的LY社区居民进行跟踪性访谈,共计10人。调查研究显示,LY社区居民的社区认同有以下表现:

(1)社区情感淡漠

在访谈中,问及"我居住的社区对我有特殊的情感意义"这一问题时,许多受访的居民对这一题目感觉并不好回答,有居民表示他们对现在的社区感到陌生,"情感意义"更是无从谈起。

(2)对社区功能的认同度不高

LY居民的社区功能认同总体处于中等或偏下水平,对社区的不认同还体现在社区环境方面,受访的退休居民均不同程度地反映卫生环境的问题,谈及此事往往面带不满,他们对社区的抱怨同社区管理者的努力和无奈形成反差。

(3)社区参与度不足

LY社区居民参加社区活动较少，许多居民表示没有参加过社区举办的活动。居民的社区设施使用率也很低。在访问过程中，问及这些社区设施使用情况时，很多居民表示不了解。

(4)邻里之间互动弱，聚合度低

LY社区的邻里关系不佳、邻里互动不足，邻居对被访者的关心程度不足3分，得分多集中在低分段，可见关心程度比较低；当问及遇到困难时是否会求助于邻居时，求助频率仅占28.9%，即大部分居民较少向邻居求助。

3. 社工干预需求

LY社区的社区认同问题发生在由单位制向社区制转型的历史变迁中，对他们的社区认同干预也需要放在这一转型的历史过程中加以思考。要想促进LY社区居民的社区认同，有以下社工干预需求。

(1)利用集体记忆连接过去与当下

哈布瓦赫认为，“集体记忆”是“一个特定社会群体成员共享往事的过程和结果，通过集体记忆，通过这种连续的关系，我们的认同感得以终生长存”。LY社区居民大都为H厂退休职工，他们有着共同的光荣记忆，但是，他们的集体记忆却大都仍然停留在了单位制的过去，失落在历史的变迁中，他们的共同故事并没有形成一种哈布瓦赫所说的从过去到现在的“连续的关系”，需要通过集体回忆重新接续。

(2)激活曾经的集体主义价值观念

LY社区的原初形态是H厂职工宿舍区，曾经的H厂职工居民们“爱厂如家”，无私奉献，充满自豪，他们聚居在一个地域范围内，形成守望相助、沟通交往的人际关系网络，具有很高的地域认同。H厂职工居民的这种集体主义精神有助于培育现代社区建设所必需的社区公共精神，它是LY社区居民所共享的价值观念，也是单位认同与社区认同交叠的重要部分，若将这种集体主义精神激活并带入当下，会有助于LY社区居民社会认同的提升。

(3)社区参与意愿和能力需要挖掘

LY社区很多居民退休前在厂里，因工作岗位职责，时常组织大家开展活动，在职工群体中具有较强的组织力和号召力，随着单位制解体和自身进入退休生活，这种单位资源也久而久之被遗忘。可以利用这些居民在单位制时期放电影、管理工会等公共服务方面的经验、体验与能力来调动他们对当下社区的服务意识，唤醒他们身体中的这部分资源与能力。

(4)原有人际关系网络的激活

在刚退休不久，很多居民还是能与同事保持联系，但是，随着时间的推移和单位制的进一步解体，这种联系逐渐淡化甚至消失，曾经的单位人际关系网开始萎缩。但是,LY 社区内的社会资本存量相当丰富,虽然一些熟识的老同事搬离了社区,但是总体而言,原单位的社区居民仍然有大部分生活在 LY 社区,只是相互之间因年龄不同、工种和车间不同或者不住在同一栋居民楼等因素未曾结识,因此,可以从单位认同资源出发,在群体化经历分享中获得相互的肯定与认可,激活可能的人际关系网络,建立彼此信任互相支持的合作氛围,建立新的人际关系。

(5)居民有回忆往事与扩大交往范围的需求

在需求评估的入户访谈中,我们也发现,LY 社区的退休职工有回忆和分享往事的需求。正如处于这一阶段的其他老年人一样,他们时常回顾自己的一生,赋闲在家后渴望能够有人倾听他们的故事、与他们交流。随着单位制解体、住房商品化改革,他们的一些老同事、老邻居已不在这里居住,他们也希望能和有共同谈资与经历的居民建立联系,拓展社区中的人际关系网,融入并参与社区。

在上述评估与思考的基础上,我们拟利用缅怀往事疗法来进行 LY 社区居民的社区认同干预。筛选出有意愿接受社工机构服务的、有社区认同问题的居民,并通过他们留下的联系方式与这些居民取得联系,征求他们是否愿意加入本服务,最终有五位 LY 社区居民表示有意愿接受我们的社工干预服务。按照社会工作的助人自助、案主自决和保密的原则,与五位居民进行沟通与协商,最终,确定这五位 LY 社区居民成为干预对象。

4. 案主情况与评估结果

(1)案主情况

①案主一:C 爷爷

基本情况:

75 岁,15 岁(1958 年)时进入 H 厂工作,18 岁参军,在大连的炮兵师服兵役,于 1964 年回到 H 厂继续工作至退休,前后在 H 厂工作 45 年。C 爷爷进入 H 厂先作为学徒,学习木工技术当木匠,之后调配到单位的警察队,担任经济警察。此后 C 爷爷相继从事基建、木匠等厂内工作。退休后的 C 爷爷与老伴一起居住,与大儿子居住距离较近。C 爷爷性格开朗,爱好羽毛球,但是对社区生活不满意,之前活动范围多在社区外,随着年龄增长,C 爷爷多在家里待着或在附近的公园活动,感觉难以融入社区。

②案主二:Y 爷爷

基本情况:

85 岁,1953 年进入 H 厂工作,入厂时学电镀做学徒,后来成为厂里的电工,同时兼任组织干事,经常从事党员政审外调工作,有着较强的组织纪律性。在 H 厂工作 35 年,于 1988 年退休,之后在其他单位工作至 75 岁。Y 爷爷老伴去世后与儿子一起居住,平日里除了偶尔下棋,没有其他活动,对社区的归属和认同感较低。

③案主三:M 爷爷

基本情况:

78 岁,1958 年进入 H 厂工作,1960 年参军,5 年退伍后选择回到 H 厂继续工作,后供职于厂工会,最后在厂工会中担任工会主席职务。其老伴同样任职于 H 厂,普通工人。家中两代共 3 人任职于 H 厂,对单位的认同程度和家庭生活满意度较高,但对社区生活满意度较低。

④案主四:Z 爷爷

基本情况:

70 岁,1965 年退伍后进入 H 厂工作,入厂后担任安全员,负责全厂车辆和驾驶员管理工作,之后任监理、调度等职位,多次参与 H 厂庆工作,具有较强的组织协调能力,在 H 厂工作 40 年。Y 爷爷看似严肃,但实际接触后就会发现 Z 爷爷是个很健谈的人,乐于分享自己的经历和对一些问题的看法,存在社区认同的困扰。

⑤案主五:L 奶奶

基本情况:

78 岁,1962 年进入 H 厂工作,曾任工会副主席,大学学历,退休前在厂中担任设计工作,其老伴也任职于 H 厂。L 奶奶性格开朗,待人热情,乐于分享自己的故事,对于社区生活不满意,存在社区认同问题。

五位案主的人口统计学情况可参见表 62。

表 62　五位案主基本情况

代码	案主	性别	年龄	入厂时间	工作年限	退休前职务
C	C 爷爷	男	75	1958 年	45	木工/经济警察
Y	Y 爷爷	男	85	1953 年	35	电工/组织干事
M	M 爷爷	男	78	1958 年	46	工会主席
Z	Z 爷爷	男	70	1965 年	40	安全员
L	L 奶奶	女	77	1962 年	35	工会副主席

(2)社区认同情况测量

使用《社区认同量表》对社区认同进行测量,共两个维度,即社区功能认同与社区情感认同,每个维度各包含 4 个题项,由结果可知,几位案主功能认同与情感认同均处于 3 分上下,相较于 LY 社区的客观建设情况以及几位案主在 LY 社区的生活年限,是比较低的水平(表 63)。

表63　案主《社区认同量表》测量结果

案主	社区功能认同	社区情感认同	社区认同总分
C爷爷	3	3.25	3.125
Y爷爷	3.25	2.75	3
M爷爷	2.75	3	2.875
Z爷爷	3.25	3.5	3.375
L奶奶	2.5	2.75	2.625

由案主的邻里关系调查结果(表64)可知,案主的邻里关系状况与LY社区居民的调查结果相似,邻里关心程度普遍偏低,不愿向邻居求助,他们认为,邻居的变换使得相互之间不认识,也没有机会结识。五位案主也没有使用过包括图书、阅览室在内的社区活动设施,没有参加过或者没有听说过社区组织的活动,社区参与动力不足。

表64　案主邻里关系状况

	极小值	极大值	均值
在社区里,您觉得邻居们是否关心您	1	3	2.01
遇到困难时是否选择向邻居求助	0	1	0.36

可见,五位案主的社区认同情况和LY社区居民社区认同的总体评估结果相一致,因此,五位案主对LY社区居民的社区认同情况具有代表性。他们也表达了以下具体需求:

①回忆和分享往事。与其他老年人一样,他们时常回顾自己的一生,赋闲在家后渴望能够有人倾听他们的故事、与他们交流。

②拓展人际关系网。随着单位制解体、住房商品化改革,H厂退休职工的一些老同事、老邻居已不在这里居住,他们希望能拓展社区中的人际关系网。

③融入并参与社区、提高社区认同的需求。案主生活在这片社区,也希望自己与社区的连接更多一些,很希望能融入并参与到社区中去。

三、服务计划

(一)服务目标

1. 总目标

基于单位型社区的特点,从居民的单位认同资源方面展开探索,在缅怀往事疗法的框架下,使用简单怀旧模式进行干预,引导居民的叙事活动,充分利用单位认同中的资源来促进传承,将单位叙事中的正性体验带到当下,改善单位型社区居民的社区认同。

2. 具体目标

为达到提高社区认同的目的，具体工作目标包括以下几个方面：

①在情感层面连接过去与现在、“单位”与“社区”；

②重塑公共精神；

③重拾成功经验，实现社区参与意愿与能力的提高；

④改善邻里互动，激活关系网络。

(二)服务方式

学者王丽丽认为，社区认同并非是对单位认同的简单线性替换，而是存在互构关系，社区中的居民与社区同样是互构关系，既可以从宏观上、也可以从微观社区组成的终极单位——居民个人来解决社区认同问题。基于这一角度，个案工作在单位型社区居民的社区认同干预中具有其优势。

服务将采用缅怀往事疗法进行干预。缅怀往事疗法是一种经过国内外研究证实的干预手段，易于操作。实证研究已经表明，缅怀往事疗法可以用于老年人精神健康方面的改善，也可以提升老年人的自我整合与认同。具体需要进行多少次缅怀往事疗法的介入，学界的研究并无具体要求。Bohlmeijerd 的元分析显示，干预的次数对幸福感等变量之间无显著的因果关系，而简单怀旧模式则适用于精神健康的老年人，可以根据具体情况灵活安排。上述研究提示我们，可以通过缅怀往事疗法的“简单怀旧”模式，营造怀旧氛围，在陪伴 LY 单位型社区老年居民进行叙事的过程中，帮助他们体验集体经历中正性事件的价值和意义，促进他们的集体身体认同，并以此推动他们的自我整合。

从王丽丽等的单位“隐形在场”的视角看，单位记忆构成传统单位人日常聚会聊天的谈资，最能唤醒单位情感与重建彼此联系的纽带，社区工作实践中，可以通过创设缅怀和回顾的场景，促使传统单位人分享共同的价值理念、人生经验、生命事件等，在群体化经历分享中获得相互的肯定与认可，建立彼此信任互相支持的合作氛围。要让单位认同促进社区认同，还需进入单位人的日常生活世界，从“主位”研究的立场让单位人追溯自己的记忆，言说自己的故事，成为叙事的实践主体。对于 LY 社区的 H 厂退休职工而言，他们的单位认同资源中有文化资本和关系资本这两种形态，同样适合采用简单怀旧的方式进行缅怀。

首先，文化资源是更为深厚的积淀，对单位人特别是退休职工居民的影响更为持久，单位制对他们的生命历程进行了完整的形塑，构成了这一群体共同的集体记忆，蕴含着他们共同的价值观念。在 H 厂的经历是社区中单位人的共同生命历程，造就了可以彼此共享的集体记忆和单位情感，这些精神品质同样适用于当前的社区建设，能够帮助居民建立社区公共精神，因而更加适合采用简单怀旧的叙事缅怀方式进行干预。

其次，H 厂退休职工的关系资源则体现在他们的交往圈中，在单位制时代，H

厂职工居民形成了同志式的、近乎亲人的邻里关系;相似的生活和工作经历、相近的身份背景,是其破除戒备、建立信任关系的基础,让他们能够更容易与原单位居民建立联系;采用简单怀旧的叙事缅怀方式,可以让居民再次获得融洽的邻里关系所带来的正性体验,促进 H 厂退休职工人际关系网络的拓展。

最后,通过简怀怀旧的单位叙事,能够帮助社区居民中有意愿、有能力的积极分子在回忆过去工作时的成功经历之时,觉察自己作为活动组织者的能力品质,发掘他们的社区参与意识。

因此,缅怀往事疗法可以通过简单怀旧叙事的方式帮助居民激活与当下连接的单位认同资源,并将正性体验带回到当下以解决社区认同问题。除此之外,缅怀往事疗法能够更好地从微观层面激活 LY 社区退休职工居民的单位认同资源,促进其公共意识的培养,有针对性地整合资源,促进社区认同在个人层面的提高。综上所述,服务将采用缅怀往事疗法的简单怀旧模式。

根据 Puentes 和 William 的研究,简单怀旧模式分为八个步骤:

(1)找出焦虑反应的根本原因;

(2)回想一下过去类似情况的简短记忆;

(3)检查过去和现在的情况之间的相同点和不同点;

(4)确定过去使用的有效应对策略的经验;

(5)将有效的应对策略从过去转移到现在;

(6)根据从过去到现在转移的有效应对策略,确定应对方案;

(7)权衡应对方案的优缺点,并选择最适应的方案;

(8)实施选定的方案。

本服务借鉴这八个步骤,对 LY 社区职工居民的社区认同问题进行干预。

(三)服务的理论依据

1. 文化主导论

文化主导论认为,社区文化是社区认同的基本元素,群体价值和行为模式的内化使社区能够形成社区生活共同体,使自然人转变为社区人、社会人。社区文化的形成和传播是建构社区认同的基础,通过寻求传统扎根文化和培育新公共文化,来促进社区价值理念的契合。徐中振、袁磊、孙其昂等学者在他们的研究里强调了社区文化对社区认同的建构作用,他们认为,社区认同是个人对社区的归属感和依赖感,既是一种自我认同,也是一种文化认同。中国传统的亲属关系以及与地缘为依托建立的首属群体,即使在充斥着现代性特征的城市社区中,其应用的价值意义仍然不减,依旧在现代社区发挥着功能。

2. 关系建构论

持关系建构论的学者,如舒晓虎等人认为,在一定程度上,邻里关系的重塑更符合人们对于重建社会生活共同体的想象与追求,社区认同的建构应从居民间的日常生活互动方式及其关系的建构入手，并创新性地的提出社区认同的四种机制：网络型认同、社团型认同、治理型认同和记忆型认同。其中，记忆型认同指社区在时空结构中的存在和变迁与社区成员的成长轨迹同构共生，社区记忆的结果就是社区认同的形成。

3. 单位的“隐形在场”

王丽丽提出了单位“隐形在场”的理论观点，她认为，单位制解体后，其影响并未就此终结，而是在漫长的历史时期继续作用于社区生活，只是作用方式由看得见的“手”转变为“隐形在场”，潜移默化地影响着社区中旧单位人的认知图式和交往方式。这种“隐形在场”分为三种形态：“权力资本”的潜在运行、“文化资本”的历史积淀和“关系资本”的内在延续。就单位“隐形在场”于基层社会公共性的关系而言，前者所带来的“单位”资源蕴含着共同体的特征和因素，是构建以社区为载体的新的基层公共性的关键材料，推动社区认同的提高和社会公共性的建构。若要使单位认同资源发挥作用，要创设缅怀和回顾的场景，促使传统单位人分享共同的价值理念、人生经验、生命事件等，在群体化经历分享中获得相互的肯定与认可，建立彼此信任、互相支持的合作氛围。

（四）服务框架

根据需要评估结果以及相关的理论，本项目建立如图 21 所示的服务框架。

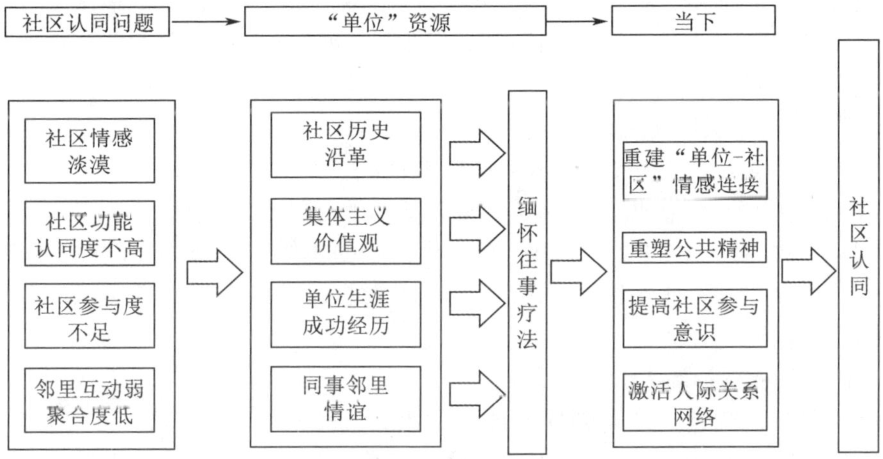

图 21　服务框架

四、服务实施过程

针对案主的单位认同资源状况，本服务将干预活动依照五大主题具体开展，即“建立关系”“忆社区变迁”“忆集体主义”“忆成功经历”“忆同事邻里情谊”。采用缅怀往事疗法的“简单怀旧”模式具体进行干预，将个体叙事与集体叙事相结合，将缅怀的焦点集中于几位案主在H厂工作生活时的经历，重点发掘案主在这一历程中的正性体验，例如工作时的忘我奋斗精神、与同事邻居的深厚情谊等，通过今昔对比，将正性体验带回到当下，以应对社区认同问题。干预活动每次围绕1个主题，每周对案主干预1次，每次50分钟，干预活动持续5周。根据案主意愿，将干预地点选择在案主家里。根据集体观影进行回忆的需要，观影地点则安排在社区活动室。

（一）具体服务阶段

1. 阶段一：专业关系建立

（1）目的：建立稳定、平等和真诚的专业关系。

（2）工作内容：根据需求评估的资料，梳理案主大致的情况，与案主进行会谈，了解其问题及需求；向案主介绍社会工作，与案主探讨服务计划，建立专业关系。

2. 阶段二：忆社区变迁

（1）目的：回忆社区历史和景观的变迁，在情感层面连接过去与现在、“单位”与“社区”，提升社区情感认同。

（2）工作内容：激发案主工作时的集体记忆，引导案主对社区景观变化与历史沿革展开叙事，回忆单位时代的生活区与当前社区的共同点与不同点，协助案主重新发掘身处单位、社区转型过程中的正性事件，激活那些沉淀在案主心底的“生于斯长于斯”的情感，让过去延续到现在，帮助案主重建“单位－社区”情感连接，提升社区情感认同。

3. 阶段三：忆集体主义

（1）目的：重塑公共精神，提升社区功能认同。

（2）工作内容：沿着职业选择、入厂工作、工作氛围、国企改制、社区生活的线索，帮助案主在对往事的回忆中整合单位生涯中的集体主义精神。同时，让案主觉察到这种精神在当前社区建设中的作用，以及对自己社区生活的意义，提升社区功能认同。

4. 阶段四：忆峥嵘岁月

（1）目的：实现社区参与意愿与能力的提高，促进社区认同。

（2）工作内容：引导案主回忆工作时的成功经历，帮助案主总结成功经验，如组织能力、协调能力等，让案主觉察到这些经验在当下情景的适用性，将有效的应对策略由过去转移到现在，让案主意识到自身的社区参与能力，激发案主的社区参与意愿。

5. 阶段五：忆同事、邻里情谊

（1）目的：改善邻里互动，激活关系网络，提升社区认同。

（2）工作内容：引导案主回忆过去的同事邻里情谊，以H厂老电影为载体开展影像叙事,以集体观影的形式召集案主开展集体叙事,通过共同的生涯背景、单位经历破除心理戒备,让案主与过去不曾结识的、同为H厂退休职工的居民建立新的联系,激活原单位人际关系网络,从而加强邻里互动,拓展关系网,提升社区认同。

缅怀往事干预内容如表65所示。

表65　缅怀往事干预内容

阶段	缅怀往事主题	记忆触发物	内容
一	建立专业关系	—	了解案主基本情况、问题及需求,建立专业关系
二	忆社区变迁	老照片、老物件(工作服等)	单位时期集体记忆、社区变迁;居住地今昔连接与对比,单位大院与当前社区的情感连接
三	忆集体主义	老照片、老报纸	单位时期与集体相关的事件、经历;集体主义价值观在当前社区发展建设中的迁移
四	忆峥嵘岁月	老物件(奖状、证书等)	职业生涯中的成功案例和经验、重要事件;成功经验在当前社区参与中的迁移
五	共叙同事、邻里情谊	老电影	职业生涯概况、单位集体记忆、同事邻里情谊的集体叙事
六	结案评估	—	开展量表测评、案主自评,评估服务效果

(二)服务过程展示

1.重温社区变迁,重建"单位－社区"情感连接

服务目标:通过激活集体记忆,回忆从单位到社区的历史变迁,使案主重建"单位"与"社区"的情感连接。

LY社区从单位制到社区制的转型,使得这里的居民将过去与现在分割开了,他们当中的很多人回忆过去,也"活在过去",集体记忆不但不具有连接过去与现在的连续性,甚至成为拒斥当下的理由。本节缅怀的重点是帮助案主将这种集体回忆中断裂的情感连接上,将社区变化中的"不变"呈现出来。采用回忆加体验的方式进行,即对当下社区变化的"单位出身"进行叙事,在表面叙事中帮助案主体验新变化与旧时连接时的内在感情。

为了引发案主的回忆热情,社工首先从H厂的光荣历史的回忆入手,先调动起他们回忆的热情,再将案主带入到我们本节的缅怀主题。在现如今的H市,谈

及H厂也可谓是“无人不知无人不晓”，谈起那段辉煌记忆，案主们均有许多话要说。结合案主拿出的老照片、老物件等，社工以“爷爷/奶奶，您能跟我们分享一下你当时对H厂，或者是对三大动力的印象吗？”或“爷爷/奶奶，您能跟我们唠一唠上班时是什么样的吗？”等开放式方式提问开始访谈，从H厂清晨上班时的景象、洪亮的“汽笛声”谈起，引出关于H厂职业生涯的话题，营造怀旧的氛围。在这一过程中，社工发自内心地表现出对于这段经历的兴趣，确保专注和倾听，让案主有持续分享下去的动力。

几位案主在讲述这段经历时均声情并茂，特别是C爷爷，他是个性格开朗的人，并且表情很生动，在讲述这段记忆的时候，C爷爷眉毛上扬，眼睛瞪大，配合着手势，生动地向社工描述当时的情景，社工也通过重复、同理等方式给予积极回应，保持真诚，让案主继续分享。部分内容摘录如下。

C爷爷：那时候上班可是壮观啊，人多，一上班拉汽笛，‘呜……’，人山人海。下班也是汽笛一拉，人就呼呼啦啦地从厂大门往外走。

社工：那还真是壮观啊！爷爷请您继续说下去。

促进案主将老社区与当前社区相连、接纳当下，是服务计划的目标之一。因此，在激活集体记忆之后，社工着重发掘案主关于社区变迁的记忆，引导案主将过去美好的社区回忆与现实的社区相连接，帮助案主探索社区今昔的不同与相同，中断与连续。以下是一段来自案主Y爷爷交流过程中的典型片段。

社工：爷爷，可以讲一讲这一片社区吗？

Y爷爷：这个社区基本上都是H厂的居民。H厂也分几大块，从市五院一直到这边的XF家园基本都叫厂南，厂南是居民区，这一块是……H厂的一个整个住宅结构布局差不多这样。

在这里，社工抓住时机，通过询问案主与社区变迁相关的问题，引导案主将社区的过去与现在相连接，让集体记忆保持延续性。

社工：要是想在墙上展览一些社区历史的介绍，您觉得应该怎么布局呢？

Y老人：LY社区，位置在啥地方，前身是H厂职工家属区，对不对？哪年哪月让政府规划，哪里是家属区……起码知道宿舍有多少栋，等等，这叫简介，也叫作展览馆前言。最后才是展览。

社工：嗯嗯，您继续说。

Y爷爷：（案主概述LY社区的变化，此处略）

社工：那看来是个很大的变化，您继续说。

Y爷爷：再一条，例如这次修路，你有时间拍下来，算是一个历史资料。先拍个施工时的状态，施工完成后再拍一张，两相对比。马路宽了，道路清洁了，人走路方便了，将来在社区搞展览时，算个景儿。

为了使过去与当前的连接更加紧密，社工需要持续地引导案主从不同角度对社区的现在和过去进行回忆和连接，让案主持续地想到社区不同景观的变化。在这一过程中，社工要综合运用不同的会谈技术，例如具体化技术等，并且帮助案主在展开对比今昔回忆时，体验当下内在的感受和情感，去到内在体验的层面，觉察自己对这片社区的感情。例如：

社工：那么除了这些个马路变化了，社区里其他地方呢？

Y 爷爷：那可是很多啊，比如像这个 H 厂子弟小学，原先……（案主再次进行了详细地描述）

社工：对比过去和现在，您现在有什么感受呢？

Y 爷爷：感受的话，这个社区历史也算悠久，你今天这么一提，我还真有点感慨。社区还是那个社区，变化也真不算小，坦率来讲，设施啥的真是进步不小，又是公园又是啥的。有时候这人一老，可能就忘了些东西了，要是现在让我搬走，还真是不太舍得，哈哈。

社工：所以，您对这里、对这个社区的感情还是很深的。

Y 爷爷：是啊，住了这些个年头了，肯定是有感情的。

对于历史与当前社区的连接，要注意在唤醒过往记忆的同时，也要让案主关注当下，关注到当前社区生活好的一面，同时也要让案主体悟到对当前社区的情感，接纳当前的社区生活，例如：

社工：您在社区住了这么多年，与过去相比变化大吗？

Z 爷爷：社区变化，在我个人角度看，物质和精神都变了。最早入厂的时候，就拿房子来说，不能叫破窟，叫啥呢……反正是不那么理想。到社区以后呢，就把这些交给社会了，暖气管道改造。所以物质层面还是有很大的改观。

社工：您是说，物质条件变好了，社区的变化给您也带来了一些生活上的好处。

Z 爷爷：对对，是这样的。

社工：那么，您现在的物质条件变好了，您的感觉是什么样的呢？

Z 爷爷：感觉的话……感觉还挺舒服，让我有些安全感了，入秋之后不用总担心冬天怎么过，咱不是有了热网了吗……

社工：那么您现在有了这种安全感，对您来说有什么意义呢？

Z 爷爷：让我觉得现在在社区的生活，确实是比从前幸福多了。

社工：爷爷，您看，要是咱们仔细体会，还是能发现社区也在慢慢变好的对吧？

Z 爷爷：还真是，你这一提醒我，还真是忽略了这么多细节，以前还真是没注意到，确实是在变好。

注意要点：引导案主对往事进行回忆时，避免让案主沉溺在过去与现在相反的情境中，而是对比过去与当下，积极地发掘过去经验对当下处境的意义和作用。注意会谈技术的使用，如对焦与澄清技术等。

服务小结：这一部分的缅怀往事疗法干预达到了预期效果。首先，单位记忆激活的过程让案主畅谈往事，表现出较强的表达欲望，满足了案主与他人分享往事的需求，与此同时，避免了沉溺在过去的回忆中。在此基础上，社工引导案主连接今昔，让案主体验到了社区发展的连续性，避免了社区历史与单位职工生活区的割裂，将情感的认同延续到了当下。

2. 回忆集体主义价值观念，形塑公共精神

服务目标：让案主在对往事的回忆中整合单位生涯中的集体主义精神，同时，重点让案主觉察到这种精神在当前社区建设中的作用以及对自己社区生活的意义。

旧单位时期 H 厂工人的精神品质，如艰苦奋斗、纪律意识、劳模精神等，是帮助 H 厂全体职工不断克服艰难险阻，实现逆境中发展的精神力量，是 H 厂职工居民所共享的集体主义精神的集中体现，是当前社区认同建设所需的公共精神的重要来源。这些品质是陪伴案主们回忆的重点部分。根据前期的需求评估以及对 H 厂厂史的了解，社工主要从几个方面入手陪伴与鼓励案主进行回忆：一是帮助案主体验与表述当年的工作投入状态与集体主义精神。主要从他们的入党经历等过往重大正向事件的回忆入手，引导与鼓励案主讲述这些故事，帮助案主体验这些事件中的集体主义要素；二是鼓励案主觉察这种精神对自己当下社区生活的意义，帮助案主将集体主义的价值观念带入当下社区的公共生活中去，将他们自己与社区的公共空间与公务事务连接起来。

以 Y 爷爷为例。在访谈中，Y 爷爷讲了自己当年入党的故事，自然地谈到了个人与集体的关系。

Y 爷爷：我还记得那时候写入党申请书，下了班回去点煤油灯，上一天班累得不行，就用凉水洗洗脸，精神精神，再工工整整地继续写。

社工：那个时候大家都认同吗？

Y 爷爷：那时候大家都是一个集体，思想都得进步，谁都不愿意落后……一个礼拜的党小组会……群众有啥意见和建议，那都得反应上去。

与案主有着相同政治面貌的社工在与 Y 爷爷交谈时，也帮助 Y 爷爷进一步地不仅在行为，而且在认知上回忆与总结当年作为党员努力工作、起带头作用的奉献精神。

社工：爷爷，我也是名党员，但是感觉跟您那时候相比，还是差了不少，党员的先进形象，还是要靠您这样的前辈树立啊。

Y 爷爷：那时候也没别的啥想法，那时候就想着，当了党员，就得干党

员要干的事，就得干组织让干的事……我们年轻时候就是本本分分，老老实实，忠于党，好好工作，先天下忧而忧，后天下乐而乐，我们就抱着这种思想，就是抱着吃苦（的态度），踏踏实实地工作，不计较个人得失……

社工：爷爷您这一生也是为大家伙儿做了不少贡献啊，现在回想起来啥感觉？

Y 爷爷：感觉就是很踏实，回想起来没有说觉得虚度。

Y 爷爷回忆到此时非常兴奋，社工利用这个时机，引导 Y 爷爷去感受这种集体主义精神对当下社区生活的意义：

社工：爷爷，您觉这种以集体为先的精神放现在、放社区里还需要吗？

Y 爷爷：（沉思片刻）还是需要的，现在问题还是很多，别的不说，就这楼道卫生，没人管、没人问，光靠政府那也是不行的啊，那还得是人人维护。

社工：这个楼道就是大家一起来维护的吗？

Y 爷爷：是啊，这个楼道在社区的 22 栋，是我们厂原先篮球队的老刘整的，大伙都叫她刘阿姨，她性子直，爽快，看着楼道卫生一天天变脏，她坐不住了，就号召楼道的邻居一起把楼道卫生搞一搞，先是各扫门前雪，效果不错，就排了个值日表，轮流清理低楼层墙上的小广告。大家伙一起整，不是说‘众人拾柴火焰高’吗。

社工：看来集体主义精神还得继续发扬，爷爷您说是吧？

Y 爷爷：是啊，真是很有必要！

注意要点：尽量让案主从具体事件中提炼出集体主义价值观念，注意引导案主将之与当下情景、当前的社区建设相连接，让过去的经验在当下找到用武之地。

服务小结：从本节的服务中可以了解到，通过正向积极事件的叙事，事件中的集体主义价值观念能被自然地回忆与激发出来，这些品质封存在他们的记忆中，成为集体记忆不可或缺的重要部分，通过社工的引导，服务基本达到预期目标。案主在进行怀旧叙事的过程中，将单位认同中的集体主义价值观念通过具体事件进行了提炼，并在社工的引导下与当前情景结合，意识到了这种精神的价值在当前社区中的所在，案主服务与爱护社区的公共精神得到了激活，个人与社区的关系在集体主义的回忆与体验中有了整合。

3. 忆峥嵘岁月，发掘社区参与意识与能力

服务目标：实现社区参与意愿与能力的提高，促进社区认同。

这一部分的干预，主要引导案主讲述老照片、老物件等背后的故事和记忆，以案主的岗位背景为基础，引导案主叙事，这里面既有案主经历的重大事件，又有案主自身的工作经历。之后，引导案主梳理这些成功的经验，察觉自身优势，以及这些经验在当下情景的适用性，并将有效的应对策略由过去转移到现在，从而发掘案

主的社区参与意识与能力。在缅怀往事中，社工利用老照片与老物件，陪伴案主回忆他们工作中最难忘的、最引以为荣的一些故事，在这些故事的回忆中，鼓励案主体验他们在其中所做的努力、贡献与经验，以及从艰苦奋斗的岁月中坚守下来的勇气，并帮助案主觉察这些力量与经验是可以带入当下的社区生活，为社区做贡献的。

如案主Z爷爷谈及自己的工作岗位时，结合老照片分享了自己工作时的一些趣事，故事体现了案主对胜任岗位工作的自豪感与完成工作任务后的价值感，这一过程中，社工运用倾听、鼓励及内容反应的会谈技术，让案主意识到自身在组织大家开展活动时的能力与价值。

社工：爷爷，这照片里的是您吧，厂庆……那爷爷您退休之前在H厂具体是做什么工作的？

Z爷爷：我在H厂原来是当安全员……当过调度、计划调度，然后就是安全员。安全员原先在H厂都叫监理，一喊都是Z(案主姓氏)监理、Z调度、Z安全，我在H厂这些年……

社工：听起来是个重要的岗位啊。

Z爷爷：因为只有大型活动就得涉及我管安全这一块，厂里大的活动，比如运动会，五年、十年厂庆，搞活动，涉及车辆的安排、车辆的多少、请交警来帮指挥，省市领导来车怎么摆放之类的。交通反正一遇上难事都是我，也处理过一些事。

此时，社工运用追问的技术，如“都有哪些事呢？爷爷？”继续引导案主Z爷爷回忆当年处理工作“难事”的故事，并帮助Z爷爷在这一叙事中获得正性体验，更多地自我觉察当年对工作的胜任感和价值感。并在此基础上，帮助案主将之与当前社区发展相结合，发掘Z爷爷的社区参与意愿。

社工：爷爷您可太厉害了，人际关系真是很重要。这样的大活动，协调、处置突发状况可真的不容易啊。那您当时的感受是什么呢？

Z爷爷：我当时觉得这事没我在还真不太好办，觉得自己还挺厉害、挺自豪。

社工：您从工作的这些事情中，获得哪些启发呢？

Z爷爷：我这活儿涉及好多方面，又是车辆又是啥的，所以不可能闭门造车，必须得多跟人沟通，人际关系一定得处理好。

社工：您觉得这种能力放到现在社区里搞搞活动，是不是也能有用武之地呢？

Z爷爷：能啊，这能力搁哪儿块都需要。你这一说让我感觉我这还有点用，跟人协调关系那是我强项。

缅怀往事疗法的简单怀旧模式是一个开放的体系，可以在疗法框架下根据案主的反馈来灵活安排具体内容。在叙事过程中，有两位案主都共同提到了一部关于H厂的老电影，可见老电影的确是一个适合于进行集体叙事的形式。在服务中社工发现，案主M爷爷曾经供职于H厂工会，组织过类似活动，可借此机会调动案主的参与意愿。以下是服务中的一个片段：

M爷爷：《千万不要忘记》是在H厂最兴盛的时候公演的话剧，最后还拍电影了。讲的就是在制造电机过程中，工人一时不小心、不注意，身上带的钥匙掉进电机里了，最后发现并报告上级。电机属于心脏，为确保安全，就把它拆了。这是H厂的一个缩影。

社工：啊，这个电影之前我们也听别的H厂的爷爷说过，原来不仅有电影还有话剧啊？

M爷爷：话剧完了拍的电影。取景也在H厂。我在工会的时候，还组织大家看过那个电影，拍的是不错。

社工：那挺好啊，爷爷，咱服务计划里还有个观影，您还愿意和我们一起张罗张罗老同事、老朋友们一起看看这老电影吗？

M爷爷：愿意啊，之前你们不就说要看电影，不知道你们还能不能找到了，已经是几十年了。我觉得这个挺好，你们现在年轻人看的那些个电影我们可能不太能看得懂，这老电影行。

我们当场就邀请M爷爷与社工一道，共同组织一场社区观影，M爷爷也欣然同意，协助我们寻找片源、书写电影简介、招募活动参加者等。

注意要点：缅怀过程中，社工要敏锐地发现案主的能力和优点，以及案主的成功经验与当前社区建设之间的关联性，从而帮助案主将过去经验带到当下情景，而非受案主思路牵制，纠缠于具体案例中。

服务小结：这一部分的服务达到了预期效果。通过引导案主回忆在工作岗位上的成功经验，他们的缅怀、倾诉与分享需求首先得到了满足。在此之后，通过社工对于案主自身品质和能力的挖掘，让案主觉察到这些品质和能力是可以在当下情景发挥作用的，激发了案主社区参与的意识，特别是案主M爷爷，能够欣然同意我们的邀请，说明干预进程取得了实质性的进展。

4. 共叙旧时邻里情，激活人际关系网络

服务目标：改善邻里互动，激活关系网络，提升社区认同。

这一阶段的干预运用集体叙事的方法，采用观影的形式，邀请几位案主及社区内其他退休职工共同观看单位时代的老电影，并在案主M爷爷的参与和帮助下使集体叙事活动如期顺利开展。在集体叙事中，我们利用老电影这一记忆触发物，营造怀旧氛围，让案主们共叙单位往事，分享彼此的单位情感和集体记忆，着重回忆单位时代的同事邻里情谊，消除彼此间的陌生感和隔阂，从而引发共鸣，促进老同事间的交流，进一步拓展人际网络，加强互动、提升社区认同。

(1)共叙往事

集体观影叙事的地点位于LY社区服务中心二楼的活动室,播放的影片为《千万不要忘记》,影片改编自哈尔滨话剧院著名剧作家从深1962年创作的同名话剧,于1964年上映,讲述了某电机厂车间主任丁海宽一家的故事。在播放电影前,参与者先进行自我介绍,内容不限,之后播放20世纪五六十年代H厂工间操的音乐,带领案主及其他参与者将工间操作为热身活动。电影共96分钟,分为上下半场进行播放,中场休息时,引导案主及其他参与者分享感受。

在自我介绍阶段,案主之间并非全都认识,其他参与者之间亦然。在进行自我介绍时,C爷爷介绍完自己后指着L奶奶说:"别人我不太认识,但是我认识你,工会的啊,哈哈"。L奶奶也自信地说:"哈哈哈,这H厂的老人有几个不认识我的"。在相互认识并进行完热身活动之后,开始观看电影。电影进行中,据笔者观察,参加者每当看到出现令自己熟悉的画面时,都会表现出兴奋的神情,与邻座的参与者交流着内心的激动情绪。

在中场分享感受阶段,包括案主在内的参与者们轮流做分享,共同的单位记忆自然地成了参与者的谈资。率先分享感受的是一位非案主的参加者,这位老阿姨虽然是食品厂而非H厂退休的,但是也与案主们有着相似的工作和生活经历:

> 我这一看,今天是放《千万不要忘记》这个电影,我立马就过来了。我们年轻的时候,厂里还排过这个话剧,一看见这个,就感觉很亲切啊。看见了这个电影,就仿佛回到了60年代,12岁的我刚上初中,我妈妈周六开会,一三五学习,下班很晚,我妹妹才3岁,想妈妈,就领着妹妹去厂里找我妈,真的特别有感触。

在这位阿姨分享过后,M爷爷紧接着说出他的感受:

> 看这电影确实感触很深。那时候真的是一心扑在厂子里,也没寻思过奖金啥的。睡就睡在车间里,累了就在干活的地方睡一觉,睡完觉又继续干活。那时候每个月拿33块钱的工资,评上个先进高兴得不得了。

L奶奶接着M爷爷的分享继续说:

> 是啊,我们那时候不计较钱的。那时候38块9的工资我挣了5年多,响应党的号召,国家摆在家庭和孩子前面,每天加班加点,所以那时候啊,就把钥匙用绳子穿起来挂在孩子脖子上,放学回家就吃早上做好的。

除了对于生产事业的无限热忱,参与者们也谈到了对单位的感情,比如C爷爷:

> 说老实话,我们一辈子为之奋斗的就这么一个地方,不像有的同志跳厂,跳单位什么的,或是干的不太顺心,就上别的地方去了,咱就一直死心塌地地在这个工厂里头。

相同的经历引发了几位案主的共鸣,在这种氛围的催化下,大家逐渐熟络起来。在达到破除隔阂这个目的之后,社工引导案主回忆同事邻里情谊。

(2)同事邻里情谊

涉及同事邻里情谊,案主们也有很多可利用的缅怀资源。特别是过去居住在单位筒子楼时,许多设施多家共用,不仅如此,邻里间也不吝啬自家“好吃的”或者亲戚带来的乡下特产,让孩子给邻居们送去,“互通有无”。不仅大人们熟悉,各家的孩子们也玩在一起、学在一起,形成了珍贵的“发小情”。这不仅超越了普通的同事关系,更是将“家文化”融入进了邻里关系。

我们干预的目的之一就是让案主回忆起过去超越同事关系的邻里情,在回忆过去同事、邻里相处模式中找回公共意识,帮助案主在当前社区中重建类似的邻里关系,促进社区认同的提高。以下是服务中的一个片段。

社工:那时候会几户人一起住吗?

M爷爷:那时候叫筒子楼啊,就六家甚至八家一个厨房一个厕所。就我们电工学院那后头有个一字楼,那些参加工作时间不太长的就给你一个屋,然后在走廊里整个煤窑,就是那蜂窝煤炉子,就用这个炉子放走廊里做饭。

社工:那时候邻里关系肯定都特别亲吧?

M爷爷:亲,那时候家里小孩儿跑人邻居家玩去,有时候玩的不愿意回来,晚上就在人家家里住了,要不就是跑人家里找小同学一块写作业,写完作业满院子疯跑。那时候都是一个厂的,也都认识,所以大家都相互信任。

社工这时使用自我表露等方式继续引导案主回忆与邻居的互动,促使案主萌发建立新的邻里关系的想法并付诸实践。

社工:说起这个,我小时候也是生活在我爸爸他们单位的宿舍,跟您讲的真的太像了……

M爷爷:哈哈,是啊,那时候是都这样。不过后来九十年代改制,好些人就搬走了。

社工:您怀念那时候的邻里关系吗?

M爷爷:确实挺怀念的,那时候大家都熟悉,有啥事儿都能照应上,不是说“远亲不如近邻嘛”,就是这么一回事。

社工:现在不还有好些老同事没搬走吗,在座的也都是H厂职工,大家也可以联系联系、认识认识啊。

M爷爷:主要是平常也没这机会,能认识些“老的”新朋友,不也挺好吗,哈哈。

见到不同车间的同事,Z爷爷还跟我们在场的社工“解释”起来为什么他们相互之间并不认识。借此机会,社工引导大家可以相互认识:

社工:所以看似没有联系,其实还是密不可分。大家之前虽然可能不太认识,之后还是可以一起来社区参加活动。

之后,在社工的倡导下,参与者相互添加了微信好友,并计划组建微信群,方便今后在参加社区活动时能够一起出席。

注意要点:邻里情谊的唤起要以共同的集体记忆为前提,需要先通过共享的价值观念与集体记忆等单位认同的资源来破除相互间不熟悉带来的戒备,在具体实施时,要注意引导,自然地过渡到同事邻里情谊的回忆上。

服务小结:这一部分的服务达到了预想的效果。H厂的奋斗记忆贯穿了案主大半的生命历程,在这一部分的服务中,通过以H厂为背景的老电影《千万不要忘记》为记忆的触发,营造出怀旧的氛围,参与者们对共同的单位情感和集体记忆的分享,使案主们不仅再次被唤起了单位记忆,更是破除了戒备,能够更加自在地与其他H厂退休职工互动,并通过同事邻里情谊的回忆,抓住建立新的邻里联结的契机,从而加强了互动,拓展了人际关系网络,促进了社区认同的提升。

五、效果评估

1. 量表测量

使用《社区认同量表》对案主开展后测,并将结果与前测进行比较,为使测量结果更为易读,同样将原始分数除以题项数量,得分情况如表66所示。总体来看,5位案主的社区认同量表得分均有所提高,社区认同状况均不同程度得到改善。其中,社区功能认同维度得分平均提高1.65分,社区情感认同维度得分平均提高2.15分。由案主各自的得分情况可知,5位案主社区认同程度有很大的提高,达到了服务的预期目的。

表66　案主社区认同量表前后测对比

	功能认同维度			情感认同维度		
案主	干预前	干预后	变化量	干预前	干预后	变化量
C爷爷	3	4.25	+1.25	3.25	5.25	+2
Y爷爷	3.25	5.25	+2	2.75	4.75	+2
M爷爷	2.75	4.75	+2	3	5.25	+2.25
Z爷爷	3.25	4.5	+1.25	3.5	5.5	+2
L奶奶	2.5	4.25	+1.75	2.75	5.25	+2.5
	功能认同维度得分平均变化量 +1.65			功能情感维度得分平均变化量 +2.15		

2. 案主自我评估

在结案阶段,按照个案工作流程,社工邀请几位案主填写《案主反馈表》。几位案主对社工的辅导整体评价为“满意”或者“非常满意”,认为社工通过缅怀往事疗法开展的服务,首先能够让他们有机会分享自己的经历,分享那些能让自己高兴的事,表示“有人说说话比啥都强”,C 爷爷和 M 爷爷则明确表示“跟你们聊聊以前的事也挺不错”“跟你们在一起说一说,挺好!”。除此之外,案主对于自己能够逐渐融入社区活动感到欣喜,认识了“之前早该认识”的退休职工朋友,扩大了交际范围,也感到自己能为社区做一些力所能及的事情,能更主动地参与到社区建设中去。

六、服务反思

在服务实施的过程中,项目组得到了社区方面的大力支持,向项目组提供包括活动场地等方面的便利,保证了服务的顺利实施。回顾整个服务过程,在单位型社区中开展的服务带来了以下思考。

1. 继续拓展与深化单位认同资源

在进行单位型社区的社区认同建设时,应当采用优势视角看待社区内的单位认同资源,避免过多地着眼于单位社会包含的弊端而忽视单位认同所带来的积极意义。学界的研究已经证实,单位认同能够促进社区认同的提高,因此,应该更多地探索和整合单位认同中所蕴含的有助于现代性和公共性的因素,重视单位认同的积极作用,以此途径来探索单位型社区居民提高社区认同的社工实践,促进单位型社区成员打破隔阂,增强社区邻里间的信任与社区认同。

2. 干预形式的多样化

就干预的具体形式而言,可以而且应当多样化。缅怀往事疗法的简单怀旧模式是开放的,在具体操作过程中,只要是能够更好地引导服务对象展开叙事和回忆的形式,皆可使用,例如可以利用小组社会工作的形式,组织退休职工居民开展集体叙事,共叙单位青春、共话社区未来,不同个体的参加能够为叙事活动提供更丰富的角度,也能够帮助服务对象开展更多的人际交流,促进社区认同的提高。此外,记忆触发物可以不局限于老照片、老物件等,经典音乐、社区内的老建筑等景观、话剧表演等皆可用于记忆的触发。

为了我们共同的家园

——LY社区多元主体参与社区治理案例[①]

郑　莉　杨舒淇[②]

一、项目实施背景

（一）社会背景

国家治理体系现代化的基础是社区治理。社区治理的目标就是把社区建设成为广大社区居民的社会生活共同体；在这样的共同体里，政府、居委会、社会组织、居民等各治理主体共同解决社区事务。现代化社区治理必须提升社区居民、社区社会组织等多主体的参与积极性，加速实现社区治理创新。目前，我国社区多元主体参与社区治理尚存在着明显的问题，主要表现为：社区多元主体的参与不足、动力不足、认同度低等。为了推动社区多元主体参与社区治理，需要将社会工作的新理念、新方法引入其中，通过专业化、个性化和人性化的社会工作服务，促进多元主体参与社区治理。

（二）服务单位基本情况

1. 社区概况

LY社区位于H省H市老城区中心地带，于2001年成立，社区南邻黛秀湖公园，北至电机厂，辖区面积0.6平方千米，毗邻远大生态园，社区环境良好。居民住宅楼33栋，社区登记人口9 083人、2 928户。社区公益用房面积1 500平方米，设有多功能厅、党建中心、家长课堂、科普活动室、书画室、棋牌室、图书阅览室等，场地空间充足，能为居民提供"一站式"便捷服务。社区共有12名工作人员进行一般性社区行政工作，并为社区提供公共服务。LY社区2015年被中国科协评为全国科普示范社区、2015年被所在省份评为"文明社区"。

---

① 2018年深圳市同佳岸慈善基金会幸福社区建设项目。

② 郑莉，哈尔滨工程大学人文社会科学学院教授，哈尔滨市心海社会工作服务中心督导；杨舒淇，哈尔滨工程大学人文社会科学学院2017级MSW研究生。

2. 社区治理主体概况

（1）社区居委会

社区居委会虽然是社区自治组织，但在实际工作中，则主要接受基层政府的工作安排。随着H市公共事务的重心下移，政府相关单位将工作下派给街道办事处，街道办事处再向社区居委会安排行政任务。LY社区居委会所在街道办事处设有与区级政府职能相关的工作科室，社区居委会工作人员的工作分工则与街道办事处的相关科室相对应，而且一个工作人员往往对应几个科室，工作任务颇为繁重。

（2）社区社会组织

LY社区社会组织数量较少，种类单一，规模较小。主要社会组织共计12个，其中包括2个志愿类社区组织和10个文娱类社区社会组织（表67）。在志愿类社区组织中，蒲公英课堂只为有需要的中小学生辅导功课，GH志愿服务队在社区居委会的组织下从事志愿服务活动，很少主动参与社区治理活动。社区中占比例最大的是文娱类社区组织，组织成员一般在55~70岁，年龄较大，只参与社区的演出类活动，很少参加社区治理其他相关活动。

表67　LY社区文娱类社区组织基本情况

类别	人数	年龄	建团时间	LY社区居民占比	备注
LP京剧团	25	65~85	2012年	12（48%）	因场地使用时间有限，近一半成员退出
MZY艺术团	55	55~75	2014年	10（18%）	活动丰富，经常参加社会活动，社区治理活动参与较少
芭蕾舞蹈团	20	50~65	2014年	5（25%）	社区治理活动参与较少
JWX模特队	40	50~65	2017年	10（25%）	社区治理活动参与较少
柔力球队	50	50~60	2000年	10（20%）	经常参加社区、街道组织的文娱活动
L歌舞团	50	60~80	—	20（40%）	团长全权负责组织相关事宜
美声乐团	10	45~60	2015年	5（50%）	组织较封闭
轻音乐团	25	55~70	2011年	15（60%）	积极参与社区文娱活动
太极队	30	55~70	—	6（20%）	拒绝免费扩招组织成员
WZY舞蹈团	60	55~70	2006年	10（17%）	大部分居民房子在乐园街，但住在子女家
合计	365			103（28%）	

(3)社区居民

LY 社区内居民以 H 市 D 集团退休员工为主,常住人口 9 083 人中,60 岁以上老人占比三分之一,其中 70 岁以上老年人高达 1 371 人。社区内经常见到的是年纪较大或是身体健康欠佳的老人,通过入户调查得知,很多退休老人,若是身体状况良好,多会选择外出再找一份工作。另外,社区有五分之一的居民是租户或是新搬来的居民,对社区不熟悉。

3. 社区治理现状

在 LY 社区治理过程中,形成了社区工作的领导核心——社区党委。LY 社区采用党建引领社区治理模式,构建了社区党建工作网络——社区大党委、网络党支部、楼院党小组,通过党建引领、整合资源、社会协同、公众参与完成社区治理,其治理目标是整合资源聚合力、精准服务铸品牌、综合治理促和谐。在实际执行过程中,社区居委会在社区党委的思想引领和宏观指导下,能够认真执行街道办指派的各项具体任务,完成社区所有行政事务工作与社区服务。而社区社会组织和社区居民则对于社区治理的参与热情较低,参与量较少。

二、需求评估分析

(一)评估方法

1. 半结构式访谈法

对 H 省 H 市 LY 社区居民、社会组织、居委会工作人员分别进行半结构式深度访谈,了解社区需求。其访谈编码方式是:JM 代表 LY 社区“居民”,ZZ 代表 LY 社区“社会组织”,SQ 代表“LY 社区工作人员(居委会工作人员)”;01、02、03 等分指不同的人。

访谈大致情况见有 68。

表 68　访谈情况汇总表

受访者(人数)	访谈编号	访谈次数	平均每次访谈时长	受访者情况
SQ(5 人)	SQ01、SQ03	2 次	20 分钟	工作时间较长,对社区情况比较了解
	SQ02	3 次	30 分钟	居委会主任,社区工作经验丰富
	SQ04、SQ05	1 次	20 分钟	工作时间短,对社区居民熟悉度不够

表 68(续)

受访者(人数)	访谈编号	访谈次数	平均每次访谈时长	受访者情况
JM(10 人)	JM01、JM05、JM07	3 次	20 分钟	3 次访谈分别是在前期入户、社工活动期间、活动结束后,非常配合社工
	JM08、JM09、JM10	1 次	20 分钟	参加后期社工活动的居民
	JM02、JM03、JM04、JM06	1 次	20 分钟	前期入户受访的居民,未参加后期活动
ZZ(10 个)	ZZ01(京剧团)	3 次	20 分钟	1 次访谈是在前期参与式观察,另外 2 次访谈是参加社工活动期间
	ZZ05(太极队)	2 次	20 分钟	访谈一般是在参加社工活动的时候
	ZZ02(轻音乐团) ZZ03(芭蕾舞蹈团) ZZ04(WZY 舞蹈团)	1 次	20 分钟	参加社工活动的时候接受访谈,前期参与式观察的时候与其交流较少

2. 参与式观察法

社会工作者同时也是观察者,通过在 LY 社区的社工专业实践,收集真实有效的一手资料,为服务设计提供帮助。2018 年 3 月—5 月期间,每周至少两次到 LY 社区观察其活动场地使用情况、社区工作情况、社区社会组织活动情况和居民活动情况等,并参与到社区活动中,近距离地观察社区居民、社会组织、居委会之间的互动情况,便于数据搜集整理和后续服务开展。

(二)评估结果

1. 居委会“行政化”问题

所谓“行政化”问题,是指居委会在完成街道办事处等基层政府所安排工作的过程中，具有了过多的行政负担，从而难以在了解居民的实际需要、作为社区的“牵头者”和“组织者”，以及发挥基层社区治理协调作用等方面发挥更大的作用。当社区居委会出现“行政化”问题后，就在实际上发挥了执行基层政府命令的一级行政单位的角色，从而难以满足基层自治组织所应该达到的“自我管理、教育和服务”的要求。由于居委会类似于其他行政机关，那么社区居民去社区办事的流程就和去其他政府服务部门的窗口办事一样，需要排队或预约后才能办理，因此“三难”情况的发生也在所难免。

2. 社区社会组织“参与形式化”

社区社会组织具有贴近基层的有利条件，能更好地了解民情，能够在理解、尊重、信任和平等的基础上，采用沟通、疏导和协商的方式，整合集体利益和公共意愿，并将此共同需求通过集体的力量向上传递，为政府决策提供重要资讯。在治理方式多样化的趋势下，街道办事处提倡居民自治，并支持组建各种社会组织促进居民参与社区治理。但是，一方面，由于部分社区社会组织并不是由社区居民自发建立的，而是为配合基层政府或居委会工作而组建的，不能完全反映居民思想，在自治方面不能取得显著效果。另一方面，大部分社区社会组织并不具有社区治理主体意识，管理与被管理的关系影响了居民意识，这也影响了社区社会组织作为多元主体之一参与社区治理。社区社会组织参与形式化现象十分严重，导致目前没有办法真正实现自治。

3. 社区居民“参与不足”

推动社区治理的现代化进程，必须促进居民积极参与社区治理，不断强化居民的社区治理能力。社区居民与其工作单位之间存在直接的利益关系，与此不同，社区居民与社区之间则缺乏这样明显的利益联结，这一现实原因导致很多社区居民不关心、不重视社区事务，在社区治理的参与过程中表现得不够自觉、不够积极、不够主动。目前，居民参与社区治理的行为往往是在制度要求下的被动执行，而非主动参与。社区居委会主要关注小部分活跃居民并引导他们参与社区活动，而大部分社区居民则缺少反映问题和传达意见的渠道。在社区利益中，居民往往处于弱势地位，话语权也有限。社区也没有相应的维权组织，为弱势居民建立能够反馈问题、进行合理诉求、维护正当权益的途径。居民缺少参与医疗、卫生、业委会选举、志愿者服务等公共事务的有效渠道，导致难以实现社区居民在社区治理中的自我管理、自我服务等。

4. 多元主体“隔离”困境

多元主体“隔离”困境，指社区内部出现的居民与社区之间、社会组织与社区之间、居委会与社区之间在联系往来、互信互助方面的隔离状况。已有研究表明，人类健康、危险行为、福祉、心理状态会受长时间的邻居关系和社区环境影响。目前，社区作为日常生活的载体，人们既聚居却又相互隔离，既触手可及却又交往消极，这种“喧嚣的孤独”与人类群居的初衷不符。另外，社区治理受困于街居制的行政管理方式，社区隔离现象未得到缓解，反而愈演愈烈，互不关注的社区关系制约了基层社会自我管理体制形成。

三、服务计划

(一)服务目标

社工介入多元主体参与社区治理包括两个目标——过程目标和任务目标(图22)，社工要带着这两个目标介入到社区中，完成服务过程。具体而言，过程目标包括三个方面：一是，搭建居委会与其他治理主体的沟通桥梁，既为居民、社区组织提供反映意见、需求的渠道，又能帮助居委会更好地向其他社区治理主体解释社区日常工作，避免治理主体之间产生误会；二是，帮助社区组织发挥治理功能，社区组织是社区的治理主体之一，不仅能帮助居民更好地参与到社区公共事务中，也能帮助居委会分担部分社区工作，使居委会更好地服务于社区；三是，提高居民的参与意识，培养居民参与能力，帮助居民实现自治。任务目标是指社工最终要发挥的作用是促进多元主体参与到社区治理中。

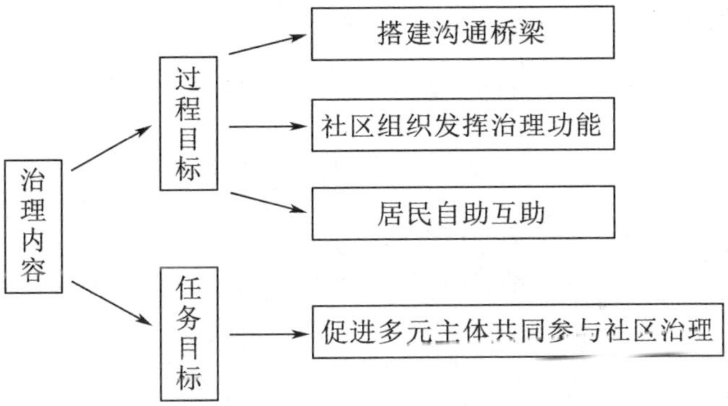

图22　社工服务目标

(二)服务的理论依据

1. 社区治理理论

社区治理理论是指在党的领导下，对社区公共议题进行多元共治。从治理主体的角度来说，即参与、多元、互动。多元即丰富的社区建设主体，区别于较为传统的单一社会管理主体；参与即社区各利益相关方发挥主体作用，强调社区发展过程中的多元共治；互动是指在建设社区时，加强有关各方在各层面上的互动和交流，从单向和平面的交流转变为双向和立体的交流。基于社区治理理论视角，党领导下的多元主体参与社区治理，即在政府和各基层的党组织引领下，由社区组织、居民、居委会等组成的社区主体积极参与，以居民的公共利益为目标，提高沟通和认同感、在各层面上加强协同合作，在完善社区公共服务、加强社区生活环境的基础上，致力于提升社区公共秩序。

2. 协同理论

现代协同理论认为，协同有助于整个系统的稳定和有序，能从质和量两方面放大系统的功效，创造出局部发挥不出来的新功能。协同思想作为一种管理体系，旨在追求人类社会和自然资源的和谐发展。它倡导各参与主体以平等的身份参与到系统的融合和发展中。因此，协同理论为社区组织、居民等多元主体参与社区治理提供了理论基础，这就决定了在进行社区治理时，必须将协同理论引入到社区治理活动中，使各参与主体之间保持协同、合作，有效解决社区公共事务，达到“共赢”的目的。

（三）服务设计

社工介入多元主体参与社区治理的思路是，首先，评估社区概况，包括人口结构、居民类型等；其次，通过参与式观察与实地访谈，了解社区居民需求，再与社区实际状况相结合，制订社工介入计划表；最后，通过实施介入计划培养居民的参与意识、参与能力及丰富居民参与活动的类型，以此来提升居民参与层次和参与水平，促进多元主体参与社区治理。依据前期的走访、调查工作，社工结合社区的实际情况及各治理主体的特点，最终制订的介入计划表如表69所示。

表69　社工介入计划表

介入主题	促进多元主体参与社区治理
存在的问题	1. 居委会过于行政化，无法满足社区实际需求
	2. 社区社会组织参与形式化，无法发挥其多样化功能
	3. 居民参与度低，对社区没有归属感
	4. 多元主体呈隔离状态，不利于社区和谐发展
介入目的	1. 培养各治理主体的参与意识与能力
	2. 为多元共治提供渠道
	3. 促进多元主体参与社区治理
介入方法	1. 培育社区社会组织，缓解居委会行政压力，解决社区问题
	2. 构建社区支持网络，开展志愿服务活动，发挥社区组织主体作用
	3. 整合社区资源，丰富活动类型，增加居民参与度
	4. 利用开放空间技术，建立沟通桥梁，打破多元主体隔离状态

四、服务实施过程

(一)培育社区组织,缓解居委会行政压力

随着时代的发展,社区的需求和问题日益多样化,面对具有不同利益诉求的社会阶层和利益相关者群体,单纯地依靠地方政府的社区介入是无法实现的,大量的社区性日常公共事务还得交由社区自己去处理。但是,社区居委会又因长期运作的制度习惯和体制性的路径依赖,陷入上传下达的行政化工作模式中,无法顾及社区及其居民日渐复杂的问题,这时候就需要大量的社区社会组织来帮助政府解决问题,弥补其职能的不足。

社工通过前期调查发现,有两个公共议题受到社区居民广泛关注,一个是社区独居老人较多,社区既没有有效渠道供其参与到社区治理中,又不能及时提供帮助、解决生活困难;另一个是社区楼道卫生非常差,严重影响居民日常生活,社区居委会没有办法根治,居民也没有自我解决的意识和办法。在此背景下,社工帮助居民培育社区社会组织,希望通过居民、社区组织等治理主体的力量解决社区一部分公共事务,以缓解居委会的工作压力。

1. 建立摄影环保宣传小组,挖掘社区积极分子

通过前期社工服务活动,社工注重挖掘对社区楼道卫生非常关注、又热心的居民,邀请他们参与组建摄影环保宣传小组。其主要内容是,参与者运用手机,真实记录和呈现他们的日常生活,并进行分享和讨论这些旁人很难听到的心声,以此向大家展示拍摄者眼中的社区景象。其主要目的是,使参与者成为社区环境转变的第一见证人和前沿宣传员,通过互动交流,以点带面,吸引更多的社区居民参与其中,共同关注社区卫生环境。让身处社区的每一名居民都成为维护社区卫生环境的倡导者和捍卫者,最终改变脏乱差的局面。

LY社区楼道摄影展主要分为两部分:第一是楼道照片收集。通过电话邀请、微信群通知等形式动员社区居民参与,拿起手机拍摄自己所居住楼道的真实情景。第二是举行小小私人摄影展。摄影展邀请提供照片的社区居民、积极关注社区楼道卫生问题的居民,以及社区居委会代表共同分享拍摄楼道卫生照片的感受和对该问题的看法。

在照片分享中,社工运用了影像发声法中的“SHOWD”技术。提出问题:①从这些照片里大家看到了什么;②这里发生了什么;③这些情况与我们的生活有什么联系;④为什么有这种情况,都有谁在关注;⑤对比我们可以做什么。通过这五个问题引导居民依次表达通过拍摄照片、照片墙等对楼道卫生问题的看法。在摄影展上,居民逐渐发现楼道卫生不只是环境问题,还是一个重大安全隐患,需要及时解决。通过此活动,让居民意识到社区问题不只是居委会的责任,自己也有责任和义务去解决,增强其参与意识。

2. 建立老人兴趣型小组,解决社区实际问题

LY 社区老人较多,他们既是主要服务对象,又是社区治理主要参与者,但很多老人上了年纪以后很少走出家门,不经常与人交流参与社区活动。通过建立老人互助小组,丰富老人的日常生活,为更多年纪相仿的老人提供交流互动的机会。通过前期与居民的接触,社工发现社区有很多退休老人对手工、钩织比较感兴趣,借助申请公益创投项目,社工以钩织为主题,在社区开展了适合老年人的钩织兴趣小组活动。通过该活动,发掘老年人的潜能,使更多退休后想参加活动,但是没有机会、没找到适合自己活动的老年人参与进来。通过学习钩织的过程,让社区居民融合到一起,扩大老人交往圈,丰富日常生活。同时,钩织兴趣小组将定期探访社区内高龄空巢老人、困难老人,并送出自己钩织出来的围巾、手套等成品,不仅帮助社区内有需要的老人,也让这些退休老人意识到自己的能力,发挥自己的价值为社区特殊老人等群体做一些力所能及的事,实现居民互助。

(二)构建社区支持网络、增加社区组织参与度

目前 LY 社区已有的组织基本都是文娱类,类型单一,功能较少,无法满足居民的多样化需求。社工结合 LY 社区老龄化严重的特点,组织了关爱老人志愿者活动,为老人构建社区支持网络,丰富社区组织的参与形式,鼓励老人们主动融入社区公共事务、积极参与社区治理,借助这一平台让老人感到受尊重和重视的同时,增强其对社区的归属感。

1. 初步建立关系,提高组织参与积极性

“敬老为福,传承其永”长者生日会活动是由社工、社区组织、社区居民和社区居委会共同设计、共同参与的。本次生日会主要围绕社区内年满 60 周岁及以上的长者进行策划,邀请社区社会组织、居委会为社区内高龄老人、独居老人庆生,向他们传递温馨和关怀。社区组织人员在活动开始前准备好饺子馅和饺子皮,活动现场由参与者一起包饺子。在煮饺子过程中,社工为高龄长者们带上了生日帽,送上了蛋糕,社区组织成员唱起了生日歌,为居民表演节目。社区组织与社区老人通过此次活动建立了良好关系,促进社区组织的参与积极性。

“敬老为福,传承其永”长者生日会具体活动流程如表 70 所示。

表 70 “敬老为福,传承其永”长者生日会活动流程

环节	具体安排	所需物资
破冰活动——击鼓传花	成员围成圆圈坐下,其中一人拿小玩偶,社工背对成员放音乐,音乐响开始依次传达玩偶,音乐停止传递停止。玩偶在谁手中,谁就表演节目或者说一句冬至祝福,如果玩偶正好在两人手中,则两人可通过猜拳或其他方式决定胜负	玩偶

表 70(续)

环节	具体安排	所需物资
包饺子	成员们一起包饺子,煮饺子,喜欢展示的成员可以在空闲的场地自行展示助兴	饺子皮、饺子馅、一次性碗筷
生日庆祝	社区社会组织成员和社工一起为老人唱生日歌,送生日祝福及贺卡,然后由老人切蛋糕,分发蛋糕	生日蛋糕、小卡片
总结分享	邀请参与活动的成员分享活动感受和心得	

2. 培养组织参与能力,发挥其主体作用

适逢元旦佳节,社工联合社区居委会和社区社会组织在社区内共同开展了元旦特殊老人探访慰问活动。活动分为两部分,首先,由社工和社区组织共同准备探访老人的礼物,此过程由社区组织为主导,社工和居委会提供资金支持。社区组织自行商讨、准备探访礼物,使社区组织完全参与到整个活动过程,感受参与的快乐和满足感,培养参与能力。然后,社工、社区组织与社区工作人员一道,探访上次来参加长者生日会的高龄、独居老人,了解他们现在的生活状况和需求,拉近居委会、社区组织与老人之间的距离,让老人感受到来自社区的关怀。借此为独居老人构建社区支持网络,增加社区组织参与度。

元旦特殊老人探访活动具体流程如表 71 所示。

表 71　元旦特殊老人探访活动流程

环节	具体安排	所需物资
活动准备	清点活动物资,与要探访的老年人提前电话联系,确定探访时间	
社区组织准备探访礼物	社工和居委会提供资金支持,社区组织自行商讨、准备探访礼物	元旦礼物
进行探访活动	4 名社工和 1 位社区工作人员、6 位社区组织代表进入社区共同进行探访活动,计划探访 6 户独居老人、残疾人和空巢老人家庭。社工向老人表明身份、说明来意,介绍已经开展的老人领域的活动和本次活动的意义及社会工作服务的价值和内涵。社区组织代表为老人送上元旦礼物和节日祝福,并询问老人的身体情况和需求,与老人交谈	元旦礼物
活动总结	离开老人家中后,总结本次活动内容,感谢社区工作人员和社区组织代表共同参与本次探访活动	

(三)整合社区资源,拓宽居民参与渠道

社工从居民的需求出发,整合社区内外部资源,解决社区问题,为居民提供参与渠道。在这个过程中,强调居民参与,培养其社区归属感和社区互助意识,并注重社区自治能力的提升。

1. 链接社会资源,拓展居民参与渠道

通过资源链接,引进外部的专业力量提供服务,鼓励居民积极参与社区活动,如链接 H 市第五医院、中医院等医疗单位为居民提供健康讲座及健康义诊;引进 H 市摄影协会的专业人员教授社区老人如何用手机拍照;等等。利用不同类型的活动,为居民积极参与社会治理创造条件、搭建平台,调动居民的参与热情。

LY 社区有三分之一的居民是老人,通过前期调查发现,社区老人对自身健康状况非常关注,而且对健康养生知识很感兴趣,所以社工为了调动居民参与积极性,链接资源,邀请医院专业人员开展社区义诊活动和健康知识讲座。

社工链接 H 市第五医院,为老人开展"把脉问诊,养生保健"社区义诊活动,促进老人对自身身体健康情况的了解,提高健康自护能力。社工到达现场,与社区工作人员共同布置现场,摆放桌椅、粘贴条幅、装配医疗器械;等等,并向居民介绍本次义诊活动的医院和医生及本次活动的目的和义诊流程。居民们签到后按顺序就诊,由护士进行血压测量、由医生把脉问诊,根据身体情况提出适当的养生调理建议。

社区义诊具体活动流程如表 72 所示。

表 72 社区义诊活动流程

环节	具体安排	所需物资
布置现场	社工到达现场,与社区工作人员共同布置现场,包括桌椅摆放、粘贴条幅、医疗器械摆放,等等	条幅
社工开场白	社工向居民介绍本次义诊活动的医院和医生及本次活动的目的和义诊流程	
义诊	居民们签到并按顺序进行义诊,由护士进行血压测量,医生把脉问诊,并根据老人的身体情况提出适当的养生调理建议	
居民交流养生经验	老人进行完所有的义诊项目后,互相交流分享自己日常秋季养生和健康自护经验	
结束义诊	义诊结束受,向医护人员表达感谢。整理现场	
活动总结	总结本次活动内容,感谢医生志愿者	

义诊活动结束后，社工链接 H 市中医院，开展“手脑同行 · 养生康健”知识讲座，邀请参与义诊活动的老人参加。医生从义诊时的共性问题出发，侧重养生保健、合理膳食、疾病预防几个方面详细讲解老年人健康自护的方法，老人也对自身健康问题和日常养生、保健知识的疑惑向医生提问咨询，医生也做出了有针对性的解答建议。活动中老人们互相交流，分享了养生小秘诀。此次活动从居民共同关注的问题入手，精准链接资源，迎合居民需要，充分调动了其参与积极性。

“手脑同行 · 养生康健”健康知识讲座具体活动流程如表 73 所示。

表 73 “手脑同行 · 养生康健”知识讲座活动流程

环节	具体安排	所需物资
社工开场白	社工进行自我介绍，随后介绍本次主讲医生和主要内容	话筒
热身环节	破冰游戏——“笑口常开”。 由社工和大家示范关于“笑口常开”四个字所代表的手势。社工扮演指令者，任意发出“笑”“口”“常”“开”的指令。(1)“笑”：双手的食指指自己的脸，嘴巴微笑，做出开环大笑的样子；(2)“口”：双手放在嘴边做呼叫状；(3)“常”：双手拍两下手掌；(4)“开”：双手张开举过肩膀	
医生主讲健康养身知识	医生着重从养生保健、合理膳食、疾病预防几个方面详细讲解老年人健康自护的方法	养生保健宣传单页
现场互动	老年人对自身健康问题和日常养生、保健知识的疑惑向医生咨询和提问。医生对老年人的问题做出有针对性地解答和建议	纸、笔(记录)
养生知多少	老人主动分享自己养身保健的“秘诀”	话筒、纸、笔
活动总结	总结本次活动内容，感谢医生志愿者	话筒

2. 整合社区资源，丰富居民参与形式

开展活动可以帮助居民更好地认识社区、参与治理。参与其中能够将社区集体意识和观念深入人心，无形中增强了社区居民的责任感和使命感，为更好地实现社区自治奠定思想基础。因此社工通过整合社区资源，通过定期开展节日大联欢、户外徒步旅行等活动，为居民创造更多美好的“社区记忆”，提高居民参与意识。

LY 社区活动多为联欢类活动，为了丰富社区活动类型，激发居民参与热情，社工和社区居委会在社区和森林植物园举行了一场户外徒步活动，多位社区老人和社工共同参加,由居民志愿者帮助维持活动秩序。活动开始前,居民志愿者为参加活动的每位老人分发“笑脸”胸章和矿泉水,向老人介绍本次活动的目的和意义,及徒步路线和规则。活动开始之初,居民志愿者帮助老人在起点处“0 步”展板上签字,随后沿着既定路线到达“5 000 步”打卡点,在这个打卡处依然有居民志愿者等候,为老人准备水和面包,避免老人体力不支。在徒步活动期间,居民自由活动,欣赏风景,志愿者和老人彼此拍照留念,进一步拉近了彼此之间、居民与社工之间的距离。到达打卡点后,志愿者随着老人一起返程,到达终点处,大家在万步展板上签下名字,标志着徒步活动圆满结束。整个过程中社工会及时提醒老人拿起手机拍摄自己眼中社区的景色,更多发现社区的别样之美,让大家留下美好回忆的同时,所有活动参与者也彼此互留微信,不仅促进了人与人之间的交流,也让参与者增强了对社区的归属感。

户外徒步活动具体流程如表 74 所示。

表 74　户外徒步活动流程

环节	具体安排	所需物资
布置现场	社工到达现场,与居民志愿者共同布置现场,包括桌椅摆放、粘贴条幅、打卡点展板,等等	条幅、展板
活动准备	活动开始前,居民志愿者为参加活动的每位老人分发“笑脸”胸章和矿泉水,向老人介绍本次活动的目的和意义,及徒步路线和规则	“笑脸”胸章和矿泉水
打卡点展板签字	居民志愿者帮助老人在起点处“0 步”展板上签字,随后沿着既定路线到达“5 000 步”打卡点再次签字,最后在万步展板上签下名字,标志着徒步活动圆满结束	签字笔
活动总结	总结本次活动内容,感谢居民志愿者	

(四)开放空间技术,打破社区隔离

“开放空间技术”是指在一个具体的议题之下,给参会者一个无压力的开放空间,使参会者淡化“传统领导制会议”的会议模式,提倡每一个出席的人都是合适的、每一个人都可以自由发言,希望能够在一个充分自由、安全的空间内让参加者畅所欲言,充分表达自己的想法。

目前,LY 社区居委会与社区其他主体间缺少沟通机制,导致社区组织、居民对居委会的很多工作不理解,既影响彼此关系,也不利于社区组织和居民参与到社区治理中。为解决此问题,社工使用开放空间技术与 LY 社区居委会一起在社区建立

"共治议事会",力图通过居民议事会来建立一个居委会、社区组织、居民平等协作的合作机制,打破社区治理中居委会与社会组织、居民之间的壁垒。

1. 建立居民与居委会的沟通桥梁

议事会是以社区党组织为核心、居委会为主体、居民代表充分参与的活动,每一个参会者都可以自由发言,社工希望能提供一个充分自由、安全的空间让所有人畅所欲言,充分表达自己的想法。通过这一沟通桥梁,居民能够直接与居委会对话,发表己见,参与社区治理。社工以"幸福社区"建设为核心内容,组织开展了第一次居民议事会——"话语联结你我",选择了相对封闭、空间较小的图书阅览室开展议事会,准备水果点心,营造舒适、安全的氛围,希望能够充分调动社区居民参与幸福社区建设的主动性、积极性和创造性。本次议事会主题是"我们的社区应该是什么样",参会者纷纷就此展开了激烈的讨论,在场居民普遍向社区居委会提出社区卫生环境问题,尤其是"楼道乱贴小广告"问题,双方就此问题都发表了自己的看法,提出了各种各样的意见,虽没有商量出解决办法,但在此问题上居民能够理解居委会的一些做法和无可奈何,居委会也知道了楼道内小广告到底给居民带来了多大的困扰,彼此的关系进一步拉近。

第一次居民议事会具体活动流程如表 75 所示。

表 75　第一次居民议事会具体活动流程

环节	具体安排	所需物资
开场	由社工对今天的座谈会流程进行简单的介绍,介绍到场的人员	话筒、音响
"话语联结你我"	社区党组织、居委会工作人员、居民代表就议事会主题"我们的社区应该是什么样"进行讨论,社工注意维持现场秩序	话筒、音响、A4纸、中性笔、茶点、水
总结	对三方代表的意见进行汇总,总结社区的解决方案	话筒、音响、A4纸、中性笔

2. 缓解社区社会组织与居委会之间的矛盾

在第一次居民议事会成功举办后,社工组织了第二次居民议事会——"畅所欲言"。根据前期调研,社区组织与居委会对社区活动空间的安排有不同的意见,导致双方产生分歧,社工拟通过居民议事会的形式,对普遍存在的矛盾进行商讨,预防冲突和矛盾的扩大化,更好地促进社区建设。本次议事会是以社区居委会为主体,社区组织代表充分参与的会议,共同商讨一年以来社区社会组织的活动情况、在社区活动的感受,以及共同讨论明年的服务计划、社区的活动场地安排等问题。

一方面是了解自组织开展的活动及其需求,另一方面也是进一步提升社区的综合服务水平及场地的合理分配问题。在会议上,居委会了解到社区组织一直想要扩大使用空间和增加使用时间的原因,并且希望减少活动室的使用费用,想得到社区更多的支持。对此居委会也说出了社区的难处,近年来因有不少社区组织来到了社区,申请使用空间,为了控制 LY 社区活动的组织数量、规范使用时间,才不得已采取了收费模式,但也仅是象征性的收取一点。另外,居委会也一直在与街道协商,争取更大的活动空间,只是场地实在有限,目前还没有解决办法。会议中,双方彼此理解,各退一步,共同商量出大家都满意的解决方案。

第二次居民议事会具体活动流程如表 76 所示。

表 76　第二次居民议事会活动流程

环节	具体安排	所需物资
开场	由社工对今天的座谈会流程进行简单的介绍,介绍到场的人员	话筒、音响
破冰活动	由社工带领到场人员回忆手指操的动作,彼此进行自我介绍	话筒、音响
“畅所欲言”	社区工作人员、社区自组织的代表、居民代表对当前活动场地、收费、时间安排的问题进行交流和反馈,社工注意维持现场秩序	话筒、音响、A4纸、中性笔、茶点、水
总结	对三方代表的意见进行汇总,总结社区的解决方案,汇总自组织代表和居民的意见、回收活动反馈表	话筒、音响、A4纸、中性笔

五、项目评估与反思

(一)项目服务反馈

通过社工的多次介入,社区各治理主体间彼此隔离的状态得到缓解,帮助其建立了良好关系,更好地融入社区,并且丰富了社区活动,提高了社区组织、居民的参与度,增加了参与意识和参与热情。对此,经常来参加区活动的 L 阿姨对社工组织开展的活动给予了高度评价:

> 我刚搬到这个小区两年,和大家都不熟悉,现在退休了就天天在家待着,也不知道做些什么,怪无聊的,你们最开始弄的那个社区活动,本来我看见了都没想参加,后来看太热闹了,实在心痒痒我才加入的,结果就认识了付阿姨和张阿姨,现在我们大伙一起参加你们搞的各种活动,还挺有

意思的,起码不无聊了,还能认识好多人,对社区总算有了归属感,真的挺感谢你们的。(JM01)

在这个社区居住了十几年的Y阿姨也很愿意参加社工组织的这些活动,认为很有帮助,还很有趣:

我呀,从一开始就在这儿住,一开始左邻右舍都是同事,慢慢都搬走了,这个小区感觉都变陌生了,而且以前没人管我们这楼道卫生的时候,我们就大家一起搞,人多也不费劲,楼道还干净,可是现在楼里好多新搬来的我都不认识,他们也不爱惜保护楼道卫生,向居委会说多少次了也没有结果,那我也不愿意管了。直到加入摄影小组,我们把楼道里那些特别脏乱差的地方都拍下来,放在社区做展览,虽然他们现在依然不打扫楼道卫生,但是乱扔乱放的现象真的好多了,估计他们也看到我们小组放的照片了,不好意思再那样做了。我现在一想到参加小组活动就充满干劲和希望,早晚我们还是能像以前一样成为一家人,共同爱护我们的社区!(JM07)

社工针对LY社区存在的问题,对其开展了各种各样的活动,其中社区居民议事是很重要的一个环节,起到了很积极的效果,既缓解了社区居民、社区组织和居委会紧张的关系,也为彼此提供交流的机会,共同探讨居民、社区组织存在的困难和解决方案,增加了居民和社区组织的社区归属感。在探讨社区活动场地使用问题的居民议事会上,居委会工作人员直接对两个社区组织的场地问题现场进行了解决。

现在社区有很多组织,活动室只有一个,而且只能在工作日进行使用,所以排时间表非常麻烦,而且容易引起争议,但是我也充分地了解到京剧团的困难,我会重新安排活动室的使用时间,将京剧团分散的时间集中在同一天,尽量帮你们解决难题。还有乒乓球室,原来有三张乒乓球桌和两张台球桌,因为台球桌的使用率较低,你们还有这个需求,那社区会将台球桌换成乒乓球桌子,尽量满足你们,除此之外的问题,我们还需要进一步商讨,但是你们的问题我都了解了,咱们一个一个解决。(SQ02)

对此,前来参加议事会的社区组织代表非常满足和高兴:

虽然我们的问题社区还没解决,但是看到有些组织的问题在议事会上和居委会沟通,商量出解决办法,我就充满希望,我们的问题比较难,肯定不是一次议事会就能解决的,但是起码我们知道了居委会的态度,而且通过议事会我们可以慢慢摸索着解决问题,我相信早晚可以的。(ZZ02)

但是,通过居民议事会,只是为大家提供了讨论的平台,为治理主体搭建沟通桥梁,并不能完全调动居民参与社区治理的积极性。在第一次居民议事会上,很多居民在会上畅所欲言,热情度很高,但是在活动结束后,社工就议事会反映的问题,寻找会上表现积极的居民，帮助其自主解决问题时，却遭到了拒绝，有居民反映：

我太忙了，我老伴身体不好，我平时要照顾他，还要照顾我的小孙女，每天光给他们做饭，就要花好多时间，别的根本做不了，你们问问别人吧。(JM05)

我年纪大了，身体不好，干点啥都费劲，我不行的。(JM08)

由此足以看出，虽然大家在居民议事会上表现积极，愿意发表自己的看法，但涉及真正参与社区公共事务时，参与欲望不强，所以为了使居民进一步加入社区治理中，社工挖掘积极分子，培育摄影小组，开展蝶变计划。从发布、动员居民拍摄楼道照片，到举行小型私人摄影展、楼道卫生分享小组会议，社区居民的热情超出想象，除了平时经常参加活动的居民外，还有一些对此议题比较关注的居民积极参与拍摄、分享。更难得的是在分享过程中发现了20余名热心此事的社区居民骨干，有的阿姨一直在努力解决楼道卫生问题，打扫自己所在楼道，联系相关部门等，她们一直很关注这个问题，只是自己的力量有限，有居民说道：

我在这儿住了十几年了，这楼里的人我几乎都认识，谁家哪年搬来的我都知道，他们好多人都年纪太大，腿脚不好。我嘛，虽然年纪也不小，80岁了，但是我身体好啊，我就一直定期清扫我们楼道。也是为了方便那些腿脚不便的邻居出行，再就当锻炼身体了。挺好的，就是有时候自己干，挺没干劲的。我才知道原来你们也是这样啊，那我们可以一起动员动员，说不定还有像我们一样的人，那我们的力量就大了！(JM09)

通过本次活动，将这些有意愿通过自己的努力解决社区问题的居民聚集在一起，为以后楼道卫生小组的建立奠定基础，推动社区自治的进程。

除此之外社工还通过整合资源，组织节日大联欢活动，将社区组织、居民、居委会聚集到一起，增加交流机会，促进彼此融合，还因此发现更多社区积极分子，志愿者参与到社区关爱老人系列活动，为老人带去温暖，体现社区人文关怀，增加其参与社区治理的积极性：

你们以后多举办这样的活动，我们很乐意参加，而且还能帮到老人，我觉得特别开心，希望我老了，身体不好的时候社区还有这样的活动，给我庆生，到我家来看我。(JM10)

能来社区给老人们表演节目，特别满足，觉得自己还年轻，还能帮到其他老人，太有成就感了。而且，我感觉我们团可以自己多搞些这样的活动，既能帮到老人，还能锻炼我们自己，又有意思，多好！(ZZ01)

在此基础上老人互助小组成功建立，每周一次固定的小组活动，丰富老年生活，扩大其社会支持网络，社区关系更为和睦，并帮助他们挖掘自身优势，培养自身能力，自主解决问题。老人互助小组成立大概四个月，已经到空巢老人家进行探访三次，与社区部分特殊老人建立了关系，这不仅仅可以帮助社区困难人群，也可以让退休老人们意识到自己是有能力、有价值的,推动了社区自治的进程。

(二)项目成效分析

项目内容及成效如表77所示。

表77 项目内容及成效

活动目标	活动内容	服务对象的受益或改变
社区组织发挥治理功能	培育社区组织。 (1)建立摄影环保宣传小组,增强主体参与意识; (2)建立老人兴趣型小组,解决社区实际问题	1. 挖掘社区积极分子。 2. 居民意识到社区问题不只是居委会的责任,自己也有责任和义务去解决。 3. 激发社区组织、居民的参与积极性。 4. 解决社区部分公共事务,缓解居委会行政压力
居民自助互助	构建社区支持网络。 (1)组织长者生日会,初步建立关系; (2)开展元旦特殊老人探访慰问活动,培养社区组织参与能力	1. 为社区老人提供交流平台,增加其社区归属感。 2. 加强社区组织与社区居民间的关系,培养其社区互助意识。 3. 培养居民自助互助能力
	整合社区内外资源。 (1)链接社会资源,拓展居民参与渠道; (2)整合社区资源,丰富居民参与形式	1. 提高居民参与意识,帮助居民实现自治。 2. 为居民提供参与渠道,通过居民自己的力量解决社区问题。 3. 增加社区归属感
搭建沟通桥梁	运用开放空间技术组织居民议事会。 (1)开展"话语联结你我"议事会,建立居民与居委会的沟通桥梁; (2)举办"畅所欲言"议事会,缓解社区社会组织与居委会之间的矛盾	1. 建立居委会、社区组织、居民间平等协作的合作机制。 2. 缓解社区隔离状态。 3. 加强居委会、社区组织、居民间的关系。 4. 增加社区组织、居民参与社区治理的积极性

回顾整个社会工作的介入过程,虽然有些艰难曲折,但是项目基本达到了预期的过程目标和任务目标,同时把社会工作预先设定的方法,如培育社区社会组织、构建社区支持网络、整合社区资源、建立沟通桥梁等运用并结合,尤其是老年人问题的部分解决和开放空间的设置,起到了较为明显的作用。

(三)问题与反思

在本项目的执行中,得到了 LY 社区的大力支持。由于街道、社区对本项目非常重视,社区工作人员社工服务意识强、工作态度严谨认真,在所有的项目服务开展过程中均给予了我们大力的支持与配合,保证了本项目的顺利完成。回顾一年来的服务,我们对项目实施中的经验有以下几点思考:

1. 社工介入多元主体参与社区治理的实践困境与解决路径

(1)困境一:开放空间技术的使用技巧

开放空间技术能为社区组织、居民和居委会提供交流、沟通的平台,打破多元主体的"隔离"壁垒,促进多元主体共同参与社区治理。但是社工第一次使用开放空间技术组织居民议事会时,只为大家提供了讨论的平台,并没有达到调动居民参与社区治理积极性的良好效果。

解决路径:问题产生的主要源于议事会召开前,社工在社区的活动只有前期的参与式观察和入户调查,社区与社工还没有建立良好关系,居民、社区组织不信任社工,对社工组织的活动也只是在居委会的干预下被动参与。因此,在随后的介入过程中,社工重点通过链接资源、构建社区支持网络等方法,调动居民、社区组织的参与热情,并增强对社工的信任,拉近彼此的关系。随着社区组织、居民、居委会、社工多方良好关系的建立,社工又组织了第二次居民议事会,此次议事会解决了部分组织的实际困难,并共同商量了下一阶段社区组织的发展方向,发挥了实质性的作用,也进一步促进了社区组织、居民的参与积极性。

(2)困境二:社区理想治理和现实治理之间的困境

LY 社区居民是以单位制为主的人员构成,尤其是老年人脱离了以前比较熟悉的工作和生活环境,主观上有融入社区的愿望,怀有对社区治理的美好理想,但客观上没有使大家能够在"同一蓝天下"的共同活动、具备较强凝聚力的有效载体,造成了居民参与当前社会组织的广度和深度都不够,居民关系依然显得比较疏离。

解决路径:目前,就我国而言,应该充分看到政府职能在社区发展中的嬗变,在如何放权、如何把控放权尺度、如何处理和多元主体(特别是居委会)之间关系上正处于一个转型、发展和摸索阶段。面对这一问题,作为一个中立的研究者,我们应当向居民做出解释:社区治理之路,需要基层民主在社区中不断探索和实践,迎接 LY 社区多元主体治理将是一条长远之路,居民必须要有长远的估计和预期准备。

(3)困境三:社区多元主体之间存在着不平衡力量的较量

在社区治理中,多元主体之间的力量各不相同。LY 社区街道的力量显然处于一个更具优势和统辖的位置,可以视为任务下达部门;居委会由社区自治组织变为单纯的任务执行部门;社区社会组织为了活动室资源的抢占,互相之间出现了较明显的摩擦;居委会为了平衡资源配置、调和组织纷争而采取象征性收费的做法;D集团退休职工在居民中依然具有较大影响,昔日的职工居民依恋过去的链接关系、不愿意主动进行新的构建社区关系;等等。不同力量互相缠结、相互作用加剧了多主体之间的博弈,使LY社区参与变得更加艰难。

解决路径:真正建立多元主体平等、互惠合作的关系。社区治理理论强调治理主体要在平等的基础上协同合作,现阶段,我国社区治理由政府完全主导的局面影响社区治理体系建设,因此,街道的权力要进行一定程度的收缩和限制。政府及党组织应在社区中发挥指导和牵引作用,同时要积极引导各主体之间建立行为互惠、责任共担、成果共享,形成社区利益共同体意识,共同接受监督评议的合作伙伴关系,推动多方参与治理秩序的构建。

(4)困境四:LY社区缺少参与、自治的民主传统,造成了内在朴实的参与愿望和实际社区参与之间的错位

LY社区属于“单位制”社区,其居委会在日常管理及服务过程中不免受制于惯性思维和传统工作模式,工作往往注重上级任务指标的落实完成,忽视主观能动作用的发挥,忽视了居民参与意识的培养;同时又受困于可直接利用的资源有限,很大程度上导致社区管理主动意识不强,社区治理参与度不够。从整个社会层面来看,我国几千年的家长制度、威权制度也造成我国社会缺少培养自发参与社区治理的土壤。LY社区居民口头上表达积极的参与愿望,而实际参与中却存在各种原因的推诿,是当地社区居民参与的真实写照。

解决路径:唤醒居民参与意识,积极引导居民参与治理。社区居民拥有对社区各类事务的知情权、参与权,LY社区通过平台搭建、载体创建、开放空间进行平等对话等方式一定程度上调动居民的主观能动性,引导其参与社区治理工作。不仅有利于促使权利与义务相结合,更有利于化解社区矛盾纠纷,促进社区健康发展。通过组织形式多样的社区活动开展社区意识培育和思想引导,逐步增加居民的参与意识和主体意识。重点围绕在三个方面:一是通过活动载体创建增加社区居民之间的沟通与互动,构建亲信和谐的人际关系;二是要让居民真切体会到社区治理过程中的存在感;三是要深度唤醒居民参与意识,增强社区居民参与社区治理的满足感、成就感,以及命运共同体意识。

(5)困境五:积极参与的主体和社区有能力参与主体之间的错位

LY社区自身存在的社会组织有10余个,证明了居民有一定的参与愿望,但通过分析发现,这些社会组织成员基本为中老年群体。因此,LY社区居民的参与变成了老年人和妇女群体的专场活动。

解决路径:促进参与社区治理的各行为主体发挥各自的优势,有效解决社区的

各种问题。一方面,针对社区内孤寡、空巢、行动不便等老人,由志愿工作者组织和其他类型的社区社会组织组织居民入户、关心慰问,既奉献了爱心,增进了社区居民间的互动和理解,更感受到了自我价值体现时的喜悦,获得了自我认同和效能感,恢复社区守望相助的传统功能。通过这种方式,提升社区居民参与社区治理的主动意识;更为重要的是,要弄清楚由谁来唤醒有参与能力的主体的主动参与意识、由谁来进行社区社会组织能力建设的提升等,解决好由“谁”来做的问题。另一方面,通过整合社区资源和协调多方力量,促进社区形成自助互助,促使各治理主体间形成良好的互动关系。第一,鼓励多方参与。倡导多方主体参与社区治理,使社区形成协同合作的氛围,始终坚信“社区是我家,建设靠大家”,始终坚持集体力量,形成强劲的社区治理洪流。第二,倡导各展所长。发挥各组织和社区居民的自身优势特点,在明确各自功能定位后提升工作效能,构建优势互补的生动格局。第三,坚持互助合作。强调社区自助和互助,形成互助合作的社区文化。第四,抓好综合治理。通过整合资源、协同合作等形式发挥群众力量来解决社区问题,加强社区归属感、认同感、责任感,不断提升社区工作介入社区治理的成效。

2. 社工介入多元主体参与社区治理的优势与劣势

(1)优势

社会工作能够弥补政府在社区治理中的偏差和短板。虽然我国一直提倡转变政府职能,由管理型政府变为服务型政府的执政理念在政府中不断推行,但政府的基本职能是社区管理、决策、维稳、管控等,而非完全的服务。在社区治理上,政府倡导的“以人为本”“服务型政府”等理念可以由社会工作机构协助实现,填补政府这方面的不足,提高管理效率与服务水平。这对于建立政府在民众心目中的形象具有较大提升的意义,在确保社区稳定的同时,也夯实了社会稳定的基础。此外,社会工作者通过政策的宣传引导,可以很好地促进居民主动参与、积极争取政府政策制度上的支持,也可以很好地加强政府与居民的沟通交流。

社会工作作为一种服务型的职业与行业,在多元社区治理过程中的专业优势十分明显。社会工作作为资源的链接者、服务的提供者介入到社区治理中,社工能从意识观念、技术能力等方面积极促进多元主体参与社区治理,降低其行政成本,并将社区治理更多的精力集中在社区服务上,提高服务的专业化程度与居民满意度。在实践中,社工既可以发现服务对象和社区问题,又可以作为中介去链接资源解决问题,整个过程贯穿着社区居民自治与共治的引导,起到了“授人以鱼”更“授人以渔”的作用。对于政府而言,各主体的积极参与减少了行政力量对居民参与的影响,也降低了管理成本、减小了行政压力。社会工作者通过对社区资本的建设,构建居民的社会关系网络,为居民提供参与社区活动的软件、硬件设施,更好地构建居民参与的社区环境,增加居民之间的互动,增强居民对社区的认同感、身份感,形成了一个较安全的解决机制。

(2)劣势

首先,参与主体存在着一定的制约。单位制解体后,人们8小时后的日常生活回归到社区,社区治理的主体原则上有了多元性。但是实际上,老年人和家庭妇女参与更多一些,其他主体参与则较少。这里面的制约因素很多,和居委会关系需要进一步改善和优化,居委会也需要更多的工作成效,用居民自治的工作成效来证明自己的存在感和价值感,才会更加有信服力。

其次,社区行政性工作不减反增。一直受人诟病的社区工作行政化趋势并没有得到改观,反而更加严重,成立了社区服务站的社区略有好转。在我国,如果行政化的工作态势不得到基本遏制,社会工作者即使不断促进多元主体参与社区治理,但居委会作为如此重要的主体如果缺席或者不尽力,那么社会工作者一旦退出行动系统,多元参与主体的共治局面能否继续保持尚且还存有疑虑。

再次,对社会工作在促进多元主体参与中的功能与作用进行清楚界定和反思。社会工作作为制度化的嵌入性工作,在推进社区自治过程中是一个积极主动的工作过程,践行着自从睦邻组织运动以来所秉持的社区参与的传统。但是它受到了我国“社区管理”向“社区治理”过程中行政性思维不断变化的起伏、调整的影响,如果社会工作有此能力跟进政府思维模式的转变,专业人士感受到的冲击相对会比较小一些,如果不能,社会工作专业者的无力感会增强,就更难发挥专业发动和推进作用了。在现有社会工作发展阶段,社会工作者的服务虽然落地在广大社区,但社会工作者就职于社会工作机构,所接受的专业服务比较多的是个案工作、小组活动开展和设计、社区活动的开展、服务对象的基本疗愈等,对于推进多元主体参与社区治理这样的工作,在当前他们服务领域中确实存在一定的难度值。况且在我国社会工作专业化和职业化发展过程中,社会工作认同度不高,在东北这样的老工业基地,社会工作的认同度就更加一般。社工力量稍显薄弱,在一定程度上需要提升更多的独立开展工作的能力,社会工作对于发动社区力量参与的行动策略也要不断加强。否则,专业性体现不够,专业作用就更难发挥出来。

洪水无情人有情

——S 市强降水灾害社会工作服务案例[①]

杨国庆　王丹丹[②]

一、案例背景

我国是自然灾害多发、频发的国家，灾害发生后，人们稳定的生活被打乱，生活的环境被破坏，不得不时刻面临着来自多方面的困境。2017 年 7 月 18 日至 20 日，黑龙江省中东部地区出现了一次较强降水天气过程，造成 8 市 16 个县（市、区）及 6 个森工林业局不同程度受灾。其中，S 市受灾人口达 24 119 人，紧急转移安置人口 5 320 人，倒塌房屋 66 间，直接经济损失 8 421 万元。

黑龙江省强降水灾害发生后，黑龙江省社会工作学会承接民政部灾害社会工作服务项目，把灾情较为严重的黑龙江省 S 市作为服务地区。根据项目分工，哈尔滨市心海社会工作服务中心（以下简称“心海”）秉持“以人为本”的服务理念，遵循专业化伦理规范，运用专业理论和方法，为 S 市 L 乡 Q 村的受灾群众提供心理抚慰、生活照料、资源链接、生计发展、能力提升、社会融入、社区重建等心理支持和社会关爱服务，促进灾害救助与灾后恢复重建工作。

二、需求评估

（一）评估方式

1. 问卷调查法

为有针对性地对灾区群众开展社会工作服务，项目组以入户调查方式对 Q 村居民受灾情况，以及灾害对他们的物质与精神生活影响进行需求评估。通过两次大规模入户调查，心海社工对 L 乡 Q 村全部家中有人住户进行了调查，填写了调查

---

① 2017 年民政部灾害社会工作服务项目。

② 杨国庆，哈尔滨工程大学人文社会科学学院副教授、哈尔滨市心海社会工作服务中心督导；王丹丹，哈尔滨市心海社会工作服务中心专职社工。

问卷,调查内容包括灾区家庭基本情况、灾区老人基本情况、灾区儿童心理状况等。使用的量表及问卷如下。

(1)《PTSD－SS量表》

指创伤后应激障碍自评量表(PTSD－SS),该量表为自评量表,由24个条目构成。每个条目根据创伤事件发生后的心理感受程度进行1～5级评定,累积24个条目计分后得出总分,得分越高应激障碍越重。

(2)《青少年心理韧性量表》

该量表由胡月琴、甘怡群等在2008年编制,共有2个维度,5个因子,27个项目。题项为5级计分,得分越高,说明被测试者在该项目上的心理弹性水平越高。

(3)《受灾家庭评估记录表》

该表为自编问卷,包括对人口统计学变量、个人心理健康情况,以及解家庭受灾情况等的调查。

2. 参与式观察法

所谓参与观察法,就是研究者深入到所研究对象的生活背景中,在实际参与研究对象日常社会生活的过程中所进行的观察。为了获取更准确的信息,了解灾民的情况,心海社工深入灾区,与服务对象同吃同住,了解当地的风土人情,熟悉灾民的生活习惯,同时对灾民的家庭居所环境现场及精神状况进行观察,掌握了第一手资料。

3. 访谈法

访谈法,是指通过访员和受访人面对面的交谈来了解受访人的心理和行为的研究方法。因研究问题的性质、目的或对象的不同,访谈法具有不同的形式。根据访谈进程的标准化程度,可将它分为结构型访谈和非结构型访谈。心海社工在参与式观察期间,对灾区灾民也进行了非结构型访谈,了解服务对象的受灾过程、受灾情况与灾后心态等信息,对问卷调查的结论进行复证、核实与补充,为制定详细精准的社工服务奠定了良好的基础。

(二)评估结果

1. 灾区家庭情况的调查与评估

(1)灾区家庭基本情况(表78和表79)

表78　受灾家庭基本情况及评估一览　　单位:户

受灾家庭基本情况	最小值	最大值	平均值	标准差	整体评估
房屋间数	2	>6	3.18	1.080	平均3间,差别大
经济收入	1	3	2.08	0.504	一般
居住条件	1	3	2.20	0.611	平均一般与好之间

表 78(续)

受灾家庭基本情况	最小值	最大值	平均值	标准差	整体评估
居家安全	1	3	2.68	0.522	较安全与安全之间
家中人口数	1	8	3.44	1.626	家中人口平均3~4人

注:经济收入、居住条件、居住安全均为3级量尺测量,取值为1、2、3,情况越好,分值越高。

表79　经济情况与居住安全差的户数　　单位:户

项目	等级	户数
经济收入	差	7
居住条件	较差	8
居住安全	不安全	2

从表78及表79中可以看出,受灾地区的家庭3~4人为基本户型,每户平均3间房,经济收入一般;居住条件中等偏上,安全条件均在较安全以上。在服务地区的受灾群众中,7户经济收入差,8户居住条件较差,2户有居住安全问题。这些灾民需要社工的介入与帮助。

(2)灾区家庭受灾情况及评估

受灾情况的整体评估在一般偏上,21户自评受灾严重,其中民房倒塌8户,经济作物与农作物普遍受到不同程度的损失。政府已经在入冬前对民房倒塌的住户盖了新房,对民房有损毁、损坏的住户也给予了不同程度的补偿,这些被补偿后仍然有生活困难的住户是我们要重点帮助的对象,需要进一步评估他们的需求。

(3)灾区家庭社会支持情况及评估(表80)

表80　灾区家庭社会支持情况评估　　单位:户

灾区家庭社会支持满意度	最小值	最大值	平均值	标准差	整体评估
正式支持满意度	1	5	3.71	0.855	介于一般与满意之间
非正式支持满意度	3	5	4.53	0.629	介于满意与很满意之间

注:1~5分量尺,分值由1至5,满意度不断增高。

从表80中可以看出,灾区家庭社会支持情况很好,他们几乎都拥有令人满意的非正式社会支持,从访谈中我们也发现,这些支持主要来自家庭成员与他们的亲属,同时正式社会支持也是一个很好的补充,这是灾区家庭应对灾害的重要资源。在表80中,我们也看到社会支持水平是有标准差的,说明仍然有居民的社会支持网络需要改善,其中,有4户老人的支持网络需要关注。

2. 灾区儿童抗逆力情况评估(表81)

表81　灾区儿童抗逆力情况

灾区儿童抗逆力情况		总分	平均值	评估
抗逆力各维度	目标专注	16.65	3.33	一般
	积极认知	11.90	2.98	一般
	家庭支持	19.15	3.19	一般
	情绪控制	20.10	3.35	一般
	人际协助	21.65	3.61	一般与较好之间
抗逆力总分		89.45	3.28	一般

项目组利用胡月琴、甘怡群等开发的《青少年心理韧性量表》对灾区儿童进行测量,量表共5个维度,五分量尺,从完全不符合到完全符合依次打1~5分,分数越高,心理韧性越强,将反向题1、2、5、6、9、12、15、16、17、21、26、27题转换为正向题后,加总得分的均值为抗逆力得分。调查结果表明,灾区儿童抗逆力均有提升空间。

3. 灾区老人(年龄超过60岁)情况评估

(1)灾区老人经济、安全与受灾情况评估

从表82中可以看到,灾区老人家中的平均房屋间数为3间,情况良好;居住条件平均情况为一般;平均经济条件一般;平均居住环境在较安全与安全之间;家中受灾程度一般。总体来说,生活、生存情况正常。

表82　灾区老人的经济、安全与受灾情况一览

项目	最小值	最大值	平均值	标准差	整体评估
家中人口数	1	7	3.36	1.568	家中人口平均3.36
经济收入	1	3	2.04	0.538	一般
房屋间数	2	>6	3.00	1.009	平均3间,老人之间差别大
居住条件	1	3	2.07	0.628	一般
居家安全	1	3	2.59	0.532	较安全与安全之间
家中受灾情况评估	1	3	1.92	0.770	家中受灾程度一般

注:经济收入、居住条件、居住安全均为3级量尺测量,取值为1、2、3,情况越好,分值越高;受灾整体情况评估“严重”编码为3,“较重”编码为2,“较轻”编码为1。

我们将经济收入水平低、安全情况差及受灾重的老年人数统计于表 83 中。

表 83　经济收入水平低、安全情况差及受灾重的老年人数

<table>
<tr><th colspan="2">项目</th><th>等级</th><th>人数</th></tr>
<tr><td colspan="2">经济收入</td><td>低</td><td>7</td></tr>
<tr><td rowspan="2">居家安全</td><td>居住条件</td><td>较差</td><td>9</td></tr>
<tr><td>居住安全</td><td>不安全</td><td>1</td></tr>
<tr><td colspan="2">受灾整体评估</td><td>严重</td><td>9</td></tr>
</table>

从表 83 中可以看出,灾区老人家中生活生存情况正常。但居住条件较差的老人有 9 人,居住安全较差的老人有 1 人,经济状况差的有 7 人,老人家中受灾整体情况评估严重的有 9 人,需要继续核查老人具体情况,为有需要的老人提供相应的帮助。

(2)灾区老人社会支持情况评估(表 84)

表 84　灾区老人社会支持情况表

灾区老人社会支持满意度	最小值	最大值	平均值	标准差	整体评估
正式支持满意度	2	5	3.78	0.760	介于一般与满意之间
非正式支持满意度	3	5	4.45	0.605	介于满意与很满意之间

注:1 ~5 分量尺,分值由 1 至 5,满意度不断增高。

表 84 灾区老人社会支持情况表中显示,老人正式社会支持满意度介于一般与比较满意之间,非正式支持满意度介于满意与很满意之间,非正式支持满意度很高。这说明,在面临危机时,家人、亲属或邻里是老人们重要的社会支持来源,正式社会支持是非正式社会支持的重要补充。但是,调查中也发现,单独居住的老人有 4 位,需要社工确认保障他们的社会支持网络是否连接顺畅与功能完备。

(3)灾区老人身心健康情况评估

灾区老人的身心状况在一般与较好之间。身体情况差的老人有 2 人,较差的有 11 人。表 85 中的灾区老人 PTSD 测量结果表明,水灾对老人的心理造成一定影响。但是,从标准差的情况看,老人之间的情况差别较大。需根据 PTSD 量表分数,结合入户走访访谈与观察结果进行综合评估,对有需要帮助的老人进行心理干预。

表 85　灾区老人 PTSD 测量结果

项目		平均值	标准差	评估
PTSD—SS 各维度	创伤主观评定	2.6087	1.19617	有影响,老人情况差别大
	反复重现体验	2.1071	1.03003	有影响,老人情况差别较大
	回避症状	1.5839	0.54469	有些影响
	警觉性增高	1.8478	0.63547	有些影响
	社会功能受损	1.9375	1.00339	有些影响,老人情况差别较大
PTSD 总分		1.7771	0.77872	有影响,老人之间有差别

我们将 PTSD 分值较高的老人人数列于表 86 中。

表 86　PTSD 分值较高的老人人数

项目	>4 分	3 < 分≤4	评估
创伤主观评定均值	1 人	12 人	需要结合入户走访访谈结果及 PTSD 总分情况决定是否进行心理干预
反复重现体验均值	0	2 人	
回避症状均值	0	0	
警觉性增高均值	0	1 人	
社会功能受损均值	0	4 人	
PTSD 总分均值	0	2 人	进行心理干预

注:各栏内人数有重叠。

4. 灾区整体需求评估与介入建议

(1)灾区儿童需求评估及干预建议

评估:灾区儿童抗逆力测量,平均总分 89.45 分,平均 3.28 分,处于一般水平,表明被测者在面对灾害的韧性方面有进一步提升空间。

介入建议:开展儿童抗逆力小组社会工作。

(2)灾区家庭需求评估及介入建议

评估:总体情况良好,以下家庭可能有服务需求(表 10)。

介入建议:见表 87。

表 87　灾区家庭需求评估及介入建议

项目		级别	户数	干预建议
社会支持		独居老人	4	需确认其社会支持网络功能是否良好
经济状况		差	7	链接资源,链接过冬物资。
		有不同程度损失的所有家庭	全体	慰问,发放慰问品,发放医药包
居住安全	居住条件	较差	8	安全隐患排查; 安全宣传教育。
	居住安全	较差	2	
	受灾家庭全体[①]			发放安全挂图,进行安全教育; 防灾减灾课堂。
受灾整体情况评估		严重	21	根据灾情对案主的影响给予不同干预,如链接资源、医药包、过冬物资、个案工作等。

①表中“全体”指服务期间家中有人的家庭。

(3)灾区老人需求评估及介入建议

评估:灾区老人各方面情况总体情况良好,以下老人可能有不同的服务需求。

介入建议:见表 88。

表 88　灾区老年人需求评估及介入建议统计表

项目		级别	需求人数	干预建议
社会支持		单独居住	4	需确认其社会支持网络功能是否良好
经济状况		差	7	经济帮助,链接过冬物资
居住安全	居住条件	较差	9	安全隐患排查;安全宣传教育
	居住安全	较差	1	
受灾整体情况评估		严重	9	根据灾情对案主的影响给予不同干预
身体情况		差	2	链接资源,医药包发放,心理疏导
		较差	11	链接资源,医药包发放,心理疏导
心理状况	PTSD 均值	>3	13±2	个案工作
	PTSD 各维度均值	>3		

上述表中,有些老人有多项服务需求,有些老人的需求已通过其他渠道解决,

如房屋重建等。社工对有服务需求的灾区老人进行综合评估的结果显示：急需帮助的老人有2位，需要帮助的老人有10位，其他老年人暂时不需要服务或不需要服务。

三、服务计划

（一）服务理念

水灾发生后，人们的生活受到了巨大的冲击和影响，为了增强人们灾后重建工作的信心与能力，促进灾害救助与灾后恢复重建工作，项目组在受灾家庭、老年人和在校学生等多个群体开展社工服务，以个案、小组、社区多种方式提供社工服务。在S市L乡Q村设立社会工作服务站，服务于农村社区；在L乡小学校设立社会工作服务站，服务于师生群体；推动灾区本地社会工作服务持续化、建立长效机制。

（二）服务依据

1. 增能理论

增能理论认为，赋权增能（empowerment）可以赋予个人新的功能目标，是个人"自我效能"激发的一种表现，它能让个体在与他人及环境的积极互动过程中，去获得更大的对生活空间的掌控能力和自信心，提升强烈的个人效能意识，增强积极的行动动机，并在感知层面上能够控制。赋权增能可以帮助个体拥有自主解决问题的能力，促使其发生转变。增能理论则认为，个人需求不足和问题的出现是由于环境对人的排挤和压迫造成的，为服务对象所提供的帮助应该着重增进他们的能力，以对抗环境的压力。

2. 优势视角理论

优势视角理论认为，每个人、群体、组织和社区都有其内在的能力，包括天赋、知识、社会支持和资源，只要存在适当的条件，就可以建设性地发挥自身功能。优势视角理论强调社会工作的任何过程都要重视服务对象的优势，社会工作者做的一切都要立足于发现、寻求、探索和利用服务对象的优势及资源，协助其达到目标、实现梦想，并勇敢地面对其生命中的挫折和不幸。

3. 社会支持网络理论

社会支持网络理论强调，个人问题的出现并不是个人主观层面的原因造成的，而是由于原有的社会支持网络的断裂所致，主张通过资源的重新整合去帮助服务对象重构社会支持网络，从而更好地适应社会。社会支持网络理论将社会支持和社会系统概念连接起来，认为个体与各种社会关系的互动过程就是一张相互连接的网络，个体通过这张网络能够获得各种正式以及非正式的支持。项目组通过构建学校、家庭、社区一体的社会支持网络，帮助留守儿童更好地适应现在的生活，重构正向家庭关系体验。

(三)项目实施进程如下(表 89)

表 89　项目实施进程

阶段	时间	工作内容
项目筹备期	1 周	(1)团队组建和培育; (2)项目实施理念达成共识; (3)与项目所在地初步建立联系
需求评估期	2 周	(1)确定评估方法; (2)制订工作计划; (3)确定工作分工
项目工作期	8 周	开展小组工作、个案服务、链接资源、建立社工服务站、培养志愿者等服务。
项目结束期	1 周	(1)档案整理、归档; (2)项目总结及服务效果评估; (3)结项报告撰写

(四)项目实施计划(表 90)

表 90　项目实施计划

阶段	时间	主要内容
绘制社区地图	2017 年 10 月 1 日—2017 年 10 月 6 日	绘制社区地图,为入户慰问、居家安全宣传与备品发放建立基础,社区地图涵盖 S 市 L 乡 Q 村一队、二队、三队
受灾家庭评估	2017 年 10 月 1 日—2017 年 10 月 6 日	入户调查,逐户填写《受灾家庭评估记录表》,综合评估 L 乡 Q 村一队、二队、三队每户家庭情况、居住环境、受灾情况、社会支持情况、服务需求
创伤后应激障碍水平评估	2017 年 10 月 1 日—2017 年 10 月 6 日	入户走访并筛查受灾个体,完成创伤后应激障碍(PTSD - SS)测量,综合评估潜在受影响者身心状态,为后期个案开展和相关服务的跟进建立基础
儿童抗逆力水平评估	2017 年 10 月 1 日—2017 年 10 月 3 日	采用《青少年心理韧性量表》测量抗逆力,评估 Q 村儿童运用自身及环境资源去战胜挫折的品质,为后续服务打下基础

表 90(续 1)

阶段	时间	主要内容
社区慰问	2017 年 10 月 1 日—2017 年 10 月 14 日	走访 S 市 L 乡 Q 村一队、二队、三队全体住户，送达慰问品，居家安全宣传及宣传品，传递社工温暖与关怀
青少年抗逆力小组——“快乐的成长”	2017 年 10 月 3 日—2017 年 10 月 6 日	分别在一队、二队和三队同时开展共计三组儿童抗逆力小组，通过人物雕塑、角色扮演、人生书等环节强化儿童积极应灾心态，增强儿童的自信心，归属感、效能感和乐观感，提升儿童及青少年的抗逆力
老年人个案	2017 年 10 月 10 日—2017 年 10 月 14 日	根据前期创伤后应急障碍测量结果与受灾家庭评估，对需要进行个案工作的老年人开展个案辅导。针对灾害创伤症状，通过蝴蝶拍、EMDR 等方式缓解灾害对老年人情绪的影响，针对其他心理问题，运用短期焦点解决治疗、情绪疏导、社会支持网络构建等方式恢复老年人对美好生活的信心
老年人增能小组	2017 年 10 月 10 日—2017 年 10 月 14 日	招募老年人群体以开展老年人增能小组，通过茶话会、面具涂鸦、情绪分享等环节舒缓老年人群体的不良情绪，帮助老年群体增强生活信心，以积极心态重建灾后生活
在校生防灾减灾小课堂	2017 年 10 月 21 日—2017 年 10 月 23 日	在 S 市 L 乡小学校，面向 1 ~ 6 年级全体师生开展“防灾减灾小课堂”，共计四天、四个主题，“安全小超人”“初识灾害”“安全联盟行动”“爱的鼓励”。传递防灾减灾知识，提升防灾意识与自我防护能力
“建设文明家庭，爱心传递社会”主题绘画活动	2017 年 10 月 22 日	在 S 市 L 乡小学校，通过链接资源，向热爱绘画的受灾地区师生提供主题为“建设文明家庭，爱心传递社会”的主题绘画活动
资源链接	2017 年 10 月—2017 年 12 月	通过资源链接，联系相关企事业单位奉献爱心： 1. 提供老年与儿童医药品，发放药品 100 户。 2. 提供被品等生活用品，捐赠给 6 户家庭棉被等过冬物资，服务 15 人次。 3. 提供学习用品与绘画作品，捐赠学习用品与绘画用品。 4. 提供温暖包，为 S 市 L 乡学校提供学生温暖包

表 90(续 2)

阶段	时间	主要内容
社工服务站	2017 年 10 月—2017 年 12 月	建立 S 市 L 乡 Q 村社工服务站、S 市 L 乡小学校社工服务站
志愿者培养	2017 年 10 月—2017 年 12 月	培养 S 市 L 乡 Q 村村主任、S 市 L 乡 Q 村一队、三队队长、二队妇女主任等多名志愿者

四、服务计划实施过程

(一)小组工作

小组工作方法是社工组织在灾后重建中可供选择的实务模式,它是指在小组层面组织不同年龄、不同性别的服务对象开展小组活动,帮助服务对象走出灾害影响,发展和适应新的社会角色。心海社工根据需求评估结果为儿童、青少年、老年人、在校生开展了小组工作,帮助他们提升战胜灾害的自信心、挖掘自身潜力,实现助人自助。

1. 青少年抗逆力小组

(1)理论及依据

困难和挫折具有创伤性和负面影响,也可以是挑战性和机遇。儿童具有抗逆力,需要被激发与发现。本小组计划利用积极心理学的理念,相信儿童青少年自身能量与生存能力,通过正向导向、表达性的与体验性的活动,让他们用身体和语言表达自我,体验自我,通过身体的表达与确认,提升成员正视困难,直面挫折的抗逆力。此外,在小组进程中促进组员的人际互动,增进组员关系。

(2)小组目标

①走访 L 乡 Q 村受灾的三个小队,每个小队组建至少有 8 人参加的儿童青少年抗逆力学习小组;

②小组成员通过参与服务提升表达自我、体验自我的行为和能力,增强对自我的认知,增进应对困难的信心。

(3)小组进程(表 91)

表 91　青少年抗逆力小组进程

日期	内容	人员招募方式	实施地点	参与对象	人数
2017 年 10 月 3 日	“破冰之旅”	走访村落,入户邀请	Q 村一队、二队、三队	Q 村儿童及青少年	8~10 名
2017 年 10 月 4 日	“自我雕塑”				
2017 年 10 月 5 日	“暴风雨来了”				
2017 年 10 月 6 日	“我的第一本书”				

(4)服务内容(表92)

表92　第一节　“破冰之旅”

目标	时间	内容	物资准备
相互认识,增进小组凝聚力,制定小组的规则、要求以及注意事项	8:40—9:00	1. 布置场地、召集组员、引导组员签到	签到表、笔
	9:00—9:20	2. 超级访问 组员围坐一个圈,中间摆放一个椅子,每个组员轮流介绍自己的姓名、喜欢的事情,其他组员大声重复一次,借此增进组员之间相互认识	椅子
	9:20—10:00	3. 破冰游戏,让小组成员动起来: (1)解手链:小组成员面向里,手牵手成一个圈,按照要求在不松手的前提下组员改为面向外。 (2)大风吹:小组成员围成一个圆,社工也加入其中,由社工开始,喊出口号“大风吹”,组员回应“吹什么”,社工说出小组成员身上的特征,具有该特征的成员要起身更换椅子,抢不到椅子的组员接受大家的小小惩罚,然后轮流进行。 (3)成语接龙:小组成员自第一个组员说出四字成语,按照尾字依次轮流进行	
	10:00—10:15	4. 团队合作游戏——画画传递 小组分为两个小队排列,由社工出题,两个小队在规定的时间内依次作画,规定后一个人只能照前一个人的画作画,由队伍最后一人猜出画的是什么	A4纸、彩笔、动物卡片
	10:15—10:35	5. 我们的契约和理想:组织小组成员依次写出开展小组需要注意的规则以及自己的小组理想并贴在卡纸上,并在卡纸上签名	彩笔、双面胶、卡纸
	10:35—10:40	6. 预告下一节小组时间和内容	

表 93　第二节　“自我雕塑”

目标	时间	内容	物资准备
协助小组成员察觉、认识自我，表达自我	9:00	1. 小组成员签到	签到表
	9:00—9:30	2. 辅导作业、填写青少年抗逆力问卷、PTSD 量表	问卷、量表
	9:30—10:00	3. 暖场 (1)简要回顾上节内容和收获； (2)介绍新组员和社工； (3)热身游戏： ①五毛一元：男生和女生分别代表五毛和一元，当社工说“我今天买了 XXX”，组员回应“多少钱”，社工回答数字，组员需按照自身角色组合成该数字，否则就需要接受小小惩罚。 ②青蛙跳水：组员围成一个圈，随机从某个组员开始，说出“一只青蛙跳水”，下一名的组员说出：“扑通”；“两只青蛙跳水”，说出“扑通扑通”、依次进行，说错则接受惩罚	
	10:00—10:30	4. 自我雕塑： 组员围成一个圈，中间放一把椅子，一个组员坐到椅子上说出代表自己的动物或者植物，并说出为什么，其他的组员也可以帮助该组员梳理优缺点，最后社工帮助总结	
	10:30—10:40	5. 中秋祝福和礼物 (1)邀请组员为家人和朋友书写中秋祝福，并贴在卡纸上，制作成祝福树。 (2)为组员分发月饼、仙贝、糖果等，为他们送去中秋祝福	
	10:40—10:45	6. 预告下一节时间和内容	

表 94　第三节　“暴风雨来了”

目标	时间	内容	物资准备
提升组员面对困难的信心和应对能力	8:40—9:15	1. 小组成员签到、辅导作业	签到表
	9:15—9:35	2. 回顾上节内容,热身游戏 (1)大风吹。 (2)你画我猜:小组随机划分两队,由社工随机拿出动物卡片,由小队成员依次表演该动物,最后一名成员猜出答案,没有猜出的队伍接受惩罚。(随机挑选橘子,有酸有甜,组员需说出感受)	橘子
	9:35—10:20	3.“暴风雨来了”情景剧 (1)背景:森林里,小熊告别妈妈去采蜜,半途中遇到暴风雨,家里受灾,也无法回去,他害怕、担心地哭了。这时很多小动物都围了过来,依次给小熊支着并安慰他,最后和他一起回家见妈妈。 (2)随机挑选一名成员担任小熊,一名社工负责旁白和剧情推进,一名社工担任熊妈妈,其他组员随机抽选动物角色。按照剧情,各个小组成员开始自由表演。 (3)社工引导大家分享,在遇到困难的时候怎么做,朋友的办法应该怎么回应等,为每个小朋友的善良、自信鼓掌	
	10:20—10:25	4. 结束 (1)预告下节活动时间和内容。 (2)提醒小组成员下节是我们小组的最后一节	

表95　第四节　“我的第一本书”

目标	时间	内容	物资准备
通过制作小小自传，帮助组员表达自己，开发潜能。总结小组内容，处理离别情绪	8:40—9:25	1. 小组成员签到、辅导作业，填写青少年抗逆力问卷后测及 PTSD 后测量表	签到表
	9:25—9:35	2. 热身游戏 (1)007：小组成员围成一个圈，由一个小组成员扮演 007 杀手，手指成手枪型指向一名组员，该组员随即说出“啊”，依次轮流进行。 (2)数字 7：小组成员围成一个圈，依次报数，其中带“7”的数字为雷点，不小心说出的组员则要接受小小的惩罚	
	9:35—10:20	3. 制作我的第一本书 (1)随机分为两队，分别围坐两张桌子； (2)社工教小组成员如何利用大卡纸制作小小书本（小册子）； (3)社工将小册子需要填写的内容，如作者、第一页（假如我是______）、第二页（当我遇到困难时______）、第三页（我以后要______）、其他内容与小组成员确定； (4)社工与小组成员共同制作小小自传	卡纸、彩笔、画笔、剪刀、胶布
	10:20—10:35	4. 结束 (1)社工带领小组成员回顾小组内容，并鼓励小组成员表达对小组、社工的感受； (2)社工和小组成员合照留影纪念、拥抱，希望他们健康成长	

2. 老年人增能小组

(1)理论及依据

老年人是灾后最需重视的群体。老年人在经历灾害之后往往心理上会产生许多变化，容易产生不安全感、孤独感、悲痛感、抑郁感和焦虑感等症状。同时，老年人由于身体机能的退化，加之在灾害中受到惊吓，很容易在身体健康方面出现问题。因此，心海社工结合灾区老年人需求评估结果及观察访谈结果，依据社会重建理论、优势视角理论、增能理论为灾区的老年人开展了增能小组社会工作。

(2)目的

①促进老年人之间的交流互动，增进邻里互动。

②增强面对困境的能力,促进他们改善自身现状的能力。

③提升他们的自尊自信,以积极的心态面对生活中的挑战。

(3)小组进程(表96)

表96 老年人增能小组进程

日期	内容	人员招募方式	实施地点	参与对象	人数
2017年10月11日	“认识你我他”	走访村落,入户邀请	Q村三队W主任家	Q村老年人	8~10名
2017年10月12日	“诉说内心的‘情绪’”				
2017年10月13日	“面具涂鸦”				
2017年10月14日	“展望未来”				

(4)服务内容(表97至表100)

表97 第一节 “认识你我他”

目标	时长	内容	物资
	20分钟	布置场地、签到	水果、小零食;签到表、笔
帮助组员认识及熟悉工作员、澄清小组目标	10分钟	1. 欢迎辞 (1)欢迎组员、介绍社工; (2)说明本节活动的内容安排; (3)介绍小组目标、特色、内容及形式	
增进彼此的熟悉度,调动活动的气氛	20分钟	2.“运动员” 小组围成一圈,根据主持人的口令“运动员进场”“运动员跳一个”“运动员起立”“运动员趴下”做出相关动作,若主持人在指令前没有加上“运动员”三个字,小组成员做出动作,则由该成员代替主持人发布指令,如此类推	
让组员清楚小组内容及形式	20分钟	3.“歇后语接力”: 由主持人说一个歇后语前半部分,其他小组成员抢答,答对者再出一个歇后语让其他小组成员猜,如此循环	
总结及预告	5分钟	4. 结束 (1)活动总结; (2)预告下节活动内容及时间	

表 98　第二节　“诉说内心的‘情绪’”

目标	时长	内容	物资
	20 分钟	布置场地、签到	水果、小零食；签到表、笔
活跃气氛，锻炼老人的手指活动	10 分钟	1. 手指操：“土豆心、土豆皮” 小组围成一圈，根据主持人的口令“土豆心、土豆皮”做出相关动作，若主持人在指令下做出不一致动作，则由该成员代替主持人发布指令，依此类推	
通过整个过程了解组员的生活和心理变化	30 分钟	2. 灾害时我发生了什么 (1)灾害发生前我的生活现状； (2)灾害发生时我的生活和心理情绪现状； (3)灾害发生后我的生活和心理情绪现状	
	10 分钟	3. 对组员的不良情绪进行及时疏导，解决困难	
	10 分钟	4. 复习手指操，总结及预告下节小组内容	

表 99　第三节　“面具涂鸦”

目标	时长	内容	物资
	20 分钟	布置场地、签到	水果、小零食；签到表、笔
复习上一期活动的游戏，让成员们尽快进入小组活动状态	10 分钟	1. 手指操 主持人带领组员复习上期小组游戏，附带负责活跃气氛，同时观察没记住动作的组员。进行 2 轮后，由组员代表带领其他组员进行游戏	轻音乐
面具涂鸦	30 分钟	2. 面具涂鸦 组员进行面具涂鸦，工作人员观察有需要的组员可适当帮助	面具、画笔、颜料
分享环节	15 分钟	3. 每个组员向其他组员介绍自己的面具及涂鸦的意义	
总结	5 分钟	4. 总结，预告下次活动的时间地点	

表100　第四节　“展望未来”

目标	时长	内容	物资
	20分钟	布置场地、签到	水果、小零食；签到表、笔
复习上一期活动的游戏，让成员们尽快进入小组活动状态	5分钟	1. 手指操 主持人带领组员复习上期小组游戏，附带负责活跃气氛，同时观察没记住动作的组员。进行2轮后，由组员代表带领其他组员进行游戏	轻音乐
回忆往昔岁月	15分钟	2. 唱红歌 由主持人说一个红歌，小组成员开唱，抢到者让指定人唱红歌，如此循环	音乐
投掷纸杯	25分钟	3. 投掷纸杯 小组成员分成两排，根据顺序以此像纸筒中投掷纸杯5个，投入多者获胜。最后决出冠亚军。发放奖品	纸筒，纸杯奖品
展望未来	20分钟	4. 展望未来 主持人带领大家回忆过去生活，展望美好的明天，让大家重拾信心，以更好的姿态投入到生活中	
总结	5分钟	总结	

3. 在校生防灾减灾小课堂

（1）理论及依据

通过开展专项灾害专题社工服务，一方面，可以使小组成员积极融入团体，为团体贡献自己的智慧和力量，使团体成员彼此信任、相互协助、融洽相处，感受团结的力量，体会集体的温暖，并在以后的工作中继续发扬合作精神；另一方面，使小组成员对灾害拥有更彻底的认识，建立灾害自救意识，增强面对灾害的信心和能力。

（2）目的

通过参与式活动，让服务对象切身了解、掌握、明晰在面对不同种类自然灾害时的应对办法，并强化其面对自然灾害时恰当的自救行为。

①通过破冰活动使服务对象进入活动状态，提高其注意力和积极性。

②使服务对象了解自然灾害的危害性以及自救的方法。

③增强服务对象抗逆力，使其明白即便遇到灾害仍需心存希望。

(3)服务进程(表 101)

表 101　在校生防灾减灾小课堂服务进程

日期	内容	人员招募方式	实施地点	参与对象	人数
2017 年 11 月 7 日 9:00—10:00	“安全小超人”—— 防灾减灾小课堂	学校推荐	S 市 L 乡 小学校	S 市 L 乡 小学校 1－6 年级 学生	171 人
2017 年 11 月 8 日 9:00—10:00	“初识灾害”—— 防灾减灾小课堂				
2017 年 11 月 9 日 9:00—10:00	安全联盟行动—— 灾害自救小课堂				
2017 年 11 月 10 日 9:00—10:00	“爱的鼓励”—— 灾害自救小课堂				

(4)服务内容(表 102 至表 105)

表 102　第一节　“安全小超人”

目标	所需时间	具体安排	所需物资
让大家熟悉对方，活跃活动气氛，打破僵局，引出本次活动主题	15 分钟	1. 破冰活动“小雨沙沙” (1)社工开场，自我介绍并说明来意； (2)演示“小雨沙沙”规则(手指操)； (3)邀请在场所有人员共同做“小雨沙沙”	已下载好的手指操视频
引导青少年在自然灾害来临时应如何自救	30 分钟	2. 校园安全问答 (1)将服务对象分成 4 组，分组人数尽量平均，若为课桌可就近，注意组内及各组间男女比例。 (2)各小组出一名代表抽签进行校园安全问答，并制作积分榜。 (3)使各小组对安全问题有明确的认知	4 种彩色纸、题签
小结，增强趣味性	15 分钟	3. 拼图 (1)以组为单位拼一个字。 (2)拼好后组成“安全超人”并展示	已剪好的不规则的拼图

表103　第二节　“初识灾害”

目标	所需时间	具体安排	所需物资
破冰	15分钟	1. 破冰活动:拍手操	已下载好的拍手操视频
视觉上了解火灾、地震、山洪三种灾害	20分钟	2. 观看视频: 观看火灾、地震、山洪视频	已剪辑好的安全视频
引导组员了解面对灾害应该如何做	15分钟	3. 分享: 分组进行总结并分享观看视频的知识点	
对自然灾害自救进行强化	10分钟	4. 总结: 带领全体成员齐说防灾减灾“顺口溜”。“火灾地震山洪下,不怕不怕我不怕。学习知识防范它,我是安全小超人。”	

表104　第三节　“安全联盟行动”

目标	所需时间	具体安排	所需物资
通过本环节尽快进入活动气氛,引出本次主题	20分钟	1. 暖身活动“你是我的好朋友” (1)社工开场,自我介绍并说明来意(承上启下); (2)根据班级实际情况将人员分成三小队(建议按纵列分); (3)社工传达指令,请各队排成一列,双手轻轻搭在前一个人肩膀上,并确认。 (4)社工发布指令,同时演示,请后一个同学轻轻拍拍前面成员的背,并说“好朋友,背要直”;轻轻拍拍前面成员的肩部,并说“好朋友,肩要平”;轻轻摸前面成员的头,并说“好朋友,真聪明”。 (5)完成后,社工发布指令全体成员向后转,重复上述动作。 (6)完成后引导好友意识及正确坐姿	

表 104(续)

目标	所需时间	具体安排	所需物资
引导成员在自然灾害来临时应如何自救	40 分钟	2. 安全联盟行动 (1)将服务对象分成 3 组(可 1 ~ 3 报数,可抽彩色条),分组人数尽量平均,注意组内及各组间男女比例。 (2)各小组出一名代表抽签选择本组“遇到”的灾害场景(火灾、地震、山洪)。 (3)各小组根据教室内现有的场景,组内讨论当在教室里遇到抽到的灾害时应该怎么做;根据班级现实情况绘制安全区,及安全路线;准备现场演示。 (4)以组为单位向全体成员展示。 (5)社工总结(包括各小组成果,形成成果过程中的特殊事件,全体成员对灾害的回应)	情景签、素描纸、蜡笔、彩笔、彩纸、双面胶

表 105　第四节　“爱的鼓励”

目标	所需时间	具体安排	所需物资
暖身活动	15 分钟	1. 暖身活动“神奇的动物” (1)让成员扮演成他喜欢的一种动物,尽量夸张、释放。社工或其他成员来猜。 (2)让成员扮演成他见过的一种动物,尽量夸张、释放。社工或其他成员来猜。 (3)让成员扮演灾害来了一种动物的反映,并说明是什么灾害	
引导成员思考灾害来临时的应对办法	20 分钟	2. 灾害来了小朋友应该怎么做 (1)请全体成员认真思考灾害来了“我应该做什么”“我不应该做什么”“我要怎么保护自己”。 (2)每个人将答案贴在准备好的素描纸上。 (3)按照上节分组每组认领一个题目,试着将所有答案整理归类,并向全员展示班级同学的答案,同时社工看情况可引导本组成员说一说对题目和答案的感受。 (4)社工总结、补充	素描纸、便利贴、双面胶、彩笔

表 105(续)

目标	所需时间	具体安排	所需物资
疏导并安抚成员在面对自然灾害时的恐惧感,增强其抗逆力	15 分钟	3. 爱的鼓励 (1)和服务对象澄清灾害固然危险、可怕,需要的是防微杜渐,而非杞人忧天。 (2)引导服务对象明白即便是发生灾害正确自救的同时更重要的是怀揣希望。 (3)以“爱的鼓励”增强服务对象的信心,疏导其对于灾害的恐惧情绪	
引导成员面对各类灾害、困难,手牵手,不放弃,团结一心,太阳明天依旧会照常升起	10 分钟	4. 守护橄榄枝 (1)按班级纵列分组。 (2)工作人员分发给每位成员一根吸管。 (3)将象征“安全、和平”的“橄榄枝”套在每组第一名成员的吸管(安全桥)上。 (4)工作人员要求在不离开座位,不用双手触碰“橄榄枝”的同时,将“橄榄枝”尽可能快地在“安全桥”上传递,直至本组最后一人。 (5)社工引导,安全、温暖由所有人一起守护	吸管,花(圈状物,头饰也可)

(2)个案工作

在灾害中,许多人受到失去挚爱亲人形成的重大心理冲击,有些人由于身体创伤而担心未来的健康状况,还有些人则遭受庞大的财务损失,未来生计难以维持,灾民们的生活时刻处于不安定中,心理和身体一时难以恢复正常状态。

心海社工根据前期创伤后应急障碍测量结果与受灾家庭评估,结合入户走访访谈与观察结果,对有需要的老年人开展个案辅导。参与个案工作的老年人在情绪、行为、人际问题等多方面有所需求,自愿参与个案服务。

项目组针对灾害创伤症状,通过蝴蝶拍、EMDR 等方式缓解灾害对老年人情绪的影响,针对其他心理问题,运用短期焦点解决治疗、情绪疏导、社会支持网络构建等方式恢复老年人对美好生活的信心。

本项目中心海社工共为 12 名受灾群众提供了个案服务,共计服务 36 人次。个案信息表如表 106 所示。

表 106　个案信息表

序号	姓名	性别	年龄	需求简述
1	WYQ	女	54	情绪问题、经济援助、健康问题

表 106(续)

序号	姓名	性别	年龄	需求简述
2	SZF	男	68	情绪问题、经济援助、健康问题
3	LYZ	男	70	情绪问题、健康问题、心理疏导
4	WS	男	75	情绪问题、经济援助、照顾服务
5	LFZ	女	71	情绪问题、经济援助、照顾服务
6	PFY	女	67	情绪问题、经济援助
7	ZSY	女	53	情绪问题
8	LBZ	女	68	情绪问题、经济援助
9	FSQ	女	59	情绪问题、复康服务(体、智、精神)
10	LFL	男	72	情绪问题、人际关系、经济援助
11	NGZ	女	77	情绪问题、复康服务(体、智、精神)
12	ZGF	女	57	行为问题、情绪问题、复康服务(体、智、精神)

(三)资源链接

资源是指一切可被人类开发和利用的客观存在。资源整合是社会工作服务的不竭源泉和基本保障,社工放弃资源整合开展服务,无异于竭泽而渔,不能保障服务持续发展。社会工作者作为资源链接者,只有动员和整合社区中蕴藏的各类资源,才能为有需求的个人或群体提供更有效的服务。

心海社工根据灾区区民的需求,为他们链接了老年与儿童医药品、生活用品、学习用品以及温暖包等资源,为他们重建家园,恢复正常生活解决了后顾之忧。

心海社工联系各爱心企事业单位,共为 435 人发放了物资,其中发放药品 100 户,服务 300 人;捐赠给 6 户家庭棉被等过冬物资,服务 15 人;捐赠学习用品与绘画用品 20 人;提供学生温暖包 100 人。

(四)建立灾害社会工作服务站

为了深度挖掘本土社工力量,为灾区群众提供持续性社工服务,心海社工在 S 市 L 乡建立了 2 个社工服务站。

通过灾害社工服务,项目组在 S 市 L 乡 Q 村建立了第一个社工服务站,通过对农村社区积极分子的培训引导,发掘培养了社工服务站的本土力量,使得项目结束后,社工服务站能提供持续性服务。与此同时,在 L 乡小学校建立第二个社工服务站,通过在 L 学校开展防灾减灾课堂,培养当地学校教师力量,提升学校灾害社会工作服务能力。

(五)当地志愿者培养

项目实施对服务地区社会工作专业化发展,以及社会工作服务常态化实施起到了促进作用。

项目组在实施过程中,招募及培养当地志愿者与社工人才潜在力量。在服务过程中,充分发挥当地志愿者和农村社区积极分子的作用,在入户走访、情况普查、建档与服务工作中,社工均积极带动其参与,通过共同服务与传递知识,使他们有能力在未来的防灾减灾中发挥重要作用,提供长期服务。

六、项目评估

(一)儿童抗逆力小组工作对服务群体的改善

采用胡月琴、甘怡群等编制的《青少年心理韧性量表》对服务对象的抗逆力进行测量,小组工作前进行前测,小组工作后进行后测,小组活动结果如表107所示。

表107　儿童抗逆力提升小组社会工作效果评估

维度		后测值	前测值	差值(后测-前测)	效果评估
抗逆力各维度	目标专注	17.10	16.65	0.45	提高
	积极认知	12.05	11.90	0.15	提高
	家庭支持	20.75	19.15	1.60	提高
	情绪控制	21.65	20.10	1.55	提高
	人际协助	21.65	21.65	0	持平
抗逆力总分		93.20	89.45	3.75	提高

在时间跨度不大的小组活动干预中,在抗逆力的五个维度上,四个维度得分均得到提高。儿童总体抗逆力水平提高3.75分。

(二)老年人PTSD症状的改善

在项目之始的入户访谈与需求评估中,采用PTSD-SS量表结合观察访谈结果,对60岁以上的老年人进行PTSD测量与筛查,并确定对其中的13位老人开展个案服务。个案工作服务结束后,进行PTSD-SS量表后测,个案工作干预结果如表108所示。

表 108　PTSD 老年人个案工作干预效果评估

		前测值	后测值	差值(后测 - 前测)	t
PTSD - SS 各维度	创伤事件主观评定	2.87	1.75	-1.12	-2.87*
	反复重现体验	23.38	15.00	-8.38	-3.28*
PTSD - SS 各维度	回避症状	15.86	11.26	-4.6	-2.27*
	警觉性增高	18.00	12.57	-5.43	-3.00*
	社会功能受损	6.25	3.75	-2.50	-3.13*
PTSD 总分		65.36	43.33	-22.03	-5.40*

注：* 表示在 0.05 水平上显著。

从评估结果可以看出，在 PTSD 各维度上，对案主的干预均显著，PTSD 总分干预显著（$\alpha = 0.05$），创伤后应激障碍（PTSD）水平在干预后显著降低。

（三）服务对象满意度

心海社工在青少年抗逆力小组、老年人增能小组、个案工作等社会工作服务结束后，根据服务内容，对参与的服务对象通过自编《服务状况调查表》调查服务对象的满意度情况。在调查过程中，共抽取服务对象 160 人进行满意度调查。在这个受助对象的样本中，参加老人小组的服务对象 14 人，参加儿童抗逆力小组的服务对象 10 人，参加个案工作的服务对象 8 人。

数据通过录入 SPSS 进行统计分析。从表 109 中可以看出，除个案工作以外，其他各项服务满意人数均在 95% 以上，所有服务项目中均没有不满意情况。

表 109　各项服务满意度情况

服务内容	抽样人数	满意度		
		满意(%)	一般(%)	不满意
入户物品	158	151(95.6)	7　(4.4)	0
居家安全宣传挂历	160	159(99.4)	1　(0.6)	0
医药包	160	157(98.1)	3　(1.9)	0
儿童抗逆力小组	10	10　(100)	0	0
老年人小组	14	14　(100)	0	0
个案干预	8	6(75)	2　(25)	0
社工人员工作方式	160	158(98.8)	2　(1.2)	0
社工人员工作表现	160	158(98.8)	2　(1.2)	0

七、专业反思

（一）项目实施经验

1. 在灾害发生的不同阶段开展社会工作介入，会有不同的任务要求。即使不在灾害发生第一时间，灾害对灾区居民的心理影响仍然以不同的方式存在，物质上与精神上的援助始终都是必要的。

2. 在具体开展工作的过程中，首先要得到灾区政府部门的支持与理解，让他们意识到不仅灾后的物质援助很重要，心理建设同样重要，社工工作的顺利开展需要灾区政府部门的支持与动员。

3. 进入灾区时，儿童社会工作是灾区居民最容易接纳的部分，从这里入手，可以让灾区居民更快地接纳社工，支持社工，并由此拓展到其他服务领域。

（二）项目实施创新做法

1. 精确的需求评估与结果评估

（1）在需求评估上，我们编制了《受灾家庭评估记录表》，将家庭需求评估工具定量化与操作化，使得入户调查的社工记录更为精确。在对灾区老年人与儿童的需求评估中，我们使用了《PTSD－SS 量表》与《青少年心理韧性量表》，这些有信度与效度的专业量表保证了需求评估与筛查的准确性，也使得后续服务更有针对性。

（2）在干预结果的评估上，对儿童小组工作与老年人个案工作，均使用了准实验的前后测设计，在服务满意度调查方面，编制了符合灾区服务情况的《服务状况调查表》。通过 SPSS 软件对上述前后测与调查数据进行分析，得出评估结果，结果评估方法规范科学。

2. 灾区小组活动开展方式的创新

（1）“日托＋家教＋小组”复合式小组工作。项目服务时正值农村秋收时节，灾区居民家中白天几乎无人，我们根据灾区居民需要，延长儿童小组工作服务时间，在开展小组活动前，进行“日托”与“家教”服务，受到灾民欢迎。

（2）小组工作地点设置的创新。因陋就简，将专业小组活动的场地设在了家庭与小卖部，这种日常生活场景的地点设置打破了一般小组活动场所的正式性所带的人工化问题，家庭与服务场域中的小组活动在破冰等环节上发挥了很好的促进作用，小组活动具有生活化与温暖的气氛。

（3）活动内容设置的创意。我们根据农村的劳动场景，将“掰苞米”“捉虫”等农业劳作设计进小组活动中，活动具有本土亲和性，提高了灾区儿童的参与热情。

（三）存在的问题与不足

（1）因为项目立项申请周期的原因，本项目未在灾害发生第一时间予以实施，这一定程度上影响了灾区居民对服务需求的迫切性。

(2)L 乡 Q 群儿童大都在乡里与市里上学,且分散在不同学校,周六与周日大都不回村里,这使得儿童抗逆力提升小组活动只能集中在“十一”假期的七天时间内完成,回访与跟进均有困难,对干预结果有一定干扰。

(3)项目的主体服务时间发生在秋收农忙季节,灾区居民绝大部分时间用于秋收,故而评估效果和服务效果都受到了一定影响。